孕产育儿百科

YUNCHAN
YUER BAIKE

孕期胎教

纪向虹◎主编

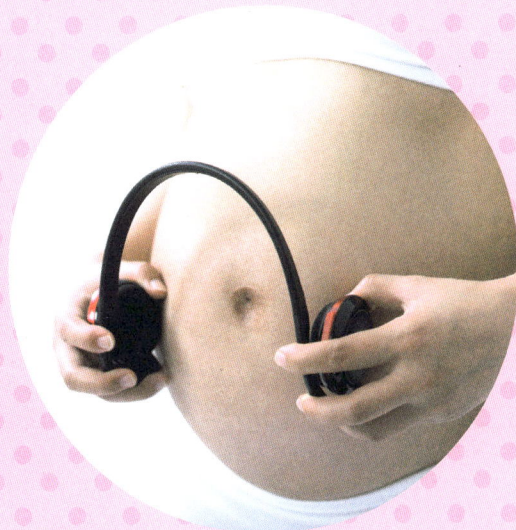

青岛出版社
QINGDAO PUBLISHING HOUSE

图书在版编目（CIP）数据

孕产育儿百科·孕期胎教 / 纪向虹主编 . —— 青岛 : 青岛出版社，
2018.8

ISBN 978-7-5552-7293-9

Ⅰ . ①孕… Ⅱ . ①纪… Ⅲ . ①胎教 – 方法 Ⅳ .
① G610.8

中国版本图书馆 CIP 数据核字 (2018) 第 161793 号

书　　名	**孕产育儿百科·孕期胎教**	
	YUNCHAN YUER BAIKE · YUNQI TAIJIAO	
主　　编	纪向虹	
出版发行	青岛出版社	
社　　址	青岛市海尔路 182 号（266061）	
本社网址	http://www.qdpub.com	
邮购电话	13335059110　0532-68068026	
策划编辑	尹红侠	
责任编辑	赵慧慧	
封面设计	周飞	
内文装帧	祝玉华	
照　　排	青岛乐喜力科技发展有限公司	
印　　刷	青岛新华印刷有限公司	
出版日期	2018 年 9 月第 1 版　2018 年 9 月第 1 次印刷	
开　　本	20 开（889mm×1194mm）	
印　　张	15	
字　　数	260 千	
印　　数	1–15000	
书　　号	ISBN 978-7-5552-7293-9	
定　　价	39.80 元	

编校质量、盗版监督服务电话：4006532017　0532-68068638

人们利用现代科技手段发现了胎儿的惊人能力：胎儿在母体中就已经具备了视觉、听觉、活动和记忆能力，同时还能感受到母亲的情绪变化。这些都为胎教的可行性提供了可靠的科学依据。胎教虽没有创造神童、天才的惊人作用，却有助于培养孩子的智商和情商。

古代的胎教主要是着眼于营造宁静、温馨的生长环境。而现代的胎教最初以给胎儿播放音乐、对着胎儿说说话或讲讲故事、摸一摸腹中的胎儿等较为简单的方式为主。随着学界对这一课题的重视，胎教逐渐生发出了更多、更全面、更具有操作性的方法，比如音乐胎教，光是针对胎教的音乐项目和手段就有多种。面对如此众多的胎教形式，准爸妈往往会无从选择。到底应该怎么做胎教？应该选择什么样的方式做胎教？诸如此类的问题成为困扰新一代准爸妈的难题。

当准爸妈正在为准备要一个宝宝而做种种改变和计划的时候，胎教也应该被提上日程了。本书正应了这一需求，它以每日一页的方式介绍了当前最权威的胎教知识和最新、最全面的胎教方法，语言亲切，如道家常，能够温暖每个妈妈的心；方法轻松，充满趣味，便于准爸妈实际操作学习。280 天、280 页，让你孕育旅程的每一天都过得充实、平静而幸福！

编者

2018 年 6 月

第一部分

爱在起点，赢在未来

第二部分

宝宝在祝福声中成长

第三部分

安宁即胎教

第四部分

宝宝有感觉啦

第五部分

宝宝可以学更多东西啦

第六部分

妈妈给我多些爱

第七部分

宝宝变得活泼好动

第八部分

妈妈，我的房间变小了

第九部分

快速成长的宝宝

第十部分

妈妈与宝宝的亲密会面

第一部分

爱在起点，赢在未来

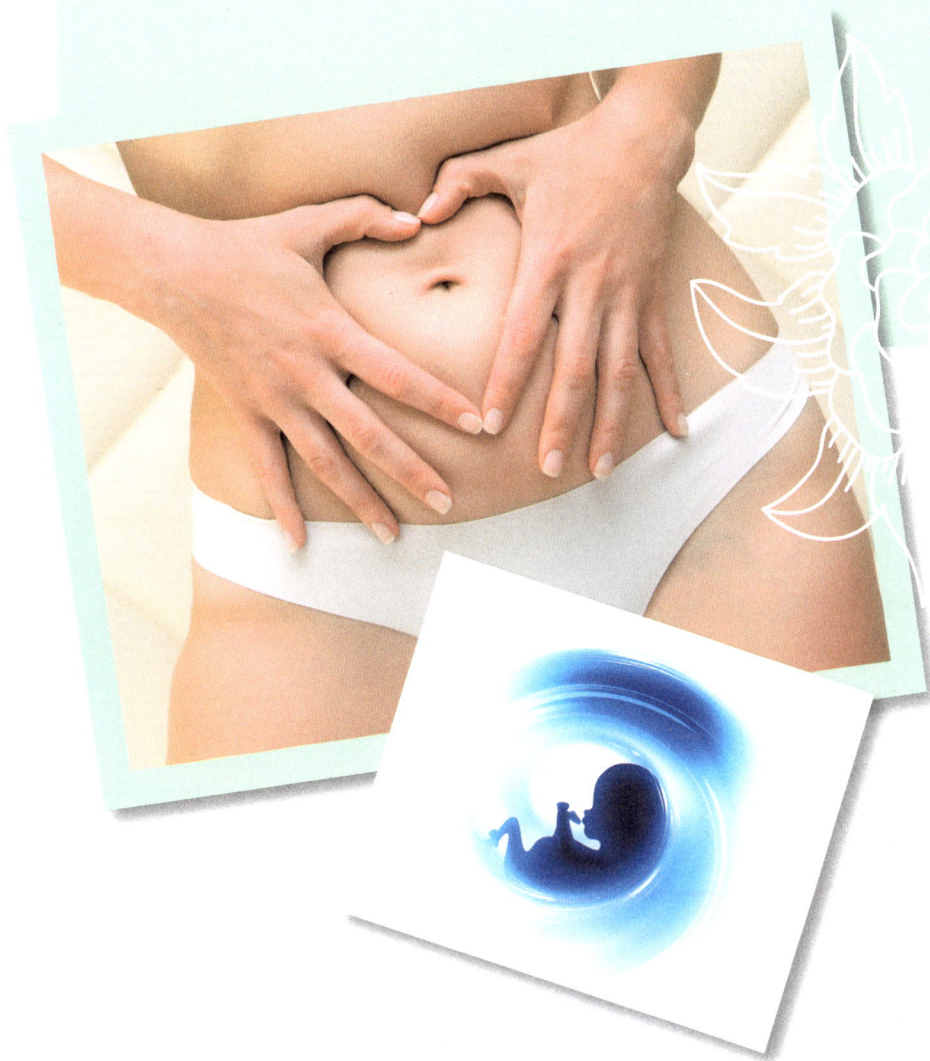

Day1　受孕的过程

一个生命的形成是由无数个偶然成分构成。

女子进入性成熟期后，每个月经周期一般只有一个卵泡发育成熟形成卵子。排卵通常发生在两次月经中间，确切地说，是在下次月经来潮前的14天左右。排卵后卵子进入输卵管最粗的壶腹部，在此等待精子。

男子一次射精能排出数亿个精子，但是能够到达输卵管壶腹部的一般不超过200个。精子在输卵管内游动3天左右，在输卵管外侧1/3的地方（壶腹部）与卵子相遇。在众多精子中，只有一个精子能和等待在输卵管内的卵子结合完成受精作用。这位幸运者将头部拱入卵细胞内，卵细胞表面便发生许多变化，阻止其他精子进入。

精子进入卵子，两性原核融合形成一个新细胞的过程称为受精。当精子进入次级卵母细胞透明带时，标志着受孕过程的开始。当精原核和卵原核的染色体融合在一起时，表明受孕过程的完结。新的细胞称为受精卵，又称孕卵，是一个新生命的开始。

受孕是一个复杂的生理过程，受到许多因素的影响。卵巢需排出正常的卵子，精液中要有活动能力较好的正常精子，卵子和精子能够在输卵管内相遇并结合为受精卵，即形成了"种子"，受精卵能被输送到子宫腔中，子宫内膜必须适合孕卵着床，就像一颗有生命力的"种子"需要适宜的"土壤"一样。这些条件只要有一个不正常，便会影响怀孕。

卵子从卵巢排出15~18个小时后受精最好，如果24小时内未受精则开始变性，失去受精能力。精子一般在女性生殖道中可存活3~5天，这段时间内具有受精能力。

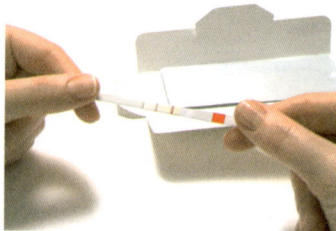

Day2　胎教，从现在开始

胎教应该从什么时候开始呢？有人认为从怀孕第5个月开始，因为怀孕第5个月时妈妈和宝宝的状态都趋于稳定了；也有人说胎教应该在怀孕第3个月时开始，因为胎宝宝3个月就已成形。实际上，胎教从孕前就可以开始了。孕前的充分准备，为宝宝的到来营造良好的内外条件，是不可或缺的胎教。

受孕意味着新生命的诞生。系统性的胎教应该与受孕同步进行。胎教的第一天其实是指妊娠的第一天，就是最后一次月经开始的第一天。但所谓的"第一天"你也可以将它当作你想要孩子的那一天。

不管什么时候，当你做好了准备迎接宝宝的那一天，你就可称之为"第一天"。但这并不意味着怀孕后再开始做胎教已经晚了，每一个明天，都会比今天更晚。如果胎宝宝已经来到，请尽早开始做胎教吧。

同时，我们还认为，尽管孕期的胎教很重要，但并不意味着不需要看重备孕阶段。有的观点甚至认为，精子、卵子的质量乃至配偶气质、生育年龄都可以列入胎教的范畴。

我们倒不希望草木皆兵，搞得准爸爸、准妈妈们紧张兮兮，但在孕前，如果有时间和精力，是应当为胎教做一些铺垫的。在本书中，我们将以280天的孕程为线索，按照宝宝生长发育的时间顺序，结合孕妈妈的身体状况，安排适应客观规律的胎教计划。在这关键的280天里，胎教一定要列入小家庭的日程啊！

Day3　让宝宝赢在起跑线

相信大家都听过这样一句话："不能让孩子输在起跑线上。"那么起跑线在哪里？过去在中学、小学阶段，近年来逐渐前移到幼儿园，2岁学算术，3岁学英语，4岁学钢琴……如果这些是为起跑加油，那么用心的父母们岂能错过让宝宝更健康、更聪明、更漂亮的机会呢？

经过胎教的孩子，也不一定个个都是神童。那么，那些从童年时代起就被家里悉心栽培的孩子，是不是都成为栋梁之材了呢？从中我们可以发现，孩子从小受到良好的教育，成才的机会大一些。胎教也是如此。胎教使我们尽可能早地发掘宝宝的素质潜能，让宝宝发挥自己的潜能。

良好的胎教会让宝宝不那么爱哭。通常情况下，婴儿在饥饿、尿湿和生病时都会啼哭，得到满足之后就不会继续啼哭。研究发现，受过胎教的婴儿听力比普通婴儿强，有时听到妈妈的脚步声或说话声就会停止啼哭。受过胎教的孩子比较容易养成规律的生活方式，他们不会像别的孩子那样晚上突然啼哭，"折腾"父母。

此外，准妈妈在怀孕期间对宝宝实施胎教，宝宝出生后能较早学会与人交流沟通和逗笑，也能较早学会发音，认出第一件东西的时间也比没经过胎教的同龄孩子早。受过胎教的孩子无论是理解能力还是语言能力都较其他孩子强。

听觉和抚摩胎教可促进胎儿大脑皮质发育，胎儿的潜力也将会源源不断地被开发出来。等到孩子长大成人后，优秀人才所具备的丰富想象力、深刻洞察力、良好记忆力、敏捷的思维能力和动手能力等，都能通过胎教奠定良好的基础。

Day4 如何做胎教

胎教的范围很广。广义上，为了促进胎儿生理上和心理上的健康发育，同时为了确保孕妇能够顺利度过孕期所采取的精神、饮食、环境等各方面的保健措施都是胎教。

我们不用那么严谨地探究什么是胎教。对于准妈妈来说，每一次和宝宝沟通，每一次和宝宝亲近，都是胎教的一部分。但是为了宝宝的健康，准妈妈们希望每一次沟通都能给宝宝带来好的影响，因此她们对胎教格外上心。

胎宝宝的发育分很多阶段，在视觉、听觉、触觉发育的每个阶段都应该有对应的胎教。准妈妈可以用光照、音乐、对话、拍打、抚摩等手段建立胎儿的条件反射，使胎儿的大脑神经细胞增殖，也能使神经系统和各个器官得到合理的开发训练。

在孕初期，准爸妈可能还沉浸在新生命到来的喜悦中，对胎教也没有什么认知和经验，甚至有的准妈妈认为这个时候的胎宝宝还什么都不知道，所以不用进行胎教。其实这种想法是错误的。从宝宝到来的第一天，他就开始感知周围的一切。当然，在这个阶段，准妈妈不用大费周章地为宝宝准备什么，而是要从自身入手。准妈妈要保持一个平和的心态；多用温和的态度对待宝宝和周围的人；听一些舒缓、温和的音乐；等等。准爸爸关心体贴妻子；创造一个良好的家庭环境；不过量饮酒；不在妻子面前抽烟；等等。这些都是胎教的一部分。

Day5　备一本爱心胎教日记本

有的准妈妈在怀孕后不再从事原来的工作，家里的杂事也被人包办了，觉得有些无聊。其实准妈妈可以干一件很有意义的事情，那就是写胎教日记。

准备一本可爱的日记本。准妈妈可以从怀孕第一天开始记录和宝宝相处的每一天。B超宝宝的图片，和准爸爸一起做胎教，和宝宝的相处、对话，新获得的胎教经验，胎教活动、心情等都是日记的素材。

胎教日记的叙事手法也很随意，可以富含文采有血有肉，也可以是纯粹的流水账式。只要能记录下生活的点滴，就足够了。准妈妈写完日记之后，还可以让准爸爸加些批注或内容。夫妇两人一起写的日记，是不是更有意义呢？

胎教日记本能给予我们的远远不止这些。一本胎教日记本，是宝宝在准妈妈肚子里的成长史，记录了准妈妈的辛劳和宝宝出生前的发育历程。孩子出生以后，他可以通过这本日记感受到父母对他的爱。这样父母与孩子间的感情会更加浓厚。另外，胎教日记也能为医护人员提供很好的参考，它能方便医护人员快速掌握准妈妈的身体情况。

胎教日记本就好像一台围着准妈妈和宝宝拍摄的摄像机，比摄像机更好的功能是它还可以记录下准妈妈内心的情感。即使在宝宝出生以后，准妈妈也可以通过它回忆起孕期的每一次幸福和感动。

Day6 胎教，需要"教"些什么

✺ 情绪

准妈妈与胎宝宝心意相通，准妈妈的情绪会直接传达给胎宝宝，而准妈妈情绪的波动也会影响胎宝宝的心绪。因此准妈妈应该保持一个健康向上的乐观态度。

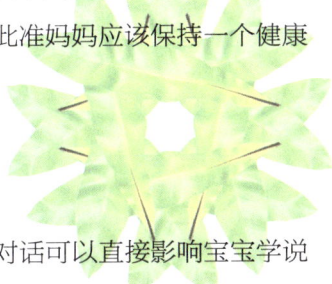

✺ 语言

准爸妈与宝宝的对话可以直接影响宝宝学说话的时间和质量。因此，准爸妈应该多用适当的音量和宝宝进行语言交流。同时语言交流也能够增进彼此间的感情。另外，准爸妈要注意使用文明规范并且富有哲理的语言。

✺ 抚摩

抚摩不仅能使胎宝宝感受到准爸妈的爱意，交流彼此之间的感情，更能提高胎宝宝对外界世界的感知能力，刺激胎宝宝的大脑发育。准妈妈应该多抚摩自己的肚子，也就是胎宝宝所在的位置，将自己的爱意传递给胎宝宝。

✺ 运动

准妈妈在孕期适量运动不仅可以帮助分娩，更可以促进宝宝的大脑及肌肉的健康发育。其中散步、孕期操都是很好的选择。

✺ 知识

知识的范畴就比较广阔了，主要包括文学、书法、绘画等。准妈妈在孕期可以看看简单的单词，色彩鲜艳的图画。绘画或者写字的时候，也相应做出一些简单的说明。这样，肚子里的宝宝也会接触到这些知识，在脑中留下一些印象。

✺ 营养

我们都知道准妈妈在孕期需要补充营养。孕期的营养不仅仅是为准妈妈准备的，也是为处在生长发育期的胎宝宝准备的。因此，为了宝宝的健康，在胎教期间，准妈妈要合理饮食，均衡补充营养。

Day7 准备好"教学资料"

宝宝还在妈妈体内的时候，就已经有了惊人的学习潜能。胎教究竟需要准妈妈、准爸爸做些什么呢？来看看，我们为宝宝准备的"教学资料"吧。

🍊 良好的心情

对于胎儿来说，孕妈妈的心情是至关重要的。为了出生后的宝宝健康、开朗，孕妈妈应该保持胸怀宽广，乐观舒畅，多畅想宝宝远大的前途和美好的未来，避免烦恼、惊恐和忧虑等不良情绪。

🍊 健康的饮食

孕妈妈要关注自己的饮食健康，少食多餐，营养均衡，及时补充不同阶段所需的钙、铁、碘、锌、蛋白质、维生素等多种营养元素，确保胎儿获得发育所需的各种营养物质。

🍊 宜人的环境

整洁、美观的生活环境，会令孕妈妈赏心悦目。孕妇可以天天看漂亮宝宝的图像，想象腹中的孩子也是这样健康、美丽、可爱，多欣赏花卉盆景、美术作品和大自然的美好景色，多到野外呼吸新鲜空气。

🍊 规律的生活

保持良好的饮食起居习惯，按时作息。衣着打扮、梳洗美容应考虑是否有利于胎儿和自身健康。

🍊 优美的音乐

孕妈妈应该多听旋律优美、节奏明快的音乐，经常用悦耳、快乐的声音给胎儿唱歌听，多将幸福与爱的感觉传递给胎儿。

🍊 动听的故事

经常读诗歌、童话和科学育儿书刊，自己先了解故事的内容，然后把故事说给胎儿听。讲故事时，要声情并茂，不要单调乏味。孕妈妈要多接触一些生动有趣、轻松的内容，避免接触恐怖、紧张的故事情节。

Day8　孕期胎教的大致进度

可以将妊娠的整个过程分为以下几个阶段：受精、孕卵的着床、胚胎的发育、胎儿的发育。根据妊娠不同阶段的特点，将全过程分为三个时期：妊娠 0~12 周称为孕早期；妊娠 13~27 周称为孕中期；妊娠 28 周及其后称孕晚期。各个时期的胎教重点有所不同。

🍊 孕早期

孕早期胎教要从孕妇自我情绪调整和人为地对感官进行刺激两方面入手。其实，从怀孕之日起每个孕妇已经在自觉或不自觉地开始做胎教了，这就是夫妇双方（尤其是孕妇）的情绪，对新生命的渴望，对饮食、起居的安排与调整。

🍊 孕中期

孕 16~20 周时，胎儿开始出现胎动。此时，胎儿的神经系统飞速发展，对来自外界的声音、光线、触动等刺激反应更加敏感，是胎教的黄金时期。

在怀孕的第四个月，孕妈妈可以做胎儿体操，听音乐或哼唱自己喜欢的歌曲。准爸爸可与胎儿轻声说话或念一些诗文。同时，准爸妈应多看一些幽默有益的书籍，以增进夫妻交流，活跃家庭气氛。

在怀孕的第五个月，由于宝宝的听觉系统发育迅速，准妈妈可以经常轻抚腹部，在腹部附近放几首欢快的乐曲。

到了孕六月，就可以帮助胎儿运动了。晚上，孕妇仰卧在床上，全身放松，双手轻轻抚摩腹部 10 分钟左右，增加和胎儿的谈话次数，给胎儿讲故事、念诗、唱歌等，期间呼唤胎儿的乳名。

🍊 孕晚期

在孕晚期，胎儿各器官、系统发育逐渐成熟，对外界的各种刺激反应更为积极，例如：当用光源经孕妇腹壁照射胎儿头部时，胎头可转向光照方向，并出现胎心率的改变，定时、定量的光照刺激是这个时期的胎教内容。

Day9　胎教与宝宝未来的性格

"性格决定命运"这句名言很直接地道出了性格对一个人的重要性。虽然后天因素对性格的影响非常大，但是先天因素对性格的影响也不容小觑哦！准妈妈当然都希望宝宝有独特的、有魅力的、健康的好性格。那么，在胎教期间到底要怎么做才能培养出宝宝的这种好性格呢？

准妈妈保持良好的心情

研究表明，准妈妈的情绪能影响到肚子里宝宝的心绪。在孕期，准妈妈如果心性乐观，积极向上，那么出生后的宝宝大多开朗爱笑；准妈妈心境平和、愉悦，那么宝宝大多不爱哭闹；准妈妈如果抑郁不宁，宝宝大多哭闹不休。由此可见，为了让宝宝有好的性格，准妈妈一定要在孕期保持一个平和的心态和积极向上的态度。

家庭环境和睦稳定

准妈妈所处的家庭环境也在很大程度上影响宝宝的性格。如果家庭纷争不断，那么宝宝自然会吸收这些不良信息，性格就会随之受到影响。相反，如果家庭和睦，那么宝宝所接收到的信息就是这个世界非常安稳，宝宝的性格也会更加开朗。因此，准爸妈在孕期要注意相互谅解，避免发生冲突。

接触世界的真善美

由于胎宝宝所接触到的一切都会影响其以后的发展，因此准妈妈在做胎教时就可以有意识地让胎宝宝接受积极向上的事物。准妈妈可以多给宝宝展示一些美好的事物，比如风景照片，人物的笑脸，这些东西所产生的正面影响可以很好地作用在宝宝身上，让出生后的宝宝健康、温暖、积极向上。

Day10　塑造宝宝好性格

其实，性格胎教就是为了让宝宝有个健康的性格而产生的一种胎教方法。那么准爸妈应该如何做性格胎教呢？

◉ 以身作则

孕期，宝宝的身体与准妈妈连为一体。从这个角度来说，最能影响宝宝的人就是准妈妈了。准妈妈高兴，宝宝也高兴；准妈妈伤心，宝宝也会难过。想让宝宝有个健康的性格，那么准妈妈在孕期就要每天都开心。

◉ 描述世界的美好

除了准妈妈对宝宝的影响以外，周围的世界也可以起到调整宝宝性格的作用。我们都知道经常接触美好世界的人往往更为乐观，所以准妈妈不妨在孕期多让宝宝接触这个世界的真善美。

其实做法很简单，和宝宝说一些快乐的事情，听一些愉悦的歌曲，欣赏一些美景，等等。这些事情虽然很小，但是却能让宝宝感受到世界的美好，从而让宝宝对这个世界充满乐观的情绪。

◉ 家庭氛围要和谐

准妈妈在孕期往往长期待在家里，也就是说宝宝最常待的地方就是家里。为了宝宝能拥有良好的性格，准爸妈需要好好维护家庭氛围。

宝宝慢慢对外界有感知能力了，也开始对外界感到好奇了。这个时候家庭氛围就非常重要了。如果准爸妈经常争吵，宝宝就会对外界感到害怕，胆小，没有安全感，爱哭闹。相反，如果准爸妈相处融洽，家庭和谐，宝宝就会感到安心，出生以后也会比较安稳，比较乖。

Day11　做一名合格的准爸爸

孕育是准妈妈一个人的事，但是度过孕期可不是准妈妈一个人的事情哦！准爸爸要做的事情也是很多的。不管是生活上还是心理上，孕期的准妈妈对准爸爸的依赖会加深很多。准爸爸在这个时候就应该挑起家里的担子，一起参与到对宝宝的胎教中来，争取做一名合格的准爸爸。

🍊 生活上的帮助

◎ **包揽家务活。**准妈妈不宜做家务的时候，准爸爸要勤快起来，包揽洗衣、做饭、打扫房间等家务活。

◎ **随时搀扶。**在上下楼梯、上下车或湿滑的路面上行走时，准爸爸最好搀扶着准妈妈，防止摔倒；到了孕晚期，很多孕妈咪起床和翻身都很困难，准爸爸就更要随时在孕妈咪身边帮忙了。

◎ **温柔按摩。**准妈妈经常会觉得身体不适，有时候是小腿水肿，有时候是腰酸背痛。这种时候就需要准爸爸为准妈妈按摩放松了。按摩可以缓解准妈妈身体的疼痛，让准妈妈更好地休息，也让宝宝在妈妈的肚子里睡得更香甜。

🍊 精神上的支持

◎ **让准妈妈尽情发泄。**准爸爸要对多愁善感或紧张易怒的准妈妈充满谅解，在发生争执的时候让准妈妈尽情发泄，等她平静下来后，再好好与她谈谈。决不能和准妈妈争吵，因为这不仅会使准妈妈伤心，也会使胎宝宝躁动不安。

◎ **偶尔来个"小惊喜"。**准妈妈在孕期多半会觉得自己变丑了，担心准爸爸不在乎她。这个时候准爸爸一定要给她足够的安全感。一句赞美或者一个小礼物，就能让准妈妈感到安心。准妈妈安心是胎宝宝心情平和最重要的因素。

◎ **和准妈妈一起准备迎接小生命。**为迎接宝宝做准备，不仅是指购买婴儿用品，也包括一起憧憬美好未来，谈谈对宝宝的想法和规划。这种感情交流有助于维持夫妻关系的和谐，更能帮准妈妈缓解紧张的情绪。

Day12　饮食胎教

准妈妈与宝宝息息相关，宝宝的营养来源、饮食口味都从准妈妈这里直接获取，可以说准妈妈所吃的食物才是宝宝在这个世界上最先接触的食物。那么准妈妈有没有想过，通过自己来影响宝宝的饮食习惯？这就是饮食胎教。

饮食胎教助宝宝身体健康

在孕早期，准妈妈可能因为孕吐或者心理压力大而不愿意吃东西。如果准妈妈因此没有吸收足够的营养，那么宝宝也无法得到发育所需的养分。孕早期缺乏营养可能会导致流产。就算宝宝顺利出生，也会因为营养不良而身体虚弱。所以准妈妈即使吃不下食物，也应该注意补充营养。

从胎教开始改善偏食、挑食

准妈妈在孕期往往会有口味的偏好，而家人为了使准妈妈心情愉悦，往往在一定程度上纵容准妈妈多吃自己喜爱的食物。事实上，这种做法对胎宝宝也会产生影响。宝宝在肚子里能感受到妈妈经常食用的食物。宝宝出生后，由于这种记忆，会较为轻易地接受准妈妈喜爱的食物，而对于准妈妈不爱吃或者不吃的食物，容易产生排斥心理。因此，准妈妈应该控制住自己的欲望，为了避免宝宝偏食、挑食，尽量全面地食用各种食物。

养成良好的饮食习惯

研究表明，准妈妈在孕期饮食紊乱，有一餐没一餐，或者偏爱快餐食品，这些不好的饮食习惯都会影响宝宝出生以后的饮食习惯。所以，准妈妈不要随意安排自己的每一餐，而应该科学、合理地安排饮食。

Day13　孕期饮食计划

孕期营养，是孕期重要的组成部分。它不仅影响准妈妈的身体素质和分娩状况，也影响胎宝宝的生长发育。因此在营养方面，准爸妈一定要及早做好准备。

🍊 孕早期

孕早期的准妈妈往往因为孕吐而影响食欲，这个时候准妈妈可以不用坚持一日三餐的原则，少吃多餐即可，只要想吃了就吃，不用太忌讳。这个阶段的膳食只要符合高蛋白、营养充足、不油腻、易吸收的原则就可以了。同时注意不宜食用油腻、油炸、辛辣等刺激性强的食物，以免造成先兆流产。这个阶段的宝宝对准妈妈的营养要求不高，准妈妈只要正常吃饭就可以了。

🍊 孕中期

孕中期的宝宝生长发育迅速，需要的营养增多，尤其需要大量蛋白质、钙和各种维生素。另外由于这时候准妈妈的代谢加快，营养消耗过多，准妈妈也需要补充各种营养。因此，在这个阶段准妈妈要补充全面、均衡的营养。要正常食用主食，同时还应摄入营养价值高、富含蛋白质的食物。水果和蔬菜等富含维生素的食物也不能被落下。

这个时期准妈妈要注意控制糖和盐的摄入。摄入过量的糖分和盐分容易引起妊娠期高血压等疾病。同时准妈妈也要注意均衡摄入营养。这个时候一旦营养摄入不足，极易影响宝宝的生长发育。

🍊 孕晚期

孕晚期的宝宝不仅生长发育需要营养，自身也开始储存营养，以便为出生后的独立生活做好准备。而准妈妈也要开始准备分娩时需要消耗的能量。因此在这个时期，准妈妈应该摄入多样的食物以保证营养全面。饮食要以蛋白质和碳水化合物为主，还要摄入富含矿物质和维生素的食物。孕晚期准妈妈和胎儿对铁的需求量都很大，若没有及时补充铁，容易造成准妈妈缺铁性贫血。准妈妈也可以适当晒晒太阳以促进维生素 D 的合成，有利于钙的吸收。

Day14 补充水分有讲究

自从体内多了一个宝宝，即使是生活中很平常的事情，准妈妈也要开始注意了哦。再小的事情也可能对宝宝的生长发育产生影响。其中，关于喝水的讲究，准妈妈注意到了吗？

🍊 早起一杯温开水

一起床就吃早饭吗？不对，先喝水！有研究表明，早饭前喝一杯新鲜的温开水，可以温润肠胃，促进消化液分泌，增加食欲。孕期准妈妈排便困难时，可以在早上喝点水，刺激肠胃蠕动，有利于定时排便。另外，准妈妈空腹饮水能使水分被快速吸收，稀释血液，加快血液循环，也有利于胎宝宝的血液循环。

🍊 切勿口渴才喝水

很多准妈妈往往在等到口渴的时候才想起来要喝水。这种做法不仅会伤害准妈妈的身体，也会伤害到胎宝宝。因为大脑中枢一旦发出补充水分的信号的时候，就说明体内已经极度缺水了。而且由于孕期准妈妈体内的血流量增加了一倍，准妈妈本身就需要摄取大量水分。缺水会导致宝宝的新陈代谢减慢，不利于宝宝身体的生长发育。

🍊 勿用果汁补充水分

很多准妈妈不爱喝水，觉得喝果汁也能起到补水的作用。虽然果汁中95%以上都是水分，但是果汁中还含有果糖、葡萄糖、蔗糖等糖类。这些糖类不需要消化就会被直接吸收，导致准妈妈血糖含量高，从而影响宝宝的生长发育。因此准妈妈最好还是用白开水补充水分，减少果汁的饮用量。

当然，水分的补充也不是越多越好。因为妊娠期准妈妈喝水太多容易导致水肿，加重肾脏的负担。

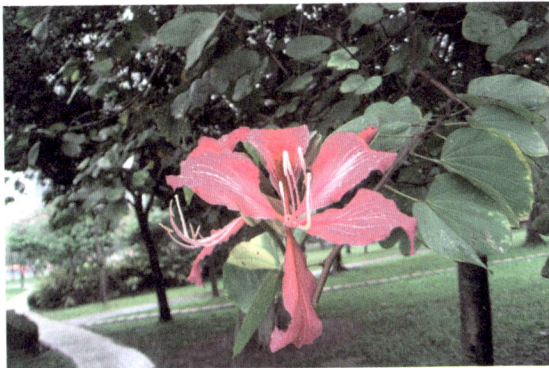

Day15 摒弃夜宵习惯

很多准妈妈在孕前就有吃夜宵的习惯，因此在孕期依旧保持每晚额外加一餐的习惯。而有些准妈妈在孕期一觉得饿，就认为宝宝需要营养了，因此也每晚加一餐。一些准妈妈认为孕期多吃有益于补充营养，对宝宝是有好处的。但事实上，这种饮食习惯对宝宝是有伤害的。

宝宝的生物钟是依靠准妈妈的生物钟来形成的。在应该要去睡觉的时间食用了食物后，准妈妈的肠胃会持续蠕动，这本身就会加重准妈妈的肠胃负担，同时也让在妈妈肚子里的宝宝得不到应有的休息，影响宝宝的生长发育。

从另一个角度来说，夜晚补充能量，会导致准妈妈的能量得不到消耗，从而转化为脂肪留在准妈妈的体内。而前文也提过，这种过多的营养会导致准妈妈患妊娠期高血压疾病，间接导致宝宝过大，不利于生产。

如果准妈妈真的是因为肚子饿了想要吃夜宵的话，最好在睡前 2~3 小时食用，并且一定要避免高油脂和高热量的食物。因为这种油腻的食物会使消化变慢，加重肠胃的负担，其中的有害物质也会被宝宝吸收。准妈妈在睡前吃点清淡易消化的食物就好，并且一定要注意不能过量食用，只要不觉得饿了就应该立刻停止进食。

孕期准妈妈虽然对营养的需要增多了，但是早期的营养并不像很多人想的那样，需要很多。因此准妈妈不要一味地为了补充营养而多吃，一定要谨防营养过剩。至于夜宵的习惯，准妈妈最好能摒弃，因为它非但不能为宝宝补充营养，反而会影响准妈妈和宝宝的健康，有百害而无一利。

Day16　孕期更要动一动

很多准妈妈在孕期会变得慵懒。其实不愿意运动的理由只有一个，而应该运动的理由，有无数个。运动可以帮助孕妈妈消耗过多的热量，促进水钠代谢，减轻身体水肿状况，防止体重过快增长，而且有助于产后恢复。

运动不仅有利于孕妈妈减肥，还可起到给宝宝"减肥"的作用，可防止生出巨大儿，有利于自然分娩，又为宝宝以后少患肥胖症、高血压及心血管疾病奠定良好的先天物质基础。

孕期动一动，还可以促进胎宝宝的大脑发育。因为运动可促使大脑释放脑啡肽等有益的物质，这些物质通过胎盘进入胎宝宝体内。孕妈妈做运动时，羊水会摇动，摇动的羊水可刺激胎宝宝全身皮肤，就好像给胎宝宝做按摩。这些都十分利于胎宝宝的大脑发育，让胎宝宝出生后更聪明。

如果有条件，还应多进行户外活动，呼吸着新鲜空气的有氧运动是不错的选择。阳光中的紫外线可以将皮肤中的脱氢胆固醇转化为维生素D。维生素D既有利于胎宝宝骨骼发育，又可防止孕妈妈发生骨质软化症。阳光还有促进体内钙、磷吸收的作用哦！

孕期不适常会使孕妈妈情绪波动，胎宝宝的心情也会随之不安。而运动有助于缓解紧张、烦躁的情绪，使准妈妈保持心情舒畅，有助于胎宝宝形成良好的性格。

运动胎教对准妈妈和胎儿都有很多好处，准妈妈一定要坚持运动，保持好心态，锻炼好身体，生出健康、开朗、聪明的宝宝。

Day17 散步

虽然运动的方式多种多样，但是对于准妈妈来说，大部分运动方式都非常危险。为了自身和宝宝的健康，有什么运动是适合准妈妈的呢？

🍊 散步

散步不受条件限制，可以自由进行。不过散步最好选择在绿树成荫、花草茂盛的地方进行。这些地方空气清新，氧气浓度高，尘土和噪声都比较少，这都有利于准妈妈呼吸新鲜空气，提高准妈妈的心、肺功能，促进全身血液循环，提高新陈代谢和肌肉活力，促进养分向宝宝的运输，对宝宝好处多多。

散步过后产生的轻微疲倦，也能够稳定情绪，有助于增进准妈妈的食欲和睡眠，同时可以调节心情，消除烦躁和郁闷。准妈妈吃得好、睡得好，宝宝当然营养充足、生长发育好。

对准妈妈来说，散步不会给膝盖和脚踝带来伤害，还能够锻炼心脏功能；对宝宝来说，散步不会造成身体的不适，还有助于大脑和肌肉的发育。孕期，准妈妈可以一直坚持散步到分娩。

🍊 孕期散步四注意

◎ 散步的时间最好为饭后。因为准妈妈经常会觉得吃饱后，食物不能很好地被消化，而散步恰恰能促进食物消化。

◎ 正确的散步方法很重要。准妈妈可以在散步过程中听一些舒缓的音乐，然后按节奏行走。步伐不要太大，以自我感觉舒适为主。同时，双臂自然地在身侧摆动，幅度也不必太大。

◎ 准妈妈可以一边散步，一边拍掌。这是因为人体很多穴道都在手掌位置，拍掌有助于刺激穴道，改善孕期身体状况。同时，拍掌也有助于提高宝宝对外界的感知能力。

◎ 孕妈妈每次散步不用行走太久，一般40分钟左右最佳。如果孕妈妈在散步途中感到疲惫，也不要勉强，应尽快休息。

Day18　孕期瑜伽

　　现在练瑜伽的女士数量众多。如果准妈妈平时练瑜伽，那么在孕期请不要中断。如果准妈妈平时不练瑜伽，想在孕期从零开始练，那么最好在专业教练的指导下进行练习，选择适合的瑜伽动作。

　　孕妈妈练习瑜伽好处多多。练习瑜伽不仅可以增强体力和肌肉张力，增强身体的平衡感，提高整个肌肉组织的柔韧度和灵活度，还能调节激素分泌，增强血液循环，控制呼吸。除此之外，瑜伽也有助于改善睡眠，形成积极健康的生活态度，帮助人们进行自我调控，达到身心的和谐。

　　练习瑜伽能促进孕妈妈的血液循环，从而增加对胎儿的氧气和营养供给。这些都会促进胎儿大脑和身体的发育，使得胎儿出生后变得更加灵活和敏锐。

　　大多数孕妈妈在分娩来临前会感到恐惧和不安。练习瑜伽可以让分娩过程变得轻松，并有助于孕妈妈在产前保持平和的心态。同时相应的产后瑜伽也会让女性的身材在产后恢复得更快。

　　对没有流产史、身体健康的未来母亲来说，只要觉得自己准备好了，就可以开始练习一些增强身体力量，提高肌肉柔韧性和张力的瑜伽动作，不必非得等到怀孕之后。在怀孕的十个月里，孕妈妈可以针对自己不同阶段的身心状态，练习不同的瑜伽姿势，动作幅度必须以个人的需要和舒适度为准，练习瑜伽时如有不适感，应随时停下歇息或改用更适合自己的瑜伽姿势。

Day19 孕早期情绪保健

新生命的到来给全家人带来欣喜，但有时也让初为人母的准妈妈变得焦虑不安。一些陌生的身体反应甚至会使孕妈妈对怀孕产生反感和厌恶的情绪。

一颗平常心

由于有时身边的亲人、朋友对于孕妈妈们的过多关注和照顾以及孕妈妈自身的小心翼翼会适得其反，因此大家怀着一颗平常心去享受宝宝带来的幸福就可以了。

学会放松

根据调查，怀孕早期特有的压力包括：

◎ **身体不适，例如恶心、疲劳、尿频、水肿、背痛。**

◎ **激素变化引起情感脆弱。**

◎ **对分娩、做母亲以及孩子是否健康等问题的恐惧。**

◎ **对增加的生活开支的担忧等。**

对于孕妈妈所感觉到的压力，胎儿在体内都能感觉到。从现在开始，孕妈妈就教你的宝宝如何面对人生、如何控制压力吧。

减压的方法

◎ **好好照顾自己。**定期饮食，饮食营养丰富，充分休息，适当锻炼，不要喝酒、吸烟。

◎ **不要犹豫，不要逃避压力。**当面对诸多问题和压力时，逃避、慌张、恐惧是解决不了任何问题的。

◎ **让自己包围在爱和支持中。**多跟朋友和家人联系，把你的心事同别人分享。

◎ **安排自己的日程。**可适当减少工作时间，为锻炼、沉思、按摩、看书或者听轻松的音乐留出更多时间，这些都有助于准妈妈放松心情。

◎ **利用一些辅助方法。**例如瑜伽和按摩，它们都有缓解孕期压力的作用，对胎儿也有益。

Day20   初识环境胎教

环境也是构成孕期胎教体系的一个重要组成部分。环境胎教所指的"环境"，包括内环境和外环境。没有一种地球上的生物是可以脱离环境而生存的。

🍊 内环境对宝宝的影响

子宫是宝宝生长的内环境，而内环境的质量，取决于孕妈妈。孕妈妈调理好身体的状态，就是为宝宝创造一个良好的内环境。如果准妈妈在孕期体重超标、营养不良，或罹患妊娠期高血压、妊娠期糖尿病，都容易使宝宝的生长发育受到不良影响。

子宫是一个恒温环境，虽然与外界隔着几层皮肤，但胎宝宝仍然能感受到光、声音等。子宫里虽然通常比较黑，但是如果外界有光源，胎宝宝能感受到亮度的变化。在子宫里，宝宝还能听见来自母亲腹腔内肠蠕动产生的肠鸣音、腹主动脉内血液流动的声音、四肢活动的震动声等，也有来自外界的说话声、音乐等。

🍊 外环境对宝宝的影响

外环境则是准妈妈身处的外部环境。虽然隔着准妈妈的肚子，但外环境对胎宝宝仍然产生影响。除了家居环境，孕妈妈的工作环境也是必须考虑的。如果孕妈妈的职业是放射科医生，由于经常接触射线，有可能引起腹内的胎儿畸形或流产。

香烟对宝宝的危害也是巨大的，香烟中的尼古丁使胎盘血管收缩，导致对胎儿的供氧量减少；香烟中的一氧化碳进入孕妇肺内，也使得孕妇血液中含氧量降低，造成胎儿发育迟缓、畸形、流产等不良后果。

除了吸烟，喝酒的嗜好也会影响胎儿的发育。酒精可使胎儿发生"胎儿酒精中毒综合征"，导致胎儿出生后发育迟缓，产生精神运动障碍等症状。

Day21　宝宝生命中第一座美好家园

宝宝生活的第一个家园，不是你们家的大房子，而是妈妈的大肚肚。准妈妈良好的身体状况、精神状态，乃至准爸爸健康的生活习惯，都是这个居所的必需品。为宝宝营造一个温馨、健康的胎育环境吧！

给宝宝一个稳固的房子

◎ **准妈妈要定期做身体检查。**孕期做身体检查，有助于了解自己的身体状况，一旦发现什么身体问题，也可以及早进行治疗，不影响宝宝的生长发育。

◎ **戒烟、戒酒。**一旦准妈妈有了宝宝，准爸爸最好戒烟、戒酒。因为烟酒中的有害物质非常多，通过日常接触就会把这些有害物质传给准妈妈，而准妈妈又会通过胎盘直接传给宝宝，对宝宝危害巨大。

◎ **营养均衡。**宝宝在子宫内发育需要吸收营养。这些营养从哪里来？从准妈妈这里。因此准妈妈要有计划地补充各种营养，同时注意营养均衡。

给宝宝一个好天气

如果将胎盘形容成宝宝的"房子"，那么准爸妈的心情就是宝宝的"天气"。为了宝宝生活中的大晴天，准爸妈得保持自己的好心情哦！

◎ **准妈妈要保持心境平和。**准妈妈对宝宝的影响是最直接的了。准妈妈要保持心境愉悦、平和，不焦躁、不抑郁。这样的心境有利于胎宝宝的平稳发育。

◎ **准爸妈要和睦。**夫妻生活和睦也是影响宝宝的一个重要因素。孕期中，准爸妈要共同为宝宝的各方面做准备，有时候难免会焦躁。若准爸妈在孕期发生争吵，会使宝宝感受到外界环境的不安定，十分不利于宝宝的生长发育哦。

Day22　为准妈妈营造舒适的家居环境

舒适的家居环境会让孕妈妈感受到爱的气氛，有助于孕妈妈保持心情舒畅。因此按照"美"的法则，创造一个优雅、舒适的生活环境是胎教的一项重要内容。

🍊 巧用色彩

色彩对人的心理有较强的暗示作用。如果孕妈妈需要经常处于嘈杂、纷乱的环境中，那么家里的房间色彩应该以淡蓝色和白色为基调，这样有助于孕妈妈恢复体力和精力、舒缓紧张的神经。如果孕妈妈经常处于安静的环境中，那么家中房间色彩不妨以绿色或粉红色为基调，这样会显得生机盎然、赏心悦目。

🍊 孕期的起居室

◎ 房间的空气质量对孕妈妈及胎儿会有很大的影响。也就是说，孕妈妈所处的房间必须保持空气流通，多开窗换气。孕妈妈不要因为天气寒冷或炎热而长时间待在封闭的空调房中。

◎ 孕妈妈休息和睡觉的床底也要注意保持干净和整洁。

◎ 孕妈妈居住的房间不宜阴暗，要有足够的阳光或保持适度的光线。室内放置一些绿色植物，既可以装点家居环境，又可以净化空气。

🍊 居室的装扮

若住房小，不妨在墙上或床头挂一幅风景画，它可使房间有一种纵深感，让孕妈妈的视野豁然开朗，同时也有助于孕妈妈消除疲劳。悬挂几张可爱的婴幼儿图像，则可以起到暗示作用，能使孕妈妈产生美好的遐想，形成母爱的氛围。也可在室内挂一些字画，以陶冶孕妈妈的性情。

🍊 孕期不宜装修搬迁

怀孕期间不宜进行搬迁，因为胎儿习惯了在某个环境内孕育和成长，若搬入新的环境，有的胎儿不习惯，很可能就会影响胎儿生长发育。

Day23 让准妈妈感觉舒适的居室布置

让居住空间显得更宽敞

室内的家具尽量靠墙放，棱角不要突出太多，尽量让居住空间相对增大。因为妊娠期间孕妈妈腹部隆起，加上体重增加，重心向前移，容易被碰倒，所以，孕妈妈需要一个宽敞的空间进行活动。

调节室内温度及湿度

夏季室温27～28℃、冬季室温16～18℃为宜，必要时，可购置一些控温、控湿的设备。温度太高，容易使孕妈妈头昏脑涨、精神不振、昏昏欲睡、烦躁不安。温度太低，使孕妈妈身体发冷，容易感冒。空气湿度适宜，湿度太低，使人口干舌燥，鼻干流血；湿度太高，使被褥发潮，人体关节酸痛。

物品摆放应方便孕妈妈拿取

日常用品、衣服、书籍要放在孕妈妈随手可得之处，无须孕妈妈爬高，站立操作时则以不弯腰、不屈膝、不踮脚为宜。消除一切易发生危险的因素，家具的摆放要整齐稳当，以免孕妈妈磕着。要在光滑的地面上增加防滑设备，如铺上垫子，以防摔倒。

卫生间要注意通风

孕妈妈洗澡时尤其要注意通风，否则可能出现头昏、眼花、乏力、胸闷等症状。另外，热水的刺激则可能会引起全身体表毛细血管扩张，使孕妈妈脑部供血不足，加上缺氧，更容易导致晕厥。同时胎儿也会出现缺氧、胎心率加快等现象，甚至胎儿的神经系统发育也会受到不良影响。

排除过敏原

在孕期，人变得容易过敏。一些平时常用的东西，如地毯、抱枕、玩偶等，在孕期却未必安全，所以孕妈妈最好在整个孕期都不要接触这些东西。如果无法完全避免接触，可以经常翻晒。

Day24　当心这些辐射源

长时间看电视、玩电脑，都会使孕妈妈受到过多的电磁辐射，让宝宝也一同陷入电磁辐射的危机之中，因此防辐射绝对是胎教的关键部分。那么，哪些辐射是孕妈妈需要提防的呢？

✦ 居家辐射

家中的很多东西都是辐射源，如质量不过关的墙纸、壁布、涂料、板材等，让孕妈妈的家变成"辐射屋""污染房"。所以怀孕前应做室内辐射检查，尽量避免在不健康的环境中度过孕期。如果无法改变住所，则应找出辐射最强的地方，加以屏蔽。

需要特别提醒的是，遍布在你家里的电线也是有辐射的。现代家庭中一般的固定电线都是走"暗线"，辐射问题还不大，但是如果在床边或最常活动的地方安装十分密集的接线板或插座，就可能会影响孕妈妈的健康。因此，不宜在床头安装电器或接线板等。

✦ 医疗辐射

医疗辐射是人类接触申离辐射的主要来源。在怀孕初期孕妈妈遭受医疗辐射比较容易给胎儿造成重大的伤害，如胎儿畸形、脑部发育不良等。

✦ 建筑物

很多人都会把大楼门前的大理石台阶当作休息椅，殊不知花岗岩、大理石等天然石材都是辐射很高的材料。

无论是选择住处还是选择玩耍的地方，孕妈妈都最好远离变电厂和高压电线，更不能多靠近核电厂。

Day25 注意沐浴方式

宝宝对所处的环境非常敏感，一点点的不适宜就有可能影响宝宝的生长发育。有研究表明，准妈妈的体温比正常人高 1.5℃的时候，胎宝宝的脑细胞发育就有可能停止；而如果准妈妈体温升高 3℃的话，就可能对胎宝宝造成永久性的损害。

孕早期是胎宝宝中枢神经系统发育最重要的时期，一旦受到高温的影响，胎宝宝极有可能出现智能缺陷和各种器官的畸形。因此，准妈妈应该对体温格外注意。

水温控制

由于胎宝宝生长发育不适宜太高的温度，因此准妈妈在孕期应该避免身处密闭、高温的场所（如洗桑拿）。就算准妈妈想要泡个热水澡，水温也不宜过高，并且要注意散热。因为如果准妈妈长时间用高温水浸泡，并且无法散热，很容易导致宝宝神经系统的缺陷。当然，准妈妈也要避免水温过低引起感冒、发热等症状。

洗澡时间

研究表明最合适的洗澡时间应该控制在 20 分钟以内，并且应该在不会着凉的情况下保持通风散热。同时需要注意的是准妈妈不要长时间用热水冲淋腹部，因为过高的温度会对胎宝宝产生不利影响。

适宜的室内温度

冬日里的暖气温度过高会导致准妈妈体温升高，对宝宝生长发育不利；夏日里冷气过凉，会使准妈妈受寒，子宫收缩，甚至会引发孕早期流产。因此准妈妈要格外注意温度的调节，不可贪图舒服。另外，准妈妈还应该多注意家中的通风换气，以免细菌、病毒侵害。

Day26　给宝宝一双明亮的眼睛

准妈妈都希望宝宝出生后能有一双明亮的眼睛。其实想让宝宝拥有一双明亮的眼睛，准妈妈可要从孕期就开始准备了。

🍊 营养成分的补充

◎ **α-亚麻酸**。它对宝宝的视力发育和大脑发育起着重要的作用。富含α-亚麻酸的食物主要有核桃、深海鱼等。当然，准妈妈也可以在医生的指导下服用富含α-亚麻酸的营养补充剂。

◎ **维生素A**。维生素A是合成感光物质的重要元素，它对于在弱光下保持视觉功能有非常重要的作用。缺乏维生素A，会导致宝宝感受弱光的能力下降，导致夜盲症等。因此准妈妈可以多摄入富含维生素A的食物，如动物肝脏、蛋黄、鱼肝油等。

◎ **牛磺酸**。牛磺酸的主要作用是能提高宝宝的视觉机能，促进视网膜的发育。牛磺酸还可以

强化角膜的自我修复功能，对抗眼疾，因此它也对宝宝的眼睛有重要功效。富含牛磺酸的食物主要是海产品，比如鱼、虾、海带、紫菜等。准妈妈在孕期补充牛磺酸时，不妨食用这些食物。

🍊 生活习惯对宝宝视力的影响

准妈妈的生活习惯也会影响宝宝的视力。宝宝的感知能力完善后，会对周围的光线有一定的反应。而准妈妈对光线的感受也会通过脐带传达给宝宝。这是宝宝最早形成的对明与暗的理解。因此准妈妈如果此时不注意生活习惯，日夜颠倒，就会使宝宝对明暗的感知能力减弱，不利于宝宝出生后的视力。因此准妈妈在孕期要保持科学合理的生活习惯。

Day27　古人如何做胎教

翻开中国数千年的历史长卷后，你会发现，胎教早已为人所发掘，有很多宝贵的观点。了解点胎教的历史，不仅给你的胎教提供佐证，也可以给你的胎教提供更多的素材。

🍊 西周的胎教

"六艺"中的礼乐教育是我国古代胎教的雏形。西周人认为人应该在很早的阶段就开始接受规范的教育。这个时期的胎教内容还没有现代这般广泛，只是对受孕女子在生活各方面的行为做出了规定。

🍊 东汉的胎教

东汉杰出思想家王充对胎教颇有见解，他认为人之性之所以有贤愚善恶，并非天意的结果，而是人在孕期所禀受的天性有厚有薄，"故性有善恶也"。

🍊 西汉的胎教

西汉最早系统地论证胎教问题的学者是政治家贾谊，在其所著的《新书》中专有"胎教"一章，他认为对胎儿实施多方面的教育是很有必要的。同时代的另一位学者刘向所撰写的《列女传》，涉及胎教方面的内容更为广泛。

🍊 南北朝的胎教

南北朝著名教育家颜之推所著的《颜氏家训》中有"教子篇"，他认为家庭教育越早越好，最早要从胎儿时期开始，孕妇应该谨守礼法，使胎儿受到良好的教育。

🍊 唐代的胎教

唐代孙思邈在《千金要方》一书中，提出教育儿童必须从胎教入手，进一步阐明了逐月养胎之法。

🍊 明清的胎教

到了明清时代胎教理论更加完善，康有为在其《大同书》中，主张建立以提高人口质量为目的的胎教院。

Day28　胎教在外国

🍊 胎教在英国

英国莱斯特大学心理学院的音乐研究小组对多名孕妇进行研究，并将这些孕妇随机分为两组：一组孕妇可以选一首自己喜欢的音乐，古典音乐、流行曲或摇滚乐均可，在临产前经常聆听。另一组孕妇则不去刻意听任何音乐。婴儿出生后一年的这段时间，这几名母亲不再给婴儿听任何音乐，待几名婴儿满周岁后重播那首他们曾在母亲腹内听过的音乐，以及播一些他们从未听过的同类音乐。结果显示，几名婴儿都被他们曾在母亲腹内听过的音乐吸引。而另一组婴儿则对任何一首音乐均无明显偏好。这一研究让英国人认识到音乐在胎教中的重要性。

🍊 胎教在法国

法国的巴黎健康卫生科学院在 20 世纪 80 年代也做了胎教方面的实验。这项实验是这样的：请一名 28 岁的孕妇，从妊娠 8 个月开始，每隔一天就到科学院做一次音乐胎教。具体方法是将耳机置于孕妇腹壁上，孕妇本人的耳朵则用耳塞堵住，使她听不见耳机传出的声音，然后闭上眼睛，处于一种安静平卧的状态，每次都放同一种音乐，就这样一直持续到分娩。

在孩子出生后的第三天，研究人员为了测试孩子对出生前所听的音乐有无记忆，他们将孩子绑在椅子上，下颌用托架托住，让他既能吸奶，双手也能自由活动。当孩子听见在子宫内听过的音乐时，他就会出现有节奏的吮奶动作，双手也随着音乐做出有节奏的摆动，当音乐停止或改为播放其他音乐时，婴儿就不再吃奶，双手也不再摆动或虽有摆动但不规则了。这个实验说明了孩子在胎儿期有记忆，因此出生以后有回忆，进一步验证了胎教的可行性。

第二部分

宝宝在祝福声中成长

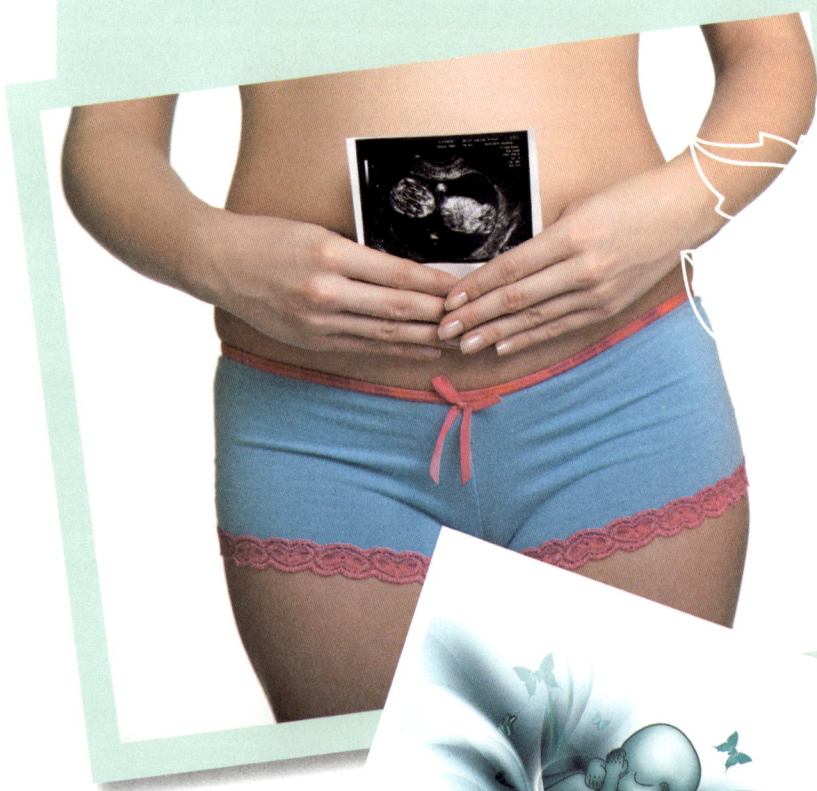

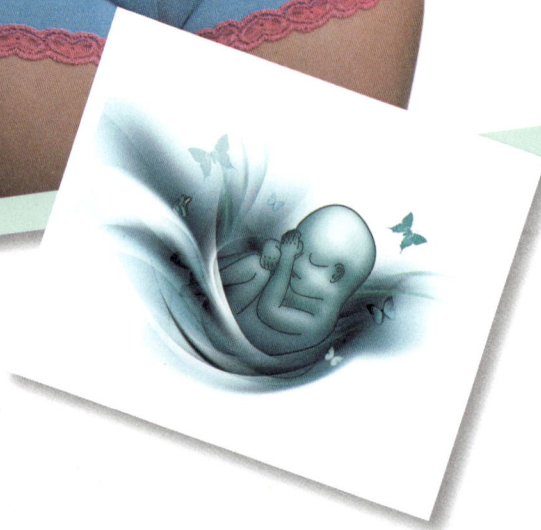

Day29　敏感的妈妈和宝宝

怀孕第二个月的准妈妈都比较敏感，这种敏感既包括生理上的孕吐，也包括心理上的情绪。准妈妈情绪不稳定，性情变化大。而这个月的宝宝正处于器官分化和形成的时期，可以说是整个妊娠期间至关重要的一个月。那么这个月准妈妈到底要怎么做呢？

◎ **警惕致畸因素**。孕二月的宝宝对致畸因素尤为敏感。这是因为孕二月的宝宝正在分化器官，一旦有一点点不良因素侵入，都会影响宝宝的生长发育。因此准妈妈在这个时期一定要注意尽量避免服用各种药物，即使要服用，也要提前询问医生。

◎ **少食多餐，及时补充营养**。这个月准妈妈由于孕吐很可能不愿意吃东西。一旦营养不良，对准妈妈和宝宝的伤害都很大。因此准妈妈应该少吃多餐，能吃下的时候就吃，并且尽量食用多种食物。

◎ **营造温馨的家庭氛围**。准妈妈的情绪会通过内分泌影响宝宝。而这一时期准妈妈若是因为孕吐而情绪烦躁，很可能会导致宝宝情绪不好，不利于宝宝生长发育。因此这一时期准妈妈应该尽量控制自己的情绪，保持好心情；而准爸爸更应该多和妻子交流，帮助她走出抑郁。

◎ **适量运动**。在这个月里准妈妈需要停止房事，以防流产。但是准妈妈可以尝试散步、听音乐、做孕妇体操等轻松的运动。也可以早、晚平躺在床上，腹部放松，手指轻按腹部后拿起，每次 5~10 分钟即可。还可以一边运动，一边听欢快的音乐。

Day30　脑部发育从此开始

妊娠第 5 周：胚芽出现，体节初现，胚囊内可见胚芽和原始心管搏动。准妈妈需要补充营养，均衡饮食。妊娠第 6 周：胚体逐渐形成，腮弓 1~2 对，眼、鼻、耳原基初现，脐带和胎盘形成。妊娠第 6 周末，神经沟完全闭合形成神经管，胚体左右外侧出现上下两对小突起，也就是上肢芽和下肢芽。妊娠第 7 周末，胚胎心脏已形成，心脏内部分隔完成，手板明显。妊娠第 8 周：肢芽分为两节，足板明显，视网膜出现色素，耳廓出现。妊娠第 8 周末，胚胎初具人形，胎头较大，占胎体近一半，能分辨出眼、耳、鼻、口、手指和脚趾，各器官正在分化发育。

这段时间是胎儿脑部及内脏的分化形成时期，不可接受 X 光检查，也不要随意服药，尤其要避免感冒。烟和酒会给胎儿带来不良影响，准爸爸注意不要在家吸烟。

孕妇在此时期容易流产，必须特别注意。应避免搬运重物或做剧烈运动，而且做家务与外出次数也应尽可能减少。不可过度劳累，多休息，睡眠要充足，尤其要注意禁止性生活。保证充足的氧气，每天到绿地或小区花园中散会步。

由于早孕反应，准妈妈身体的不适感更加明显，加上社会角色心理的变化，情绪容易变坏，食欲也受影响。丈夫在此期间要主动承担起做饭的任务，不要让准妈妈在厨房劳动，以免加重孕吐。丈夫要对妻子更加体贴和照顾，帮助其度过这段不适的日子。

Day31　准妈妈要提前服用叶酸

叶酸是一种水溶性 B 族维生素，因最初是从菠菜叶中提取得到的，故称为叶酸。食物中的叶酸进入人体后转变为四氢叶酸，在体内发挥生理作用。叶酸是机体不可缺少的维生素，在体内的总量仅 5~6 毫克，但几乎参与机体所有的生化代谢过程，参与体内许多重要物质如蛋白质、脱氧核糖核酸（DNA）等的合成。

当体内缺乏叶酸时，其直接的后果就是细胞的分裂和增殖受到影响。这在血液系统则表现为血红蛋白合成减少，红细胞不能成熟，从而导致巨幼细胞性贫血。如在妊娠早期缺乏叶酸，则会影响胎儿大脑和神经系统的正常发育，严重时将造成无脑儿和脊柱裂等先天畸形，也可因胎盘发育不良而造成流产、早产等。

目前证实，孕妇在孕早期缺乏叶酸是胎儿神经管畸形发生的主要原因。因此在怀孕前后补充叶酸，可以预防胎儿发生神经管畸形。

怀孕以后，胎儿和胎盘开始形成和发育，母体子宫、乳房也进一步发育，这是细胞生长、分裂旺盛的时期，对叶酸的需要量大为增加，可达到正常成年人的两倍。妊娠早期是胚胎分化、胎盘形成的关键阶段，胎儿的神经管系统是最早发育的系统，如果缺乏叶酸，就可能导致胎儿畸形，尤其是胎儿神经系统的畸形。

🍊 补叶酸吃什么

绿叶蔬菜中，如菠菜、生菜、芦笋、油菜、小白菜、甜菜等都富含叶酸。谷类食物中，如酵母、麸皮面包、麦芽等，水果中，如香蕉、草莓、橙子、橘子等，以及动物肝中均富含叶酸。叶酸遇热会被破坏，因此建议食用上述食物时不要长时间加热，以免破坏食物中所含的叶酸。营养学家曾推荐孕妇每天吃一只香蕉，因为香蕉富含叶酸与钾元素。为预防神经管缺陷，也可以口服药物，0.4~0.8 毫克/日，孕前 3 个月和孕后 3 个月口服，或直至妊娠结束。

Day32　初识情绪胎教

情绪胎教，是通过对孕妇的情绪进行调节，使之忘掉烦恼和忧虑，创造快乐的氛围以及和谐的心境，通过孕妈妈神经递质的传递作用，促进胎儿的大脑发育。

🍊 准妈妈的情绪影响胎儿

准妈妈的情绪对胎儿产生直接影响，如准妈妈焦虑会使婴儿多动、易怒、好哭，孕早期准妈妈紧张、恐惧不安，会导致胎儿发生腭裂或早产，巨大的恐惧还可能导致死胎，或足月胎儿体重过低。

🍊 准妈妈的情绪影响内分泌

临产孕妇过度不安，肾上腺素分泌增加，可能发生滞产或产后大出血、难产率增高。而如果孕妈妈的心情宁静、愉悦，体内便会分泌出各种有益准妈妈和胎儿的物质。

🍊 好的情绪促进胎儿发育

好的情绪可以促进胎儿的发育，让孕妈妈的身体处于最佳状态，十分有益于胎盘的血液循环

供应，促使胎宝宝稳定生长发育，不易发生流产、早产及妊娠并发症，还会使胎宝宝的活动缓和而有规律，器官组织分化良好。

在孕期，准妈妈的情绪波动不可避免，因此学会调节至关重要。准爸爸当然也不能袖手旁观。情绪胎教虽然是通过调节准妈妈的情绪来实现，但却是夫妻两个人的功课。情绪胎教的成功，是父亲的责任与母亲的行为结合的结果。准爸爸的责任与准妈妈的行为，共同决定着胎教的成败。

Day33　对抗早孕反应的饮食小策略

✸ 轻度妊娠呕吐

以少食多餐代替三餐，想吃就吃，多吃富含蛋白质和维生素的食物。可以在两餐中间加一餐，晚饭后两小时再加一餐。加餐可吃些苏打饼干、干果、豆浆、酸奶等。

饭前少饮水，饭后饮足量水。可吃流质、半流质食物。

✸ 重度妊娠呕吐

以清淡食物为主，少吃油腻、过甜和辛辣的食物。可吃营养价值比较高的藕粉、豆浆、蛋、奶等。

自己喜欢吃的就不用在乎品种和口味，没有那么多的禁忌。即使准妈妈喜欢吃的食物营养价值并不是很高，也总比不吃或吃了呕吐要好得多。

如果起床时就开始恶心，甚至呕吐，就不要急着穿衣服、洗漱，先坐起来吃些东西，如饼干、面包等，感觉不那么恶心了再起床。无论是否呕吐，只要能吃进去就大胆地吃，不要怕吐，吐了再吃，不断地吃。

✸ 缓解孕吐的食物

饮料：柠檬汁、苏打水等。

谷类食物：苏打饼干、面包、麦片、绿豆大米粥、八宝粥、玉米粥、煮玉米、玉米饼子、玉米菜团等。

奶类：鲜奶、酸奶、奶酪、奶片等。

蛋白质：肉类以清炖、清蒸、水煮、水煎、爆炒为主要烹饪方法，尽量不采用红烧、油炸、油煎、酱制等味道厚重的方法，可以食用如水煎蛋、水饺、清炖肉片、清蒸鱼、炖鱼汤、糖醋里脊等。

蔬菜水果类：各种新鲜的蔬菜，可凉拌、素炒、炝拌、醋熘等，清炖萝卜、白菜等都是很好的孕妈妈菜肴；多吃新鲜水果。

Day34　孕期不良情绪

妊娠头三个月内，准妈妈非常渴望得到丈夫、亲人的体贴、关怀和理解。过分忧虑、情绪紧张，是引起唇腭裂的重要原因。这时期常见的不良情绪有以下几种：

● 焦虑、情绪低落

紧张、焦虑表现为行动刻板、睡眠不宁、注意力不集中等，这是因为孕期的到来，孕妈妈的角色发生了不小的转变，压力也随之而来。孕妈妈对于分娩疼痛、难产、胎儿健康以及对于宝宝和自己未来等的担心，都是焦虑的根源。

孕妈妈的多愁善感、情绪低落是会影响到胎儿的情绪的。妈妈经常哭泣、伤感，容易使孩子形成胆小、懦弱、缺乏自信心的性格。

● 发怒

孕妈妈在怀孕的时候脾气变大了，总会有发怒的理由。一点小事就可能会让准妈妈大发雷霆。殊不知，准妈妈发火之后心里是痛快了，可对宝宝也造成了坏影响。一个容易动怒的准妈妈，很可能会生出一个容易动怒的孩子，说不定还可能变成经常顶嘴或离家出走的麻烦孩子。

● 恐惧

孕妈妈恐惧的来源主要是对分娩的恐惧，她们感觉分娩的痛会让整个人都碎成上千块。事实上，分娩是女性特有的生理过程，正所谓"瓜熟蒂落"，女性的分娩能力是天生具有的，所以不要把分娩看得太可怕。人之所以感觉到疼痛是因为大脑皮层中枢神经的作用。产妇的精神状态和产痛有很大的关系。如果产妇在思想上对分娩怀有紧张、恐惧的心理，疼痛就会更厉害。

● 自卑

很多孕妈妈会觉得什么都不让自己做是不信任自己、把自己当作弱势群体的一种表现，因而产生自卑的心理。其实对于孕妈妈来说，只要干好自己力所能及的工作就可以了，但不要拒绝同事给予的其他方面的帮助，如搬椅子、登高取东西等。

Day35　准妈妈要保持良好的情绪

准妈妈只有拥有平稳、乐观、温和的心境才能使胎儿身心健康发展。但是，生活的道路上并不总是充满阳光，还是会与不良情绪不期而遇。下面就来介绍几种克服不良情绪的方法：

🍊 分散注意力

在情绪糟糕时，找一些别的事情来做，或者看一些轻松愉快的电影、电视剧，使自己的注意力得到分散，有助于缓解情绪。其他分散注意力的方法包括听音乐、欣赏画册、读书、下棋，做孕期瑜伽和一些力所能及的家务等。

🍊 自我暗示

经常阅读一些警句、名言，告诫自己不要生气，不要着急，宝宝正在看着呢。经常提醒自己要保持开朗、乐观的心境，不为一些无谓的事操心。多欣赏美丽的图片，多接触大自然，多眺望秀丽迷人的景致，多听能使人精神放松的优美乐曲，让精神世界的充实带来心境的平和。

🍊 学会释放

当遇到挫折和不愉快的事情时，可以通过合理的方式进行自我宣泄，使烦恼烟消云散。找人倾诉是最佳的发泄方法。你可以写日记，给好朋友写信或直接与好朋友见面交流，向可靠的朋友叙说自己的处境和心情。

🍊 多参与社交

与丈夫、亲人、邻居、同事保持和谐的人际关系，这是保持良好情绪的重要因素。闭门索居只会让人郁郁寡欢，而广交朋友，将自己置身于乐观向上的人群中，则能从中得到幸福和快乐。

🍊 老公的悉心呵护

准爸爸要给孕妈妈多一些关怀、体贴、照料和理解，积极主动承担家务。当孕妈妈不开心时，准爸爸要及时开导她，与她一起分享体验胎宝宝成长的快乐，这种调节孕妈妈情绪的方式是很有效的。

Day36　流产

准妈妈们注意了，怀孕两个月就开始进入流产的高发期。其原因除了精子和卵子的缺陷、跌倒或外力撞击、某些疾病以外，准妈妈的心理因素也是很重要的一个原因。

负面情绪导致流产

我们常在日常生活中听到有些孕妇与人吵架后流产，或者目睹车祸后就发生流产。这并不是夸张的说法，而是因为情绪过于激动导致大脑皮层与皮下中枢调节失调；同时，自主神经系统的交感神经也有促进子宫收缩的作用，而不当的子宫收缩就有可能导致流产。

习惯性流产

有些准妈妈在此之前已经反复多次流产，医学上称其为"习惯性流产"。造成这种情况，情绪也是主要的触发因素。因为很多流产过的妇女再次怀孕时，心里充满矛盾、紧张和焦虑，使大脑皮质功能发生障碍，不能正常调节怀孕这一生理过程。

上述种种情况都说明了，负面情绪是导致流产的重要因素。为了宝宝和准妈妈的健康，准妈妈要学会保持正面向上的情绪。那么要怎样保持这种正面情绪呢？

分散注意力

很多准妈妈在孕期总是为宝宝想得太多，一下子考虑宝宝会不会健康，一下子又考虑宝宝是否漂亮。这样很容易陷入紧张的情绪里，导致宝宝对这个世界也没有安全感。因此准妈妈可以适当地做一些其他的事情来缓解一下这种紧张感。毕竟让胎宝宝感到安稳才是最重要的。

适当发泄

准妈妈在孕期烦躁，容易小题大做，这都是正常现象。如果真的控制不了，准妈妈不妨发泄出来。这种发泄方式可以是和周围的人好好谈谈，也可以是准妈妈自己出去散散心。但是要注意，不要和家人大吵大闹，因为这会让肚子里的宝宝受到刺激，产生负面情绪。

Day37　让孕妈妈情绪平和的呼吸法

孕妈妈的情绪对于宝宝至关重要，特别是在给宝宝做胎教的时候。良好的心境是取得好的胎教效果的前提，而心情杂乱、不安是胎教的一大忌讳。那么怎么样才能让准妈妈迅速地从不安的情绪中转变过来，恢复平和的心态呢？

舒适的环境

进行呼吸法时，首先需要找到合适的环境，想要在吵闹的环境中放松是一件非常困难的事。所需要的场所比较随意，可以在床上，可以在沙发上，也可以在柔软的椅子上。准妈妈最好穿着宽松的衣服，尽量使腰背舒展，全身放松，微闭双目，手可以放在身体两侧，也可以放在腹部。

舒服的状态

找到合适的环境后就可以进入状态了。要记住练习此项呼吸法时不要咬紧上下齿，舌头保持柔软置于口腔底部，不要将舌头抵住硬腭。另外，身体觉得冷时则不易放松，必要时可以盖上毛毯保暖。首先，调整好状态后，什么也不要做。准妈妈仔细观察自己的呼吸情况，看呼吸是否平稳有规律，但是不要刻意去改变呼吸，觉得自己呼吸有规律后再进行下面的呼吸练习。

舒缓地呼吸

首先用鼻子慢慢地吸气，大约 5 秒钟，可以在心里一边数 1，2，3，4，5……一边吸气。肺活量大的人可以 6 秒钟，感到困难时可以 4 秒钟。吸气时，要让自己感到气体被储存在腹中，然后慢慢地将气呼出来，用嘴或鼻子都可以。前提是要缓慢、平静地呼出来。呼气的时间是吸气时间的两倍。也就是说，如果吸气需要 5 秒钟的话，呼气时就需要 10 秒。就这样，反复呼吸 1~3 分钟，你就会感到心情平静，头脑清醒。

在进行上述呼吸法的时候，尽量不去想其他事情，要把注意力集中在吸气和呼气上。一旦习惯了，注意力自然就会集中了，不良的情绪也会消失，紧接着再来做胎教就会收到事半功倍的效果。

Day38　为宝宝排除致畸因素

孕期第二个月，胎宝宝对致畸因素非常敏感。因为孕二月是胎宝宝大部分器官分化和形成的时期，致畸因素一旦产生，将会对宝宝的生长发育产生极其可怕的后果。

那么，到底哪些因素会导致宝宝畸形呢？

🍊 病毒感染

可导致胎儿畸形的病毒有风疹病毒、水痘病毒、流感病毒、巨细胞病毒、单纯疱疹病毒等。孕妇在妊娠过程中，特别是怀孕最初的 3 个月以内，如果感染了这些病原体，则胎儿发生畸形的可能性要比正常孕妇高得多。

病毒致畸的机理在于，病原体通过各种途径，通过血液侵犯到胎盘及胎儿，形成宫内感染，最后影响胎儿的正常发育，导致胎儿畸形。

🍊 保护宝宝从准妈妈做起

● 在备孕期间注射疫苗，能使准妈妈在孕期产生抗体，以此来保护胎宝宝。

● 避免去人多嘈杂的地方。人多的地方往往病毒也多，而准妈妈抵抗力低，很可能被感染。因此准妈妈应该少去这些地方，多去人少、环境好的场所。

● 少吃药。准妈妈如果生病了，能不吃药的最好不要吃药。孕期的宝宝比较脆弱，一定要吃药的话，必须谨遵医嘱。

🍊 药物影响

抗生素。抗生素中的四环素、链霉素、庆大霉素、喹诺酮类等存在胚胎毒性，孕妇应慎用。

激素。如果孕妇在孕早期应用较长时间的激素类药物，可以导致胎儿生殖系统畸形，如女胎男性化、男胎女性化等。

镇静催眠药。镇静催眠药及抗惊厥药物具有致畸作用，可导致胎儿骨骼、心脏、肾、神经及泌尿生殖系统缺陷。

维生素。如果孕妇过量服用维生素 A，可使胎儿骨骼和大脑出现畸形，容易发生先天性白内障。如果孕妇过量服用维生素 D，会导致胎儿或新生儿血钙过多，容易发生主动脉、肺动脉及肾动脉狭窄以及智力发育障碍。

Day39　准妈妈如何防感冒

如果孕妇感冒了，但不发热，或发热时体温不超过38℃，可增加饮水，补充维生素C，充分休息，感冒症状就可得到缓解。

如果孕妇有咳嗽等症状，可在内科医生的指导下用一些不会对胎儿产生影响的药。发热本身就是一种不利胚胎发育的因素，如果孕妇体温达到39℃以上，对胎儿的影响远远超过抗感冒药物的影响，应该立即就医。

感冒的孕妇应在医生指导下选用安全有效的抗感冒药物进行治疗，自己千万不可随意服药，以免对母体和胎儿造成不良影响。

一般可选用以下较为安全的药物：

轻度感冒：多喝开水，注意休息，补充维生素C，感冒很快就会痊愈。

重度感冒，伴有高热、剧咳：在医生的指导下选择退烧药，也可采用湿毛巾冷敷，或用30%左右的酒精（或将白酒对水稀释）擦浴，起到物理降温的作用。

孕妇最好避免患感冒，要少到公共场所，加强营养，保证睡眠，少与感冒患者接触，以减少感染的机会。

与其等到感冒了再来想对策，准妈妈不如现在就开始做做防感冒操。

● 双手搓热，按摩嘴、鼻梁、额头、两颊。

● 按压鼻翼旁的迎香穴及胸锁乳突肌与斜方肌上端凹陷处的风池穴，各按50次。

● 用冷水洗脸，尤其是用冷水擦鼻部。

● 双手交替轮流轻轻拍打胸部各20次。

● 双手放置胸前，双掌来回摩擦胸部，感觉胸部温暖舒适即可。

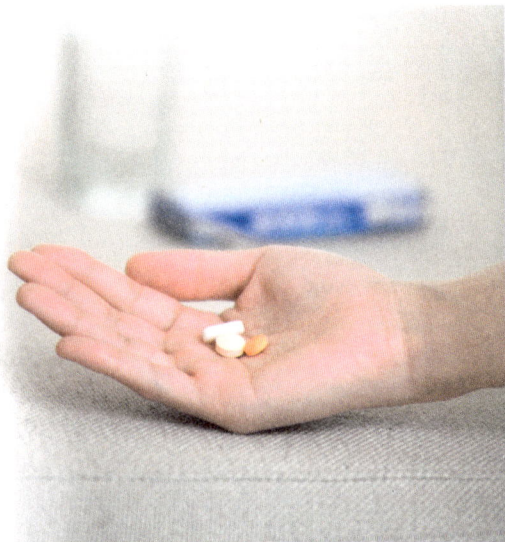

Day40　妈妈快乐，宝宝才能健康

怀孕早期，如果孕妇的情绪不好，就会造成肾上腺皮质激素浓度升高，有可能阻碍胎儿上颌骨的融合，造成腭裂、唇裂等畸形。

当孕妇吵架时，胎儿心率加快，胎动增强，胎儿出生后往往身体功能失调，特别是消化系统容易发生紊乱，易躁动不安，易受惊吓。因此，为了孩子的身体健康，孕妇应尽量避免情绪激动，精神紧张，要保持心情平静、愉快，切不可过度兴奋或悲伤。

所有家庭成员都应为其创造一个平静、舒适、愉快的妊娠环境。孕妇应心胸豁达，保持乐观而稳定的情绪，控制不良情绪，从而达到优生、优育的目的，确保胎儿的健康生长。

要使孕妇保持良好的心态，应注意些什么呢?

营造温馨和睦的家庭气氛

准爸爸要多关心准妈妈，营造温馨和睦的家庭气氛，帮准妈妈尽快恢复由于妊娠而被打破的心理平衡，共同创造有利于优生、优育的生活条件和客观环境。

加强自身修养

孕妇要加强道德修养，与人为善，心胸宽广，勿听恶语，学会制怒，切忌暴躁、恐惧、忧郁、愁闷。孕妇要养成良好的生活习惯，不去闹市区，不看淫秽凶杀读物或影片，多欣赏美丽的风景或图片，多读优生优育和有利于身心健康的书刊，多听悦耳轻快的音乐，保持愉快的心情。

给孕妇更多的关注

家庭成员，特别是丈夫更应注意自己的言行，给妻子更多的体贴、关怀和温情，做好饮食调理，加强孕期营养，以满足胎儿生长发育的需要。同时，要主动分担家务，让妻子在舒适、和睦、宽松的环境中健康、愉快地度过妊娠期。

Day41　别小看噪声的影响

家中有了一个小生命，准爸妈一定很高兴。可是这个小生命如此脆弱，准爸妈有没有注意到各种会伤害宝宝的因素？今天就来提醒准爸妈，是否注意到了家里的噪声？

🍊 小小噪声危害大

曾经有日本研究者做过实验，发现刚刚出生的宝宝对外界的反应并不一样，这种差别与准妈妈所处环境的声音有关系。通过调查，他们发现，家庭环境嘈杂的准妈妈生下来的宝宝对门铃声、物体碰撞声、光线刺激等反应都极为敏感，并且这些宝宝大多缺乏自制的能力，无法静坐。而处于安静环境中的准妈妈生出的宝宝大多对轻微刺激反应较小，也不爱哭闹，即使一个人待着也不会放声大哭。这个实验充分说明，为了有一个健康向上并且省心省力的宝宝，准妈妈在孕期就应该给自己一个安静的环境。

🍊 噪声的来源

对孕期而言，哪些声音算是噪声呢？什么样的声音才会对宝宝产生不利影响呢？

一方面，音量过大、频率过高的声音都属于噪声。比如说家中电视声音过大，即使是优美的音乐，也属于噪声的范围，因为过大的音量会对宝宝的听力造成损害。另外，过于尖锐的声音也是噪声的一种，即便音量不算大，也一样会伤害到宝宝的听力。

另一方面，生活中和人争执的声音，不文明、不规范的语言，虽然对于大人来说这不能归于噪声的行列，可是这种声音也会对宝宝产生不利的影响，准妈妈应该注意远离这样的声音。

🍊 远离噪声要全家一起努力

为了健康的宝宝，准妈妈要有意识地远离噪声了。首先，从基本的家庭环境开始，如果家离火车站、街道、闹市比较近的话，准妈妈应该尽可能使用隔音材料，让自己与这些噪声隔离开。其次，准妈妈在家欣赏音乐或者电视节目的时候，要注意控制音量，不能用过大的声音来刺激宝宝。

Day42　别让家居环境成为致畸隐患

想给腹中宝宝提供一个健康成长的绿色空间，排除更多的致畸隐患，准妈妈就要注意外界环境中的致畸因素。要知道，准妈妈生活的环境不佳也会成为危害宝宝的不良因素。

🍊 噪声扰人

噪声可致流产、早产甚至畸胎，还会导致宝宝性格焦躁。

● 家住闹市、公路边或机场附近的准妈妈，孕期可暂时搬到比较宁静的地方居住。另外，怀孕期间切忌在舞厅、酒吧等强噪声环境中停留。

● 电视机、电脑等的声音如果超标，也将会成为致畸的祸因。因此，准妈妈在观看电视的时候，要严格控制音量和使用时间。

🍊 花香过浓

● 研究发现，强烈的花香可能会刺激到准妈妈，引起头痛、恶心、呕吐等症状，严重的还可能影响胎儿生长发育。

● 某些花粉如果落到皮肤上或被吸入呼吸道，就可能引起准妈妈过敏。

● 在易致畸的孕二月，准妈妈最好少接触一些有浓烈气味的鲜花，比如茉莉、夹竹桃、一品红等。

● 家中摆放的植物也不是多多益善。植物在夜里释放二氧化碳、吸收氧气，可能会导致室内空气含氧量下降，所以最好不要将植物放在卧室。

🍊 亲近宠物

● 准妈妈正处于孕育生命的特殊阶段，要暂时远离自己的宠物，千万不要因为接触宠物而感染疾病。

● 在怀孕的最初3个月里，准妈妈尤其要注意与宠物保持距离。杜绝与宠物亲吻、同睡等亲密接触。

● 一旦被宠物抓伤、咬伤，要及时去医院进行处理，切不可自行处置。作为准妈妈，一旦发现自己感染上弓形虫病，需要立即去医院就诊。

Day43　什么是营养胎教

营养胎教，也称饮食胎教，就是根据胎儿在妊娠早期、中期和晚期发育的特点，指导孕妇合理地摄取食物中的蛋白质、脂肪、碳水化合物、矿物质、维生素、水、膳食纤维素等营养素，以促进胎儿的生长发育。

营养胎教会为宝宝带来哪些好处呢？

✹ 避免营养不良

在给宝宝进行营养胎教时，准妈妈需要为自己制订一个全面、客观的饮食计划，这样可以避免胎宝宝出现营养缺乏或不均衡现象。准妈妈进食科学合理，可为胎宝宝提供生长发育所需的各种营养素，避免流产、早产等现象的发生，保证胎宝宝大脑发育，并让胎宝宝储存足量的铁和钙，避免胎宝宝出生后患缺铁性贫血和佝偻病等。

✹ 避免胎儿体重异常

准妈妈通过制订营养胎教计划，避免让自己暴饮暴食或出现身体方面的营养不良，使营养既能有效满足胎宝宝的需求，同时也避免胎宝宝因为营养过剩而成为巨大儿。

✹ 避免骨骼发育不良

由于钙是构成宝宝骨骼与牙齿的主要元素，因此，孕妈妈进行营养胎教时，有意识地多吃富含钙元素的食物，既可以补充准妈妈对钙的消耗，又能避免宝宝骨骼、牙齿发育不全，预防出现畸形宝宝。

Day44　母儿同安，拒绝营养不良

　　宝宝在准妈妈体内生长发育所需要的营养都是由母体供给的。一旦准妈妈不注意补充营养和均衡饮食，可能会导致胎宝宝发育不良。准妈妈知道自己身体的营养和胎宝宝生长发育的关系吗？

🍊 准妈妈营养不良，宝宝发育差

　　● **低出生体重儿**。低出生体重儿是指宝宝出生时体重低于 2500 克。低出生体重的宝宝身体虚弱，抵抗力差，容易生病，发育也相对迟缓。

　　● **早产**。孕妇营养不良，很可能导致宝宝提前出世。由于宝宝还没有在母体中发育完全，宝宝的身体素质也容易低下。

　　● **脑发育受损**。孕期准妈妈营养状况不佳，会影响胎宝宝脑细胞的生长发育，大脑发育迟缓，最终会影响胎宝宝日后的智力发育。

　　● **先天畸形**。孕早期缺乏叶酸或锌，都会导致胎宝宝器官畸形或者神经管畸形。

🍊 为宝宝健康而努力

　　● **孕期营养要充足**。营养成分虽重要，却也不是一味补充就行的。准妈妈应该充分从食物中摄取各种营养成分，但是绝对不能过分偏食一种食物。否则不仅会导致其他营养成分的摄入不足，也会因为单一的营养过剩而给宝宝带来危害。

　　● **适量补充叶酸**。叶酸是对胎宝宝生长发育有重要影响作用的物质之一。如果准妈妈在备孕期未注重补充叶酸，那么从现在开始就要补充叶酸了。

Day45　观想漂亮宝宝

准爸妈们希望有个怎样的宝宝呢？对于具体的要求，可能每个人都不一样。可是大体上来说无外乎要求宝宝身体健康、智力高超和外表漂亮。宝宝出生以后的外表是没有办法调整的，可是宝宝在准妈妈肚子里的时候就不一样了。准妈妈经常观想漂亮的宝宝可以使自己的宝宝更漂亮哦！

准妈妈在怀孕期间，如果经常想象宝宝的形象，那么这种想象的形象很可能在某种程度上和宝宝出生后的样子相似。因为妈妈与宝宝具有心理上和生理上的相通。

从胎教的角度来看，准妈妈的想象是通过自己的意念对宝宝进行胎教的重要因素，并且这种胎教是直接渗透在宝宝的感受之中的，宝宝能够直接明白妈妈对自己的期待。

当然，这也并不是说仅仅靠胎教就可以让宝宝十全十美，毕竟先天遗传因素也是很关键的。但是很多实验确实表明，观想宝宝这种胎教方法对宝宝颜值的提升有一定的作用。

下面就来介绍一下怎么观想宝宝。

首先在心里描绘出宝宝的样子，闭上眼睛，集中意识，在心里想象宝宝的各个部位并做出一定强化，清楚感知宝宝。刚开始做的时候，先在安静气氛下做 5 分钟。逐渐熟悉以后可以增加时间。事实上，准妈妈还可以通过这种方法和宝宝进行对话，告诉宝宝准妈妈的想法，从内心感知宝宝。

这样观想宝宝不仅能够使宝宝出生后外貌更佳，也是准妈妈和宝宝沟通的一种方法。通过这种方法，宝宝能够感受到准妈妈对自己的爱意。

Day46 在优美感受中浮想联翩

孕二月的胎宝宝正处于各种器官迅猛形成的阶段，不良的情绪会影响胎宝宝的生长发育，反之，良好的情绪则会促进胎宝宝的发育。

● 你可以选择在安静的环境里，看一些优秀的文学作品、影视作品或者倾听优美而舒缓的乐曲。欣赏完毕，准妈妈自然而然就会从中生发出无限美好的感受，进而也会充实、丰富、美化准妈妈的语言。准妈妈可以凝神静气展开想象，想象一切美好的事物，同时也可以用温柔的语调向胎宝宝讲述对美的感受，这样在不知不觉中就会培养胎宝宝的美感。

● 当准妈妈看到一幅美丽图片或一处好风景时，也可以展开丰富的联想。准妈妈可以尽情地发挥想象力。准妈妈可以用富有想象力的大脑将这份美好放大并传递给胎儿，也可以对着腹中的胎儿轻轻讲述，不断养成爱想象并描述传达的好习惯。

● 在生活中准妈妈会遇到不少快乐的事，这个时候的准妈妈也可以充分地展开想象，比如家庭中温馨的氛围，工作中同事给予的帮助，外出时遇到的高兴事。总之，准妈妈可以用生活中鲜活的例子来激发想象和联想，尽情地感受生活的美好，让真、善、美早早传递给胎儿。

通过经常性地去感受、去讲述，在不知不觉中准妈妈的情绪会变得放松，性情会变得开朗，心境会变得平和。这种做法在无形中就会帮助准妈妈调节不良心态，避免糟糕情绪对准妈妈的干扰，让胎儿在美好、平和的环境中生长发育。

如果准妈妈将这一方法贯穿始终，还能早早帮助胎儿树立美感意识，胎儿出生后一般也比其他孩子聪慧、活泼、可爱，与母亲的关系也会因此更加亲密。

Day47　记录宝宝成长的点滴

准备一本日记本。可简单地记录怀孕的感受，也可比较具体地记录宝宝成长的点点滴滴。有几点是特别值得记录的：

● **宝宝住进妈妈肚子里的第一天。**这不仅是一个有意义的日子，也是医生判断准妈妈和宝宝状况的有力依据。

● **宝宝的每张 B 超图片。**每次 B 超的图片，准妈妈都可以保留起来，放入日记中。

● **记录宝宝的胎动。**如果准妈妈做胎动监护，则可以记录每日胎动的次数。宝宝的每次活动都记录下来，不仅意义非凡，也可以让医生从中了解宝宝的活动状况。

● **记录与宝宝的互动。**准妈妈可以有计划地实施胎教。这种胎教包含的内容多种多样。准妈妈不妨每天都记录一下做过的事情，这样有利于准妈妈发现其中遗漏的地方。

● **记录下孕期教过宝宝的东西。**很多实验表明，即使是在准妈妈肚子里，宝宝对外部世界也是有感知的。因此准妈妈不妨把孕期教过什么都记录下来，然后等宝宝出生后再次教给他。

● **记录孕期禁忌。**这种禁忌是指在孕期很多东西对准妈妈和胎宝宝都有害。准妈妈最好记录下来以防接触到。一旦接触到了，也要记录下来接触的时间和不良反应。这是为了给医生提供详细的资料，有利于医生掌握胎宝宝的情况。

● **在胎教日记里，还可以配一些照片。**不一定全是准爸妈的相片，也可以是一些特殊的风景，或者一些有纪念意义的东西。这些东西都是陪伴准爸妈和宝宝一起度过这一阶段的回忆。

准妈妈可以每天进行，也可以隔两天记一次日记。可以由准妈妈自己完成，也可以和准爸爸一起记录。这本由一点点的小事情汇集成的日记，以后不论是妈妈翻阅，还是宝宝翻阅，都是极其有意义的事情。

Day48　可以开始音乐胎教了

音乐胎教大概是最常见的一种胎教方法了。它是指通过音乐对准妈妈肚子里的宝宝进行施教。有科学家做过实验，每天聆听音乐的宝宝在同等条件下比不听音乐的宝宝身体更健壮。

● 胎教音乐大多舒缓温和，能使准妈妈心情舒畅、浮想联翩，从而改善准妈妈的不良情绪，产生良好的心境。而这种良好的心境又将作用于宝宝，使宝宝心情愉悦。

● 优美的音乐有助于胎宝宝感受这个世界和谐、美好的一面，也有助于胎宝宝感受妈妈对他的爱意。这样的宝宝出生后也会更乐观，对世界充满热情。

● 胎教音乐会对准妈妈和胎宝宝的听觉器官产生刺激，引起大脑细胞的兴奋。这种兴奋能促使准妈妈分泌出有益于胎儿健康的激素，促进宝宝健康成长。

● 音乐会对宝宝产生一定的刺激作用，而这种刺激可以通过神经传导来刺激宝宝的大脑发育。

● 目前有研究证明，宝宝出生以后会对那些胎教音乐有一定的记忆。这也说明了音乐胎教会对宝宝出身以后的感知能力产生影响。

这些好处都说明，准妈妈应该在怀孕初期制订好胎教音乐的计划。那么音乐胎教的基本要点是什么呢？

● 音乐就是情感，情感就是生命的和谐。准妈妈通过聆听音乐来达到母体与胎儿的和谐与平衡。

● 让准妈妈用独特的方式将自己对音乐和生活的理解带给胎宝宝。这有利于准妈妈和胎宝宝的情感沟通，也让胎宝宝感受到准妈妈的爱意。

Day49　音乐胎教需要借助工具吗

目前，流传着一种做音乐胎教的方法，就是将所谓的传声器贴在准妈妈腹壁上，以便让胎宝宝更直接地听到美妙的音乐。

当准妈妈在使用传声器给胎儿听音乐时，胎动也会较平时频繁。有些准妈妈就以为使用了传声器以后，宝宝听得更清楚并且有了回应。殊不知，这样的传声器不仅起不到让宝宝欣赏音乐的效果，而且声波作为一种机械能还有可能对宝宝的躯体和听觉器官造成伤害。

如果在怀孕早期准妈妈就开始用这种传声器给肚子里的宝宝放音乐，将不利于宝宝各项器官的形成和发育。

还有一些准爸妈为了给胎宝宝做音乐胎教，特意买了小音箱，并且把音箱对准孕妈妈的肚子，认为这样可以让胎宝宝更直接地感受到胎教音乐。其实不然。在胎儿的听觉系统还没完全发育好的情况下，如果音量超出其承受的范围易引起胎儿耳聋。

在胎儿生长发育的关键期，给予符合胎儿大脑发育特点的各种刺激和胎教是有必要的，也是符合科学规律的。因为这样可以让孩子的各种能力在胎儿期就得到及时有效的发展。但是如果一味地为了追求效果而强加给胎儿过多的东西，不仅不会让你的宝宝更好的发育，有时候还会起到相反的效果。所以在此奉劝各位准爸妈，适度做胎教更有利于宝宝的成长。

Day50　孕二月，做做孕妇体操

怀孕第二个月，宝宝在妈妈肚子里还不够稳定。一些剧烈的运动方式很可能会导致流产等问题，因此，孕二月的准妈妈可以适当做一些轻柔的运动，比如做孕妇体操。

这个月的孕妇体操主要是针对坐的练习和脚部运动。在孕期准妈妈尽量坐在有靠背的椅子上，这样可以减轻上半身对盆腔的压力。坐之前，把两脚并拢，把左脚向后挪一点，然后轻轻地坐在椅垫的中部。坐稳后，再向后挪动臀部，把后背靠在椅子上，深呼吸，使脊背伸展放松。

准妈妈的体重日益增加，脚部的负担也在加重，因此应该每日做做脚部运动。准妈妈可以选择让自己舒服的方式，以合适的幅度适当地转动踝骨和脚尖。

做孕妇体操有助于准妈妈缓解孕期的不适，可是做孕妇体操也有需要注意的地方：

● 有流产征兆的准妈妈，不可盲目做孕妇体操，一定要咨询医生的意见，在医生指导下进行运动。

● 绝对不勉强自己做。这个月宝宝的情况还很不稳定，准妈妈不用强迫自己一定要运动，更不可以过度练习。

● 在练习前先排尿、排便。在做孕妇体操的过程中憋尿、憋便对准妈妈的身体都是有害的，更会对宝宝产生负面影响。

● 着装宽松舒适，鞋要合脚轻便。在做体操的过程中，准妈妈要一直保持气息的畅快。

● 选择合适的场所。孕二月的准妈妈比较敏感，不适宜在人多的地方进行锻炼。因此最好选择在空气清新、绿树成荫的场所做孕妇体操。

需要注意的是，有过流产史、前置胎盘以及子宫颈口松弛症的准妈妈是不适宜做孕妇体操的。

Day51　职场孕妈咪别忘做运动

孕二月，适当的运动对准妈妈的身体是有好处的。你可以这样做：

● 最好间隔半小时左右就起身走动一下，不仅锻炼身体，也能让紧张忙碌的心情得到舒缓。

● 工作期间要多饮水。饮水能够促进准妈妈的新陈代谢，有益于宝宝健康。

● 除了注意活动外，在连续工作数小时后，一定要记得抽空打个盹或闭目养神一会儿。

工作的间隙，准妈妈也可以抽出 5~10 分钟做做如下运动，不仅能锻炼身体，而且可以有效缓解身体的疲劳。

● 眼睛放松：以远处某一大型固定物体为目标，目光由左方经上方再至右方，经下方回到左方，眼动头不动，旋转运目 10 圈。然后再由右方经上方至左方到下方回到右侧，旋转运目 10 圈。

● 颈部转动：自然站立或坐姿，双目微闭，先按顺时针方向大幅度缓慢转动颈部 10 次，再按逆时针方向转颈部 10 次。

● 肩部活动：自然站立或坐姿，身正腰直，双目微闭，在吸气的同时，双肩胛先后向上抬起，再向前、向下、向后做旋转运动 10 次，接着再反方向旋转 10 次。

● 手部转动：自然站立或坐姿，双肩下垂，先按顺时针方向同时转动双手大拇指 10 圈，然后按逆时针方向转动大拇指 10 圈。

● 全身舒展：身体直立，双腿分开比肩稍宽，两手手指交叉。先掌心向下，伸直双臂，将掌心朝下压；然后将双臂举至头顶，变掌心向上，朝上伸展双臂。

● 上臂拉伸：双臂上举，手心相对，然后以肘部为中心弯曲。首先右手手掌扶住左手肘部，往右方拉伸；然后换左手手掌扶住右手肘部，往左方拉伸。

● 体侧伸展：右手叉腰，左手向上伸，身体向右侧弯曲，然后换另一边。

● 腿部拉伸：双腿分开，上身下倾至水平，左手从背后绕过扶住右侧腰部，右手顺着左腿往下压，然后换另一边。

Day52　谁才是胎教的主角

大家都在说胎教，也在实施着胎教，那么准爸爸、准妈妈，谁才应该是胎教的主角呢？

准妈妈是胎教的主角

一方面，胎儿是由准妈妈孕育的，胎儿的营养物质都是靠准妈妈输送，准妈妈的身体素质和营养状况直接关系到胎儿的体质健康；另一方面，准妈妈的文化修养、心理健康情况又不可避免地在胎儿身上打下深深的烙印。所以准妈妈应该是胎教中的主角。

由于每一位妈妈的家庭环境、文化修养、对胎教的认知、时间和精力有所不同，对宝宝实施的胎教也会存在差异。

有些准妈妈就会因为自己的文化水平不高等因素而感到气馁，对胎教缺乏信心。其实，在胎教过程中起关键作用的莫过于母爱。只要准妈妈把培养孩子作为生活的重心，付出一切可能的精力和时间，倾注全部的爱心，那么胎教的效果就一定会令准妈妈满意。

准妈妈要从怀孕早期做起，养成给宝宝做胎教的习惯，在生活中注意观察，勤于动脑，把看到、听到的事物通过自己的感受传递给胎儿。准妈妈一定要在孕期保持强烈的求知欲和好奇心，不断学习和感受，给胎儿最好的胎教。

准爸爸也应该尽力而为

当然，胎教不仅是准妈妈的事，和准爸爸的关系也很大。准爸爸是准妈妈接触最多而又最亲密的人。准爸爸的一举一动，情感态度，不仅会影响准妈妈，也会影响胎儿。作为丈夫不要认为自己的角色不重要，把胎教的事全部丢给妻子去做。要知道，一个融洽、和谐、温馨的家是保证胎儿身心正常发育的必要条件。所以，作为一名合格的准爸爸在胎教上也应该尽力而为。

Day53　胎教要以宝宝的需要为出发点

孕二月，大多数夫妻会在此时获悉怀孕的消息，激动、兴奋之余，夫妻俩也应该把胎儿作为生活的重心。

养成每日做胎教的习惯

夫妻俩可以选择在每天的某个固定的时间给胎儿唱歌、聊天、讲故事、听音乐和进行抚摩活动。当然做胎教也不需要特别刻意，能够做到用心就好。

改变原有的生活习惯

夫妻俩原有的生活习惯也要有所改变，例如，不能像过去那样到人多拥挤的地方，要减少或取消晚上的社交应酬活动，喜欢抽烟的夫妻要戒烟。

养成良好的饮食习惯

夫妻俩尤其是孕妈咪不要只顾自己的口味，应考虑胎儿的营养需要。平时的饮食口味一定要注意少辛辣、多清淡，尽量不要吃不该吃的食物，对胎儿有益的食物也应该尽量多多尝试。

做必要的物质准备

母亲除了时常和胎儿交流感情，帮助其在子宫内学习之外，还要做一些物质上的准备，如缝制和编织小衣服、小袜子等，能够更进一步地感受母胎之间的亲密联系。

丈夫要多做家务

丈夫下班后要及早回家照料妻子，帮助妻子料理家务，别让繁重的家务活累坏了妻子和宝宝。

写写胎教日记

在日记里，夫妻俩可以用文字表达对宝宝的爱，以及记录每日实施胎教的情况。记录下来的生活点滴将会成为父母与宝宝之间爱的见证，为父母和宝宝留下美好的回忆。

Day54 胎儿大脑发达所需要的条件

🍊 胎儿大脑发育的过程

孕育聪明孩子的前提取决于胎儿时期大脑的发育过程。

在受孕后的第 20 天左右，胚胎大脑原基形成。

孕二月时，胚胎大脑沟回的轮廓已经很明显。

孕三月，胚胎脑细胞的发育进入了第一个高峰时期。

孕四月至孕五月时，胎儿的脑细胞仍处于迅速发育的高峰阶段，并且偶尔出现记忆痕迹。

孕六月，胎儿大脑表面开始出现沟回，大脑皮质的层次结构也已经基本定型。

孕七月，胎儿大脑中主持知觉和运动的神经已经比较发达，开始具有思维和记忆的能力。

孕八月时，胎儿的大脑皮质更为发达，大脑表面的主要沟回已经完全形成。

🍊 胎儿大脑发达所需要的生理条件

胎儿大脑发达必须具备三个生理条件：脑细胞数目要多，脑细胞体积要大，脑细胞间相互连通要多。根据人类大脑发育的特点，其脑细胞分裂活跃进程分为三个阶段：妊娠早期、妊娠中晚期的衔接时期及出生后的 3 个月内。

🍊 胎儿大脑发达所需要的营养条件

人的大脑主要是由脂类、蛋白类、糖类、B 族维生素、维生素 C、维生素 E 和钙这七种营养成分构成。

脂类： 脂类是组成胎儿大脑非常重要的成分。胎脑的发育需要脂质。脂质包括脂肪酸和类脂质，而类脂质主要是由卵磷脂组成。充足的卵磷脂是宝宝大脑发育的关键。

蛋白质： 胎脑的发育需要足量的蛋白质，它能维持和发展大脑功能，增强大脑的分析理解能力及思维能力。

糖： 糖是大脑唯一可以利用的能源。

维生素及矿物质： 维生素及矿物质能增强脑细胞的功能。

Day55　胎教时刻表 1

胎教的方法很多，也不断有新的胎教方法涌现出来。正如火车出发到达的时刻表一样，我们也来列一列各种胎教在孕期进程中的胎教时刻表。

🍊 情绪胎教

首发时间：从准备要宝宝或得知自己怀孕后就应该开始了。

终止时间：孕期结束，直至产后照顾宝宝的阶段。

行程频率：孕程中的每天每时每分每秒。

持续时长：情绪胎教每次进行的时长没有限制，准妈妈需要时时刻刻注意自己的情绪，保持快乐积极的心态，给予宝宝多多的爱。

途中风情：准妈妈要进行积极的自我情绪调节，避免工作、生活上的不良情绪影响宝宝的发育。另外，准爸爸和其他家人也要积极努力配合，给予准妈妈最舒心的生活氛围。

🍊 抚摩胎教

首发时间：应在怀孕 20 周后进行。

终止时间：整个孕程结束。

行程频率：一般每天可进行 3 次。

持续时长：每次约 5 分钟。

途中风情：应避免在饱食后进行。准妈妈应排空小便，平卧床上，全身放松。用手在腹部轻轻抚摩片刻，也可让准爸爸代替进行抚摩胎教。

🍊 音乐胎教

首发时间：孕二月末。

终止时间：孕程结束。

行程频率：每天 1~2 次。

持续时长：每次 5~10 分钟。

途中风情：准妈妈需距离音箱 1.5~2 米，音箱的音量为 65~70 分贝。可以每天定时欣赏一些名曲。

Day56 胎教时刻表 2

🍊 联想胎教

首发时间：孕二月。

终止时间：孕程结束。

行程频率：没有次数限制。

持续时长：根据自身情况。

途中风情：在身体放松的状态下做脑呼吸更有效果。还可以通过脑呼吸和胎儿进行对话，想象一下腹中的孩子，以及日常生活中一切美好的形象。

🍊 语言胎教

首发时间：孕 4 月开始试运行，孕 6 月开始系统进行。

终止时间：孕程结束。

行程频率：每天 1~2 次，后期可适当加强。

持续时长：根据实际情况。

途中风情：早期可配合抚摩胎教一起进行，也可与音乐胎教交替进行。

🍊 运动胎教

首发时间：宫内运动从孕 3 月以后开始，孕妇运动从备孕就可以开始。

终止时间：宫内运动临近分娩时不宜进行。

行程频率：每天 1~2 次。

持续时长：做"宫内运动"不宜超过 10 分钟。

途中风情：运动胎教既包括妈妈进行的体育锻炼，也包括胎儿的宫内运动。宫内运动开始时动作宜轻柔，时间宜短。

🍊 光照胎教

首发时间：孕 6 月后。

终止时间：孕程结束。

行程频率：每天 1 次。

持续时长：每次持续 5 分钟左右。

途中风情：可以每天用手电筒（或其他柔和的光源）紧贴孕妇腹壁照射胎头部位。不要在胎儿睡眠时施行胎教，这样会影响胎儿正常的生理周期。注意必须在有胎动的时候进行此胎教。

第三部分

安宁即胎教

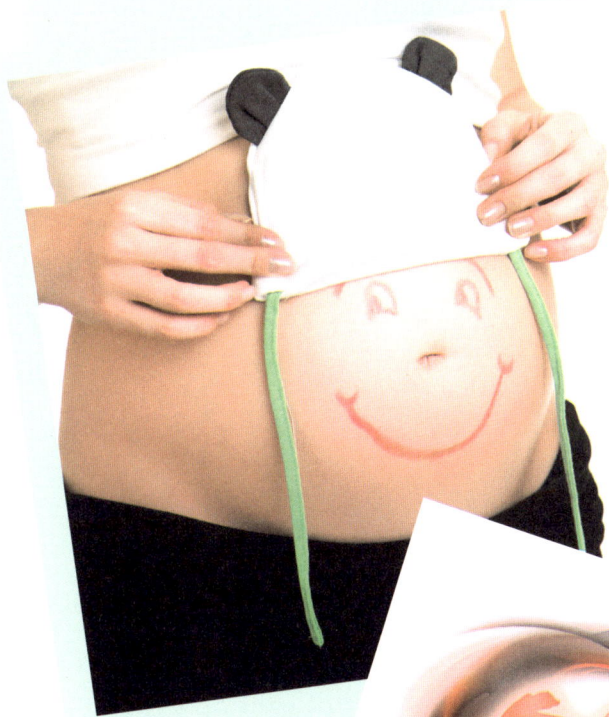
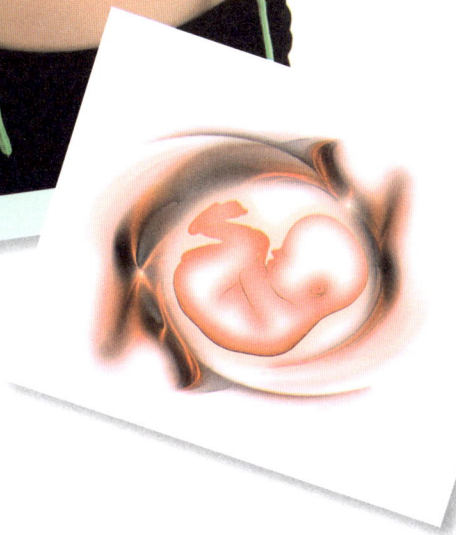

Day57　别让妊娠反应阻碍胎教

妊娠反应包括恶心反胃、晨起呕吐、口味改变、偏食酸辣、不喜油腻等症状。这些都是正常的生理现象，孕妈妈不必因此背上思想包袱。

在第三个 28 天里，由于生理上的不适比较强烈，准妈妈往往会忽视对胎宝宝的教育。其实在这个月里，胎宝宝也可以学到很多东西。准妈妈通过调整饮食、运动、心态等，有助于缓解妊娠反应带来的各种不适。

🍊 饮食

由于妊娠反应在本月可能会影响准妈妈的食欲，准妈妈不必强迫自己吃东西，吃得太饱会加剧身体的不适感。本月胎宝宝对营养的需要量并不是很大，母体中储存的营养也足够胎宝宝生长发育了。准妈妈只需要在感觉胃口好些的时候，吃些可口的饭菜，少食多餐即可。恶心、反胃导致的呕吐使身体电解质水平失去平衡，那就时不时地补充一些补液盐。

🍊 语言

妊娠反应让准妈妈苦不堪言，心情也容易变糟。家人的呵护、准爸爸的好言好语，可以使孕妈妈尽快从烦闷中走出来。而且本月末，胎宝宝的听神经开始发育，准妈妈和准爸爸聊天时别再忽略胎宝宝。

🍊 运动

即便在妊娠反应最严重的时候，孕妈妈也不要借故成天待在家里。适当运动对缓解妊娠反应有一定的帮助，也有助于心情变得舒畅，这些都会给肚子里的宝贝带来积极的影响。鉴于这个月孕妈妈的身体状况，仍以轻柔、慢节奏的运动方式为主，散步、爬楼梯等都可以作为这一时期的主打运动方式。

Day58　胎教的基本原则

胎教原则是人们进行胎教时必须遵循的规则，同时它也是千百年来胎教实践经验的概括和总结。这里为大家介绍三种胎教原则，目的是为了提高准爸妈的胎教意识。

✺ 自觉性

自觉性胎教原则是要求准妈妈在正确认识胎教的重要意义的基础上，主动学习和运用胎教方法，有目的、有计划地进行胎教。而不是三天打鱼，两天晒网，想起来的时候才去实施。胎教是为了让宝宝形成一定的条件反射，这样宝宝在出生以后，他也能感受到未出世以前所接触到的东西。而形成条件反射需要一个漫长的、坚持的过程。准妈妈如果是偶尔实施胎教，那么必定不会建立这种条件反射。同时，宝宝能接收的信息有限，只有在准妈妈每天坚持做同样一件事情并持续一段时间后，宝宝才能"记住"。

✺ 科学性

胎教还要以教育学、心理学、生理学、优生学等理论为指导，根据胎教过程的基本规律，适时地选择适合胎宝宝的胎教方法。盲目地相信不科学的胎教方法，对宝宝进行没有科学根据的胎教，不仅对宝宝没有益处，而且有可能还会伤害宝宝。准妈妈一定要根据自己的实际情况选用合适的、科学的胎教方法。

✺ 及时性

胎教过程具有不可逆转性。胎宝宝一天天长大，胎教环境也会随之变化。胎教是根据宝宝的发育情况来制订的，刺激听觉、触觉、大脑等都要符合宝宝自身的发育特点。很多准妈妈错过了合适的胎教时机，想着以后再补上胎教，这样胎教的效果会大打折扣。因此，必须及时地进行胎教。

Day59　准爸妈要多对胎宝宝说说话

有研究表明，宝宝在出生后的第一天就能辨认出自己妈妈的声音。当宝宝哭闹的时候，妈妈哄的效果总会比别人好。这就说明宝宝在妈妈肚子里的时候就能感受并且记住妈妈的声音。因此，准爸妈要多对胎宝宝说说话。

🍊 给宝宝起个昵称

和宝宝对话的第一步当然是从给宝宝起个称呼开始。这个称呼在宝宝出生后也可以继续被使用。在宝宝发育的现阶段，准爸妈经常呼唤宝宝的昵称，宝宝会有一定的记忆能力。等到宝宝出世以后，如果爸爸妈妈继续呼唤这个名字的话，

宝宝会因为听到曾经熟悉的名字，产生一种特殊的安全感，烦躁和哭闹会明显减少，有时候甚至会露出高兴的表情。另外，呼唤昵称也是准爸妈与宝宝之间沟通的第一步，宝宝也会通过被呼喊名字感觉到自己的存在。

🍊 和宝宝对话

准爸妈应该经常和宝宝进行对话。当然，这种对话的内容不受限制，可以是和宝宝打招呼，也可以向宝宝说一些生活中的事情，不过内容都应该简单、明快，以避免宝宝思维紊乱。

在开始的时候，准爸妈可以向宝宝重复一些简单的字，也可以和宝宝说一些简单的事。之后，除了单调地重复单字外，还可以对宝宝进行系统性的言语诱导，比如对宝宝说"早上好""晚安"这些简单的语言。准妈妈也可以把自己正在做的事情用简单的语言讲给宝宝听。当然，这些语言都要简洁一些。因为一旦宝宝长时间听不懂的话，宝宝就会失去注意力。另外，准爸爸也可以在睡前专门和宝宝说几句简单的话。男性低沉温柔的嗓音会对宝宝的听力产生不一样的刺激作用。

Day60　童话故事胎教

童话故事胎教可以从怀孕初期一直持续到晚期。同时，给宝宝念童话故事也会缓解准妈妈孕期紧张的心情，加深准妈妈与宝宝之间的感情。那么到底怎么做童话故事胎教呢？其实很简单。

选择合适的故事

既然是讲故事，准妈妈肯定要先挑选童话故事了。要注意，并不是所有的童话故事都适合讲给宝宝听。准妈妈选择的故事应该注重体现勇敢、善良、聪明、勤劳等美好的品质，而且应该蕴含丰富的情感，结局美好。这样的故事才能给宝宝情感上和语言上的良性刺激。

自己编造美好的故事

除了书本上的童话故事，准妈妈不妨试试自己编故事讲给宝宝听。这样不仅可以把自己对宝宝的期望编进故事里，也有助于构建一个准妈妈想送给宝宝的世界。

在心中描绘场景

单一的语言刺激有的时候还是不够的，更好的办法就是准妈妈可以在讲故事的时候，在心里描绘出自己所说故事的场景。准妈妈的这种想象会通过母体传达给宝宝，使宝宝能感知准妈妈的所感所想，从而对童话故事加深理解和记忆。并且这种心灵相通的情感也会促进宝宝情感的发育哦！

富含感情的声音

童话故事胎教可不是单单把故事念出来就可以的。正确的做法应该是准妈妈想象宝宝就坐在身边，然后用富含感情的声音来讲诉这个故事。这种充满诱惑力的声音会刺激宝宝，从而起到引导作用。

Day61 经典童话故事推荐

给宝宝讲故事已经被证实是有效的胎教方式之一。下面就给大家推荐几个童话故事，准妈妈可以找一个合适的时间用最温柔的声音讲给宝宝听，也可以找来准爸爸一起朗读，让胎宝宝感受到来自父母的爱！

《阿拉丁神灯》

内容简介：故事来源于民间故事《一千零一夜》，讲的是一个叫阿拉丁的小男孩，在寻找神灯的过程中由胆小到勇敢的蜕变。这个故事可以告诉宝宝长大后要勇敢。

《小猪照镜子》

内容简介：故事里的小猪不讲卫生。朋友小兔送给他一面镜子，让他改掉脏的毛病。结果因为一只苍蝇，让美好的初衷落空，小猪仍然是个脏小猪。这个故事告诉宝宝要做一个讲卫生的好孩子。

《渔夫和金鱼的故事》

内容简介：故事来源于《格林童话》，讲的是渔夫、金鱼以及贪心的渔夫老婆的故事。这个故事可以告诉宝宝贪心没好处，弄不好会害得我们一无所有，人要学会知足，才会有意外的收获。

《三个和尚》

内容简介：故事讲述了一个和尚挑水吃、两个和尚抬水吃、三个和尚没水吃的奇怪现象。从而告诫宝宝不要向三个和尚学习，一定要有责任感，要有互相合作的精神，才能既利人又利己。

《找朋友》

内容简介：讲述了长颈鹿和小乌龟各自找朋友，最好两人结成好朋友的故事。这个故事可以教宝宝认识到高与矮的区别，同时让宝宝意识到交上一个好朋友是一件不容易的事情，它需要双方的共同努力和互相迁就。

Day62　培养艺术细胞从胎教开始

希望宝宝以后富有艺术细胞，希望宝宝在艺术方面有天赋，这需要的可不仅仅是"希望"。准妈妈要从胎儿期入手培养宝宝的艺术细胞哦！这种培养当然是越早越好，因此要对胎儿进行艺术胎教。

🍊 品读文学作品

准妈妈在孕期可以多读一些好书，这样不仅可以提高自己的文学修养，而且可以使宝宝在准妈妈的肚子里感受到浓浓的文学氛围。当然，准妈妈在选择作品的时候，应该选择一些轻松、幽默、使人向上的作品，尽量避免选择负面、阴暗的作品。

🍊 鉴赏绘画艺术

除了品读文学作品，还可以鉴赏绘画。这种能力也是可以通过胎教培养的。准妈妈可以在孕期多欣赏一些美好的绘画作品，并且在心中默默领会。同时也可以将这些绘画作品用语言描述给宝宝听，包括这些画的特点、想表达的含义等。绘画作品斑斓的色彩会刺激宝宝的神经，使宝宝对色彩的感受能力加强；同时准妈妈的语言描述也能加深宝宝对绘画的理解，从而提高艺术鉴赏力。

🍊 从准妈妈开始

准妈妈在闲时可以尝试写毛笔字、画画等艺术创作。这样的行为不仅可以使准妈妈的心情平静温和，利于孕育宝宝，而且是教导宝宝的好方法。宝宝可以从妈妈的艺术创作中更深刻地感受艺术的美，感知准妈妈对艺术的感受。这种息息相关的情感也更利于宝宝出世后对艺术的鉴赏能力。同时，这种切实动手、以身教导的胎教也会使宝宝更深刻地感受准妈妈的爱。

Day63　色彩对宝宝的影响

　　研究证实，色彩有助于宝宝的智力发育。准妈妈应该多带胎宝宝到室外"见见世面"，看看蔚蓝的天空、雪白的云彩、五颜六色的鲜花等等，让胎宝宝接触丰富多彩的颜色，给胎宝宝一个良性的刺激，促进胎宝宝的大脑发育。现在，我们就来仔细看看不同的色彩对宝宝的影响。

　　现阶段已经有很多研究表明色彩能够影响人的精神和情绪。它作为一种外界的刺激，通过视觉直接给人带来强烈的感受，对人产生精神作用。准妈妈是愉快还是忧郁，与色彩有着直接的关系。如果准妈妈的房间以红色调为主，那么很可能会因为长期看着红色而感到烦躁、焦虑；而如果家中摆设多为黑色，准妈妈难免会感觉抑郁、悲观。

　　色彩除了会通过改变准妈妈的心绪从而影响宝宝之外，也可以直接作用于宝宝。有实验表明，在孕期接触绿色、蓝色、白色这些冷色调的准妈妈生出的宝宝往往遇事冷静，更为安静；在孕期接触红、黑、灰色调的准妈妈生出的宝宝很容易过于焦躁，或者抑郁不安。这都是因为在孕期里准妈妈对色彩的感受会影响宝宝的心绪，从而对宝宝的性格产生影响。

　　因此，为了宝宝以后的性格发展，准妈妈在孕期就应该小心选择适宜的颜色。一般来说，偏冷色的色调都不会错，绿色、蓝色、白色都是首选。但准妈妈也要结合自己的心情。如果准妈妈希望宝宝充满活力，不妨选择橘红色这种稍微暖色一点的。但是要注意，不适宜长期使用暖色调，因为这种颜色容易让人烦躁。另外，黑色、灰色这种深沉的颜色是绝对不适合宝宝的，准妈妈应该避免长期处于这些颜色为主的空间里。

Day64　味觉胎教

有研究表明，宝宝即使在妈妈的肚子里时也是有味觉的。其实在妊娠三个月的时候，宝宝的味觉已经在一定程度上开始形成了。

事实上，这个时候的宝宝已经会挑选他喜欢的味道了。羊水的味道受到准妈妈食物的影响，往往也会影响宝宝对羊水的吸收。羊水味道香甜，宝宝就更爱吸收，而如果羊水味道过于刺激，宝宝估计就不愿意吸收了。

这些事实都表明，为了让宝宝的身体健康，吸收更多的养分，准妈妈应该均衡选择食物，尝试各种食物的味道，让宝宝对各种味道都有记忆，避免宝宝的口味单一。同时为了宝宝的营养吸收，准妈妈也要注意不要尝试过于刺激的味道。

另外还有研究表明这种胎儿时期的味觉会影响宝宝出生后的饮食习惯。孕期里的准妈妈偏爱一种口味，出生后的宝宝往往也会对这种口味情有独钟。如果宝宝出生后对某种口味特别厌恶，那么准妈妈在孕期一定也没怎么食用这种口味的食物。这是由于准妈妈食用过的食物，宝宝都可以"尝到"，因此宝宝对这些食物都有了记忆，接受起来也比较容易，并且在食用过程中也会有所偏爱。

而对于在胎儿时期没有试过的味道，宝宝就不一定愿意尝试了，或者尝试过后也会因为没有关于这种食物的记忆而不愿意再食用。这项研究从另一个方面也说明了若是希望出生后的宝宝能够安稳吃饭，不挑食，不偏食，准妈妈就应该在孕期培养良好的饮食习惯，食物多样，口味均衡。

Day65　嗅觉胎教

宝宝的感官在准妈妈的子宫里就产生了，这其中就包括宝宝的嗅觉。宝宝在准妈妈的肚子里闻到的味道也会对宝宝的发育产生影响。

🍊 对烟酒说不！

如果准爸爸爱抽烟又爱喝酒，那么最好戒了吧。烟酒对人体的危害相信准爸爸也是知道的。但是很多准爸爸认为只要不在准妈妈面前抽烟喝酒就没有关系。这也是完全错误的想法。

酒精和尼古丁的气味会附着在准爸爸的身上，带到准妈妈的身边。而这个时候的胎宝宝已经能感知到准爸爸身上的味道了。这种有害物质的气味会通过准妈妈传给宝宝，影响宝宝的生长发育，严重者可能会致畸。就算宝宝可能对气味的吸收较少，但是这种气味还是会通过准妈妈的呼吸系统传输给宝宝，宝宝依然会受到影响。

另外换个角度说，烟酒会使准妈妈的心情抑郁、烦躁，这种不好的情绪同样对宝宝有害。所以为了准妈妈和胎宝宝的健康，准爸爸在孕期也要戒烟戒酒。

🍊 多多呼吸新鲜空气

新鲜空气中富含新鲜的氧气，而氧气又是宝宝正常生长和发育的必要因素。宝宝的脑部又是一定需要氧气的器官。因此准妈妈更应该通过多呼吸新鲜空气来吸收氧气，促进宝宝大脑发育。需要注意的是一旦准妈妈吸入的空气中含有害物质，不仅准妈妈的身体会受损，宝宝更会相应地受到影响。因为宝宝正处于器官发育的重要阶段，空气质量差很可能给宝宝造成可怕的后果。因此，准妈妈若是想给宝宝一个好的环境，那么第一步就是从呼吸新鲜空气开始。

🍊 居住环境常通风

有的准妈妈由于身体不便，常常待在家里。这就要求家里具备良好的环境。居住环境经常通风，不让久滞空气中的细菌侵害宝宝。另外，也可以在家中放一些植物，让植物进行光合作用，散发氧气。

Day66　微笑胎教带给宝宝好心情

除了一些明显的，准妈妈刻意为之的胎教方式之外，还有一种很重要也很容易做到的胎教——微笑胎教。其实微笑胎教并不直接作用于胎宝宝，但是引起微笑的心理状态却能作用于胎宝宝的生长发育。

准妈妈在微笑的时候，这种愉悦的情绪会促使大脑皮层兴奋，使准妈妈的血压、脉搏、呼吸等处于一种平稳协调的状态。这种状态能作用于准妈妈的身体内部，从而改善胎盘的供血量，促进宝宝的生长发育。

另外，准妈妈在微笑时，这种良好的心态也是胎教的一部分。胎宝宝在妈妈的肚子里能感受到准妈妈平静的心情和安稳舒适的环境，从而更加安心舒坦地在子宫内发育。这种闲适的外部环境也会促使宝宝的生长。并且，当准妈妈微笑着与人交流的时候，这种待人处事温和平静的态度也会影响到宝宝。宝宝从子宫中就能学到妈妈的这种良好的礼仪，从而在出生后也更加与人为善。有研究表明，在孕期心情愉悦的准妈妈生下来的宝宝往往更爱露出笑颜。

除了准妈妈，准爸爸也可以进行微笑胎教。准爸爸的微笑胎教当然不能直接影响宝宝，但是却可以通过准妈妈传达给宝宝。准爸爸带着良好的情绪和宝宝说话或者抚摩宝宝的时候，都能使宝宝感受到安心。同时，一家三口在一起其乐融融的良好氛围也会使宝宝感觉安心和愉悦，宝宝会对这个世界充满好奇心，不紧张，不害怕。这样良性的情绪会使宝宝更安稳地在子宫内牛长发育。

Day67 增加胎教效果

胎教是孕三月准妈妈比较看重的事情之一，为此一些准妈妈会做好准备，为宝宝进行各式各样的胎教。那么如何提高胎教效果呢？

准妈妈在进行胎教之前，可以先选择一个舒适的场所，如床上或者沙发上。穿着舒适、宽松的衣服，尽量舒展自己的腰背，然后全身放松，微闭双目。手可以以自己舒服的方式摆放，可以放在身体两侧，也可以放在腹部。

这些都准备好以后，用鼻子慢慢地吸气，一次吸气要达到 5 秒钟。准妈妈可以一边在心里数数一边吸气。当然这个数字可以调整，但是一定要慢慢地吸气。吸气的时候，要让自己感觉到气体被储存在腹中，然后慢慢地将气呼出来，这时候用嘴或者用鼻子都可以。但是要注意，呼气也要缓慢、平静。

呼气的时间尽可能是吸气时间的两倍，如果准妈妈吸气用了 5 秒的话，呼气就应该达到 10 秒。按照这个顺序，反复呼吸 1~3 分钟，慢慢地，就会感到心情平静，头脑清醒。准妈妈在呼吸的时候，尽量不要去想其他的事情，一旦注意力集中在了呼吸上，就很容易控制自己的思维了。

准妈妈可以在每天早上起床、中午休息和晚上临睡的时候各进行一次这种呼吸的方法，有助于准妈妈控制孕期的心绪，保持心情愉快、平静。这种平静的心情，有助于准妈妈和宝宝的身体健康。而在进行胎教的时候准妈妈的良性情绪也有助于宝宝更好地接受准妈妈的引导，使胎教的效果更好。因此准妈妈要记住，胎教需要的不仅仅是对宝宝的教育，准妈妈也要从自身角度出发提高胎教的效果。

Day68 做一个漂亮的准妈妈

宝宝对美的体验并不是出生之后才开始的，而是从妈妈肚子里就能感受到。妊娠期间准妈妈保持自己形象的美丽，不仅能够调节自己的身心，同时还能引导宝宝对美的理解，起到胎教的作用。

保持自身形象的美丽

准妈妈在孕期也要让自己保持形象的美丽。首先从摄取营养方面，准妈妈可以多食用一些瘦肉、新鲜蔬菜等，从这些食物里摄取的营养能很好地保证准妈妈的生理需求，让准妈妈气色好。同时，为了保护皮肤，准妈妈应该注意在出门前戴上遮阳帽或涂上防晒霜，避免阳光的强烈照射。这些步骤也能够减轻妊娠期黑色素的沉淀。

另外，这里要特别提出一点，准妈妈在孕期是可以勤梳洗头发的。很多准妈妈在孕期担心受凉，不敢经常洗头发。其实在孕期洗头，可以促进头皮的血液循环，是对头发有好处的。准妈妈不用过于担心。

适当护肤

很多准妈妈因为孕期事情多又不出门，就不愿意化妆，每天素面朝天，再加上孕期皮肤不好，所以更不愿意面对自己的样子。其实准妈妈不用这么烦恼，适当地护肤，不仅可以让自己心情愉悦，也可以让宝宝感受到妈妈美丽的样子。何乐而不为呢？但是一定要注意，准妈妈的皮肤在妊娠期间较为敏感，在选择护肤品的时候，一定要挑选无色素、无易致敏防腐剂的产品。因为有些化学成分可能会通过母体被宝宝吸收，导致宝宝发育受损。

运动促美丽

在孕期，适量的运动，既可以促进准妈妈的身体健康，也可以让准妈妈心情愉悦。这些因素都可以让准妈妈更加美丽。准妈妈的美丽，一方面可以促进宝宝的心情愉悦，从而起到良性作用；另一方面，也可以让宝宝感受到准妈妈的美丽，提高宝宝对美的鉴赏力。

Day69　求知胎教

现代社会非常重视学习的能力。准爸妈也一定希望出生后的宝宝聪明，能轻松胜任学习的任务。那么在孕期准爸妈就要多多注意求知胎教了。不过需要说明的是，即使进行了求知胎教也不代表宝宝就会是一个"神童"。求知胎教的目的是让宝宝对学习有兴趣而不是感到烦躁。同时，在孕期准妈妈灌输的知识也会使宝宝有一定的印象，更容易接受学习的内容。

🍊 制作识字卡片

准妈妈可以把数字或者简单的字做成颜色鲜艳的卡片，最好能使卡片的底色与卡片上的字颜色区分鲜明。然后，准妈妈应该集中注意力，全神贯注，像教小学生识字一样，一边念，一边用手沿着字的轮廓反复描画。这种"眼到、口到、心到"的学习方法有助于加深宝宝对这些内容的印象。

🍊 学外语

宝宝出生后说话的口音多半是与父母一样的，这是因为宝宝在妈妈肚子里的时候就听父母的谈话，自然而然对父母说话的口音有了记忆和学习。从这点可以看出，如果准妈妈希望宝宝轻松学习外语，可以让胎宝宝接触外语。在平时生活中放一些简单的外语对话给胎宝宝听，或者父母说说外语，都能有助于宝宝学习外语。

🍊 朗诵古文经典

为什么要准妈妈给宝宝朗诵像《三字经》《百家姓》这样的古文呢？因为这些书籍中都含有很多动人、寓意深刻的故事。准妈妈不妨慢慢给宝宝讲解其中的故事，然后一个字一个字慢慢朗诵。准妈妈自己在研究这些故事的时候，语言组织能力和理解能力都能够获得提高，这不仅会使准妈妈获得精神上的充实，而且宝宝的词汇组织能力和理解能力也会得到提高。

Day70　抚摩胎教

抚摩胎教是准妈妈与胎宝宝之间最早的亲密交流。准妈妈通过轻轻抚摩腹部，使腹中的宝宝感觉到妈妈的存在并做出相应的反应，从而刺激宝宝的感官功能。随着孕期的进展，胎宝宝就开始有感觉并且渴望活动了，小至吞咽、眯眼、咂拇指、握拳头，大至伸展四肢、转身、翻筋斗。准妈妈可以通过动作和声音，与胎宝宝沟通信息，这样做，胎宝宝会有一种安全感，他会感到舒服和愉快，出生后也愿意同周围的人交流。

当然，与宝宝亲昵可不光是准妈妈的事，准爸爸也要适当地参与抚摩胎教。丈夫可以用手轻抚妻子的腹部，并同宝宝细语，告诉宝宝这是爸爸在抚摩，并同妻子交换感受，这样能使丈夫更早地与未见面的小宝宝建立联系，加深全家人的感情。

准爸爸做抚摩胎教不如准妈妈方便。专门选一处安静场所，准妈妈采取一种最舒服的姿势仰卧，由准爸爸独立完成抚摩，每天只需花 10 分钟左右，集中精力用手的抚摩和宝宝进行独特的情感交流。准爸爸对胎宝宝的抚触，可以让胎宝宝提前感受准爸爸别样的温暖。

值得注意的是，准爸爸在进行胎教时，必须遵守一个原则，就是一定要充满爱意地抚摩，而不是拍打或按压。另外，千万不要在情绪不佳时进行抚摩胎教。因为这种不好的情绪也会通过抚摩胎教传给宝宝，对宝宝的生长发育造成不利影响。

Day71　应该怎么做抚摩胎教

抚摩胎教既能刺激宝宝身体发育，又能连接宝宝和准爸妈的感情，可以说好处多多。那么抚摩胎教到底要怎么做呢？这个还要分阶段进行。

● 孕早期，最适宜的是来回抚摩法。准妈妈每晚睡觉前排空膀胱，平卧床上，放松腹部，用双手由上至下，从右向左，轻轻地抚摩胎儿，就像在抚摩出生后的婴儿那样，每次持续5~10分钟就够了。准妈妈手的动作要轻柔，一定不要粗暴。

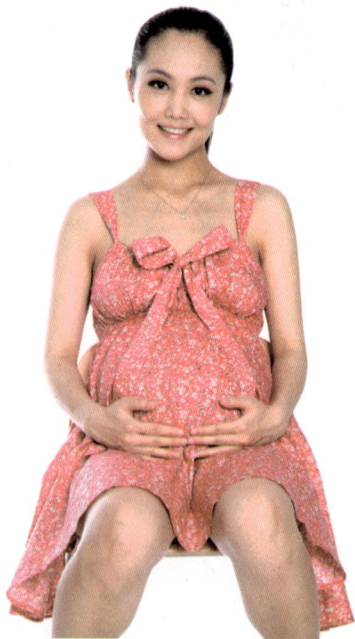

● 孕四月以后，准妈妈就可以在抚摩的基础上进行轻轻地触压、拍打了。就是指在来回抚摩时，用手指轻轻按下再抬起，然后轻轻地做一些按压和拍打的动作，这样可以给宝宝触觉上的刺激。一般几个星期后，宝宝会有所反应。实行这种方法的准妈妈要随时注意宝宝的反应。如果宝宝用力挣扎或蹬腿，则表明他不喜欢，就应立刻停止。

● 孕16~20周，胎动就开始了。准妈妈可以和宝宝进行一些小游戏。在宝宝用小手或小脚拍打准妈妈的时候，准妈妈可以在被推或者被踢的部位轻轻拍两下，引导宝宝再次活动；还可以改变位置拍一下，让宝宝在相应的位置做出回应。这种活动最好在每晚临睡前进行，进行时间也不宜过长，以免宝宝过于兴奋。

● 孕六月或孕七月后，当准妈妈可以在腹部摸到宝宝的头、背和肢体的时候，就可以再增加一些方法了。准妈妈可以在抚摩、按压腹部的同时，用手轻轻地推动宝宝，让宝宝在宫内"运动"一下。但是一定要注意，这种练习应该在医生指导下进行，以免因用力不当或者过度用力而导致腹部疼痛。每次5~10分钟即可。

Day72　抚摩胎教的好处有哪些

现在的准妈妈之所以都这么看重抚摩胎教，是因为抚摩胎教对宝宝和准妈妈都是有好处的。

⊛ 对胎宝宝产生良性的情感刺激

宝宝虽然还未出生，可是已经对外界有感觉了。他在准妈妈肚子里的时候就已经有了灵敏的感觉。除了对音乐、语言、光照的直接刺激有感觉以外，对情感刺激也会有感觉。

在进行抚摩胎教的时候，准妈妈往往心情愉悦。这份好心情能直接刺激宝宝的感官，让他明白妈妈的关爱。准妈妈对宝宝的爱抚虽然不能直接通过情绪传达，但是语言、动作都可以对宝宝产生良性的情感刺激。

⊛ 有利于胎宝宝健康发育

在做抚摩胎教期间，准妈妈的气血会比较顺畅，这样就使宝宝的气血随之顺畅，有利于宝宝健康发育。有些研究学者认为，一个人的情绪如果比较平和和愉悦，那么身体会分泌出能补养身体和有利于健康的化学物质。从这个角度来说，准妈妈带着好心情抚摩宝宝，那些有利于准妈妈和宝宝的物质就会被分泌出来。

抚摩胎教可以激发宝宝活动的积极性，促进运动神经的发育。宝宝在准妈妈肚子里接受这种抚摩的同时，也会产生一些回应。这种回应不仅仅是情感上的交流，也有动作上的回应。有研究表明，经常受到抚摩的宝宝，对外界环境的反应较为机敏，出生后翻身、抓握、爬行、坐立、行走等大运动的发育时间都明显提前。

Day73 抚摩胎教的注意事项

既然抚摩胎教好处多多，准爸妈是不是就能天天摸着宝宝呢？要注意，这种想法可是错误的。其实大家对抚摩胎教有很多认知误区。

☀ 以下情况不适宜做抚摩胎教

在一些情况下准妈妈就不能对宝宝进行抚摩胎教，比如：

● 孕早期和邻近预产期不适宜做抚摩胎教。

● 有不规则子宫收缩、腹痛、先兆流产或早产的准妈妈，不适宜进行抚摩胎教。

☀ 要控制抚摩时间

准爸妈对宝宝进行抚摩胎教的时候，也要注意胎教时间的长短。长时间的抚摩会让宝宝感觉疲惫，不利于宝宝的生长发育。另外，也需要注意抚摩宝宝的时间。不能在睡前进行抚摩，因为睡前的抚摩可能会导致宝宝过于兴奋，无法尽快入眠。得不到充足的睡眠可是会阻碍宝宝的正常发育的。

☀ 配合使用抚摩胎教

准妈妈单独进行抚摩胎教时可能会觉得无聊。其实抚摩胎教可以配合着音乐胎教或者对话胎教同时进行，往往能取得事半功倍的效果。同时，在户外或者空气清新的地方进行抚摩胎教也能使宝宝获得更好的体验。

☀ 做抚摩胎教时要注意力道

很多准爸妈在做抚摩胎教时担心宝宝感受不到，因此在抚摩肚子的时候用的力气过大。其实这样会对宝宝产生不好的影响。力道过大，宝宝会觉得害怕，甚至对外面的世界感到恐惧，完全不利于宝宝的生长发育。而且过大的力道也会伤害宝宝稚嫩、柔软的器官，造成不可挽回的后果。

Day74　胎教不仅仅是听听音乐

胎教是指从备孕开始，调节和控制母体的内外环境，避免不良刺激对胚胎和胎儿的影响，利用现代化的科学知识和技术，根据胎儿各时期生长发育的实际情况，有针对性地、积极主动地给予胎儿各种信息刺激，促使胎儿健康发育，以利于胎儿出生后的智力发育和身体发育。

由此可见，胎教并不是给宝宝听音乐那么简单。广义的胎教包括很多方面。为了孕育一个健康聪明的宝宝，父母所做的所有相关的工作都可以视作胎教，包括孕前开始培养良好的生活习惯、孕期科学合理地补充营养、适时调节不良情绪等。

而狭义的胎教则主要局限于整个怀孕期，也就是胎儿生长发育时期，根据其不同特点所做出的良性刺激，进而促进胎儿大脑、躯体、感官等的发育。

也就是说，从受精卵形成的那一刻起，胎教就已经开始了。胎儿生长的环境、所吸收的营养、母体的情绪等都在刺激胎儿，影响着胎儿的生长发育。

所以，胎教远没有我们理解得那么狭隘。为了孕育健康聪明的宝宝，各位准爸妈从打算怀孕的那一刻就需要调整心态，积极为宝宝做各种打算。

为此准爸妈需要清楚地了解胎儿在各个阶段生长发育的具体特点，根据其不同生长发育特点制订出有针对性的胎教内容和方法。只有这样，才能保证宝宝接收的信息是良性刺激，从而能够开发宝宝的大脑潜能，促使宝宝健康成长。

Day75 音乐应随"孕"而动

对于胎教音乐的选择，有些准妈妈会比较细心，会根据不同的心情和不同胎教阶段选择不同的胎教音乐。而有些准妈妈则会认为自始至终听一首音乐或几首音乐更有利于胎儿的生长发育。其实，最好还是根据不同的情境来选择不同的胎教音乐。

怀孕头三个月，胎儿的听觉器官刚刚开始发育。这个时候的准妈妈也容易受妊娠反应的影响，可能常会感觉焦虑、紧张。此时可以选择轻松愉快、诙谐有趣的音乐，帮助准妈妈消除早孕的烦恼与不适，让准妈妈恢复快乐的心情。

孕三月以后，胎教音乐的数量可以适当丰富些，曲风也可以选择多个风格的。这个时候就不仅是准妈妈一个人在听音乐，胎儿也在静静听着呢！

临近分娩的前三个月，准妈妈难免会出现各种不适症状。为了缓解不适症状，准妈妈可多听一些积极向上的音乐，多想象美好的事物和场景，同时还可以边感受边讲述给腹中的胎儿听。

在曲目的选择上，应尽量选择那些节奏比较舒缓、规律性较强的音乐。其实胎教音乐是可以分为准妈妈版和胎宝宝版两种的。准妈妈版是专门放给准妈妈听的，风格优美、安静；胎宝宝版是专门放给胎宝宝听的，风格轻松、活泼、明快。

在时间的选择上也是有讲究的。每次做音乐胎教的时间也不是越久越好，基本保持在 10 分钟左右即可。乐曲的音量不宜过大。每天可在同一时间听两次胎教音乐。

在听的方式上，准妈妈可以采用外音播放的方式，也可以采用耳机聆听的方式。听音乐的时候最好提前采用放松呼吸法放松一下，然后随着乐曲去浮想联翩，感受一切美好的事物。

Day76　胎教音乐不等于世界名曲

对于胎教音乐的选择，很多准爸妈都存在误区，认为胎教音乐就是世界名曲。其实，胎教音乐的选择是有讲究的，很多世界名曲并不适合准妈妈听。

世界名曲的曲风很广，有些旋律让人忧伤，会引发准妈妈对伤心往事的联想；有些旋律的节奏很快、很强，准妈妈听了情绪会波动很大，对胎宝宝来说就如同噪声。这些风格的音乐都不太适合作为胎教音乐放给准妈妈听。

其实，在胎教音乐的选择上不一定要着眼于世界名曲，应该根据不同的国情、不同的民俗风情、不同的喜好来选择音乐。比如，我国的优秀古典音乐，让准妈妈心情愉悦；喜欢民歌的准妈妈不妨边听边唱，这样会让准妈妈自我感觉良好；喜欢戏曲的准妈妈在中国传统音乐的熏陶下边听边学，也是一件自得其乐的事。

如果准妈妈以前一直想学弹奏某项乐器而苦于没有时间，趁这个时候不妨学一学，也会让胎宝宝满心欢喜。

由此可见，在音乐资源的选择上准妈妈是可以灵活变动的，切不可为了追求所谓的"莫扎特效应"而去听莫扎特的古典音乐。毕竟每个妈妈都是一个独立的个体，每个宝宝也有其特殊性。

真正的胎教音乐是给胎宝宝听的。孕妈妈的感知就是宝宝的感知，这才是胎教音乐的作用。听胎教音乐时，"一心二用"是没有效果的，只有静下来，用心听，用心感知，才能传递给胎宝宝。

Day77 音乐胎教讲究多

音乐胎教越来越被准妈妈所喜欢，因为它不仅可以用来放给胎宝宝听，也可以放给准妈妈听，从而调节准妈妈的心情。但是，你知道吗？音乐胎教也是有诸多禁忌的。

✺ 非多多益善

音乐胎教并非多多益善，既指每天播放胎教音乐的次数并非多多益善，也指在曲目的变换上并非多多益善。前者强调每天播放胎教音乐1~3次，每次播放时间不超过半小时为宜。而对后一种说法，很多准爸妈可能不太能够理解。

对待胎儿不能像对待正常人一样。胎儿对于新事物的接受一般有一个较长的过程。最好的方法是选出几首乐曲，在孕期每天播放，一开始可以只听一首曲子，反反复复播放，随后可以增加一首或两首曲子，如此循序渐进地增加。

✺ 非准妈妈一个人听

胎教音乐主要是放给准妈妈听的，于是很多人就认为音乐胎教就是准妈妈的事，与准爸爸无关。其实，与大多数胎教一样，音乐胎教也需要准爸爸积极配合，因为和谐的氛围更有利于准妈妈放松心情，专心欣赏音乐。准爸爸可以在听音乐时抚摩胎儿，伴着音乐唱给胎儿听，当然也可以与准妈妈交流一下对音乐的感受。

✺ 最好不选带歌词的

有研究发现，经常听纯音乐，准妈妈的心情会比较舒畅，而准妈妈的好心情对胎儿来说是最好的胎教。所以准妈妈最好选择不带歌词的胎教音乐。同时要避免选择节奏快、力度强、喧嚣、嘈杂的乐曲。此外，准妈妈也可提前听一些轻松活泼的儿歌，提前感受儿童的童真、童趣。

Day78　规律生活很重要

不少妈妈反映宝宝出生后特别爱哭闹，作息颠倒，白天困乏没精神，晚上很难入睡。追溯其原因，准妈妈在怀孕的时候就没有注意自己的生活作息，进而影响了宝宝的作息，导致宝宝出生后生活作息没有规律。因此，准妈妈要培养良好的作息习惯。

认识白天黑夜

在妈妈肚子里的宝宝怎么区分白天和黑夜呢？随着胎儿的各种感觉器官的发育，胎儿能够渐渐区分光线的明暗变化，可以判断黑夜和白昼，和准妈妈一起过好生活中有规律的每一天（24小时）。

熬夜妈妈的白天黑夜

假如准妈妈有熬夜的习惯，每天很晚才睡觉，第二天早上又很晚才起床，那么胎儿接收到的白天黑夜的讯息也就是混乱的，他就没有办法正确区分白天和黑夜，不能养成良好的作息习惯。

规律生活有助于宝宝发育

准妈妈生活规律才能保证胎儿的生活有规律。生活不规律，会干扰身体各个器官的正常运作和夜间排毒，进而影响身体健康。胎儿也是如此，当胎儿内脏器官基本发育完成时就开始工作了。因此，准妈妈不规律的生活方式也会影响胎儿正常的生长发育。

生活规律，情绪稳定

职场孕妈妈在白天工作时不宜过度紧张和劳累，要劳逸结合。晚上定时作息，养成有规律的睡眠习惯。孕妈妈心情愉快，情绪稳定，保持心理平衡。

Day79　准妈妈的健康生活方式

准妈妈要想拥有健康的生活方式，首先需要一个安静和谐的生活环境，其次就是要注意自己的生活起居，这样才能保证胎儿健康成长。

🍊 均衡饮食，注重饮食卫生

保证充足的营养供应，饮食上要少食多餐，多吃清淡、易消化和富含维生素的水果和蔬菜，忌辛辣、生冷、煎炸、过咸、过甜以及不卫生的食物，避免引起消化道方面的疾病。

🍊 良好的卫生习惯

饭前便后、外出归来等都要立即用水和香皂洗手。冬天要注意防寒保暖，夏天要注意衣着宽松舒适防中暑。若家中或工作环境中有人感冒，要注意做好隔离工作，以免被传染。经常更换床单被罩，勤洗澡，勤换内衣裤。

🍊 改正不良嗜好

抽烟、喝酒的准妈妈要尽快戒掉这些不良嗜好，同时应尽量避免和减少食用含有咖啡因、过多糖分的饮料和食物，如咖啡、茶、巧克力以及可乐等。因为它们都会在某种程度上危害胎儿的健康。同时也要要求准爸爸配合改掉抽烟的毛病，给胎宝宝营造一个良好的生长环境。

🍊 规律的作息习惯

适当增加休息和睡眠的时间。夜间睡眠不要少于 8 小时，有条件的准妈妈在中午可以适当休息一会，避免过度劳累。当然也不能一味只顾休息，还应进行一些适当的活动，有利于保持良好的情绪。

🍊 良好的生活环境

居室内需要每天开门窗通风换气，保证空气清新。及时打扫房间卫生，清理卫生死角，杜绝病菌滋生。冬天还要保证居室空气湿度合适，有需要的话可以使用加湿器。

Day80　稍微调整一下生活习惯

准妈妈的生活会直接影响宝宝的生活质量。为了宝宝良好的生活质量，准妈妈一定要注意养成良好的生活习惯哦。

🍊 适量运动

准妈妈可根据自身情况选择适当的活动方式，如做孕妇保健操、去户外散步、伸腿、屈腿等活动。过度的劳累会诱发早期流产，但是完全不运动又容易导致准妈妈有妊娠期高血压等疾病问题，不利于准妈妈和宝宝的身体健康。因此，准妈妈应该选择合适的运动方式来进行适量运动。

🍊 留意穿着和坐立姿势

准妈妈的肚子慢慢凸起来了，此时应避免穿紧身衣裤、牛仔裤、口过紧的丝袜等，以免压迫到宝宝。也不要穿高跟鞋，不仅因为穿高跟鞋不利于血液循环，也因为准妈妈穿高跟鞋容易摔倒而导致流产。由于肚子越来越大，准妈妈应注意坐立姿势，背要直，腹部收紧。当准妈妈提东西时，先屈膝，不可弯腰，以免腰痛。起床时，准妈妈先侧身，再用手帮助支起上身。睡觉时，向左侧卧较好，这样可避免胎宝宝压迫腹主动脉及下腔静脉，保持血流畅通。

🍊 控制体重

在孕期准妈妈为什么要控制体重？这是因为准妈妈如果体重超标，容易导致胎宝宝过大而使分娩的风险上升。而如果准妈妈体重过轻，很有可能没有足够的能量和营养供给宝宝，导致宝宝身体虚弱。因此，体重是侧面观察宝宝身体健康的一个指标。如果准妈妈在孕期偏瘦，不妨多多补充营养增加体重。而对于肥胖的准妈妈来说，为了有一个健康的宝宝，也要适当地控制体重。

Day81 走出胎教误区

胎教是对宝宝进行教育的最早期阶段，也是与宝宝沟通的最早阶段。现在大部分准妈妈都明白胎教的重要性，对胎教更加看重。可是有时候形形色色的信息也会让准妈妈走进胎教的误区。

🍊 家庭成员一起做胎教

千万不要以为胎教是准妈妈一个人的事情。家庭环境也会对宝宝产生影响。如果家庭环境不和谐，即使准妈妈对宝宝做胎教，可能宝宝的生长发育也不是很好。

在怀孕期间，所有的家庭成员都应该为准妈妈创造一个轻松的生活环境，给予准妈妈帮助和充分的体谅，不要给准妈妈压力，这样才能保证一个温馨的家庭氛围，有利于胎儿成长。

🍊 保持平常心

准妈妈一定要明白，胎教的作用并不是把宝宝培养成"神童"。胎教本身是为了宝宝的健康成长，同时对宝宝未来的发育起一些良性的刺激作用。准妈妈不能误以为进行了胎教就可以把宝宝培养成"神童"。准妈妈为了这样的目的进行胎教，往往会给自己和宝宝太大的压力，反而不利于宝宝的成长。准妈妈应该明白这些，用放松的心态对宝宝进行教育。

🍊 科学胎教才可取

虽然胎教对宝宝的生长发育有重要作用，但是很多准爸妈过分依赖胎教、迷信胎教的作用，这是不可取的。准妈妈应该用科学的方法来对胎儿进行胎教，而不是盲目地尝试所有胎教方法，因为并不是所有的胎教方法都适合宝宝。准妈妈应该根据宝宝所处的发育阶段实施相应的胎教。遇到任何问题，都应该及时请教医生，千万不能自己随意尝试解决。

Day82 如此胎教要不得

"胎教"也可以是指宝宝未出世以前，周围的环境对宝宝产生的影响。胎教不仅有好的作用，也会产生很多负面效果。

❋ 不良的情绪

很多准妈妈在孕期由于身体不适或不能适应"准妈妈"这个身份，容易抑郁、烦躁。这就是一种负面胎教。准妈妈和宝宝是紧密联系在一起的。一旦准妈妈的情绪不稳定，宝宝就能够直接感受到。而这种不良的情绪很容易使宝宝对外界环境产生不安。因此，准妈妈要时刻保持好心情。

❋ 不适合的娱乐方式

很多准妈妈由于在孕期不工作，因此会找很多娱乐消遣，比如玩游戏或者打麻将。事实上这也是一种负面胎教。准妈妈在玩游戏或者打麻将的时候，往往心绪起伏剧烈，这种激烈的情绪不适合宝宝。另外，游戏的音效和打麻将的噪声往往会对宝宝的听力产生影响，造成宝宝听力受损。

❋ 不科学的胎教方式

好心办坏事的准妈妈也不少。比如有的准妈妈给宝宝听胎教音乐，却选择高音部分过多的曲子，而高频率的声波会刺激宝宝的大脑皮质。又比如有的准妈妈想为宝宝进行抚摩胎教，却由于急功近利，每天多次持久地触摸肚子，这会导致宝宝在妈妈肚子里得不到充分的休息，反而不利于宝宝生长发育。

❋ 家庭不和睦

家庭的和睦对胎教很重要。有的家庭由于还没有做好准备迎接新生命，往往摩擦很多。这种摩擦会让肚子里的宝宝感受到这个世界不好的一面，产生负面情绪，这样的胎教往往会导致宝宝出生后性格软弱。

Day83　胎教最好顺其自然

有的准妈妈在实施胎教的过程中给自己规定了很多的硬性条件，甚至给自己列出了非常详细的胎教时间表。各种各样的胎教不仅弄得准妈妈很疲惫，也让胎宝宝得不到良好的休息，感觉更疲惫。所以在此奉劝各位准妈妈，做胎教最好还是顺其自然。准妈妈保持良好的心态是对胎儿最好的胎教。

🍊 端正心态

要想取得好的胎教效果，准爸妈们首先必须端正自己的心态。胎教的主要目的是让宝宝的大脑、躯体、神经系统、感官系统得到良性刺激，而不是为了培养天才、神童。让宝宝更加快乐健康地去适应社会和生活才是胎教的真谛。

🍊 避开胎教误区

一些年轻的准爸妈在做胎教时会步入很多胎教误区。其实，良好的环境对胎儿的生长发育比外界的刺激更有影响力。而对于胎儿而言，良好的环境就是妈妈心情愉快，营养充足，这才是胎教的重心。

🍊 科学的胎教方法

胎宝宝的各项生理功能及神经系统发育还不完善，大部分时间需要休息，所以千万不要认为胎教是多多益善，不能操之过急，否则可能干扰胎宝宝的生物钟。在过去的案例中，有的孕妈妈抽空就将胎教器置于腹部，过多的刺激令宝宝出生后精力过盛，总是不爱睡觉。

科学的胎教应该是适时、适度的，按照自然的发展规律、胎宝宝的月龄及每个胎宝宝的发展水平进行相应的胎教，做到不放弃胎教，也不过度人为干预。

Day84　奇特胎教引热议

有些胎教方法中规中矩，有些胎教方法却特立独行。

❂ 肚皮舞胎教

顾名思义，肚皮舞胎教就是准妈妈跳肚皮舞进行胎教。这种方法让人一听起来就感到害怕。很多准妈妈担心这些剧烈的运动会影响宝宝的生长发育。其实这种担心是有一定道理的。现阶段的宝宝还并不稳定，剧烈活动腰部的风险实在颇大。

❂ 芭蕾舞胎教

芭蕾舞胎教和肚皮舞胎教有点相似，不过芭蕾舞胎教明显要温和多了。这里要解释一下，芭蕾舞胎教并不是要准妈妈真的去学芭蕾舞，而是学习芭蕾舞中的动作。很多芭蕾舞的动作可以活动骨盆肌肉，有益分娩。同时芭蕾舞的一些曲子也可以稳定宝宝情绪，促进宝宝的生长发育。准妈妈通过练习芭蕾舞的动作也可以培养宝宝的艺术细胞。不过准妈妈在实行芭蕾舞胎教时，要注意不能勉强自己做一些做不到的动作，以免伤害到宝宝。

❂ 海豚胎教

海豚胎教的起因是一位研究人员表示"海豚发出的声波能够刺激胎儿脑部发育"。这引发了很多希望宝宝聪明的准妈妈特意去海洋公园看海豚的热潮。紧接着，其他科学家也对这一说法进行了研究。科学家表示，虽然不知道海豚的声波是否能影响宝宝，但是宝宝全身都可以接受声波。有可能海豚的声波并不能找到宝宝头部的正确位置，而是对其他部位产生影响。但是这种影响是好是坏就不知道了。因此，在海豚胎教的功能没有得到肯定之前，准妈妈还是不要去实施这种胎教了，以防不正确的胎教方法伤害宝宝的健康。

第四部分

宝宝有感觉啦

Day85　营养胎教

从孕中期开始胎儿生长发育加快，需要的营养量也会较孕早期大大增加。这个时候准妈妈要特别注意加强营养。加强营养的同时注意不要过度放开胃口，否则多余的脂肪就找上身啦！

蛋白质

蛋白质要选优质的，因为它是构建胎儿器官组织的重要成分。主要通过增加肉、鱼、虾、蛋、豆制品等食物的摄入来实现。注意动物性蛋白和植物性蛋白的合理搭配。

碳水化合物

含碳水化合物丰富的食物有谷类（如大米、小米、玉米）、薯类、各种蔬菜和水果等。

脂肪

脂肪是机体热能的主要来源，其所含必需脂肪酸是构成机体细胞组织不可缺少的物质，增加优质脂肪的摄入对怀孕有益。

维生素

食用一些新鲜的蔬菜瓜果，比如柑橘、奇异果、番石榴等。因为它们富含的维生素能够增强准妈妈的免疫力。

矿物质

孕中期要注意补充钙、铁、锌。含钙较多的食物有奶及奶制品、虾皮、小鱼、海带、豆制品等。同时孕妇经常晒太阳，有助于体内维生素 D 的合成，促进钙的吸收。

含铁较多的食物有猪血、鸭血、肝脏、蔬果等，其中，含铁丰富的蔬菜有红苋菜、菠菜等，水果中的葡萄、樱桃、苹果等铁含量较丰富。含锌量较高的食物有牡蛎、肉类、动物肝脏、蛋黄、鱼类等。并且，孕妇也要注意补碘，多吃含碘的食物，如海带、紫菜。

Day86 营养"加油站"

🍊 虾皮烧菜花

营养重点： 钙和维生素。

简单做法： 把菜花掰成小块，放进沸水里焯透捞出，在凉水里浸凉后控干水分，同时把虾皮洗净；锅里放植物油，油烧热后把虾皮稍炸，然后放入葱姜末，煸香，把菜花放入翻炒，加入适量盐，出锅即成。

🍊 豆腐蔬菜汤

营养重点： 优质蛋白质、多种维生素、锌、铁。

简单做法： 将新鲜豆腐捏碎加盐拌匀，和搅匀的蛋清拌在一起；取一个耐热圆盒并在盒底抹少许猪油，把调好的豆腐倒入，用刀轻轻刮平；把菜心、新鲜香菇、紫菜、黑木耳、胡萝卜、青柿子椒、西红柿切成各种图形摆在豆腐上，上屉蒸10分钟；取适量鲜汤，烧沸后，把蒸好的豆腐轻轻滑入汤中，加适量葱姜末、盐，煮沸即成。

🍊 红汤牛腩

营养重点： 多种矿物质和维生素A。

简单做法： 将胡萝卜去皮洗净，切片。将牛腩洗净，放入开水中煮5分钟，取出冲净，再放入开水中煮20分钟，取出切厚块，汤留用。烧热锅，加两汤匙油，爆香姜片、葱段、豆瓣酱、番茄酱、甜面酱等，加入牛腩爆炒片刻，加酒，放入调味料，大火煮沸，改慢火煮30分钟，加入胡萝卜煮至熟，用少许淀粉水勾芡，装盘时放上香菜即成。

🍊 猪血粥

营养重点： 多种矿物质

简单做法： 将猪血块洗净，放入沸水中余烫片刻，捞出沥水。将大米淘洗干净，浸泡30分钟。大米入锅煮粥，粥将熟时放入猪血块，再煮10~15分钟，放入葱花、姜丝，加精盐调味即可。

Day87　饮食多样，营养均衡

现在是胎宝宝生长发育的关键时期。准妈妈要开始补充身体所需要的各种营养成分，才能满足胎宝宝生长发育所需。

✳ 增加优质蛋白质的摄入

准妈妈每天蛋白质的摄入量应增加 15 克，达到 75~95 克。食谱中应增加鱼、肉、蛋、豆制品等富含优质蛋白质的食物。特别是孕期反应严重，不能正常进食的准妈妈更应多摄入优质蛋白质。

✳ 增加能量和各种营养素的摄入

自孕四月开始，准妈妈必须增加摄入能量和各种营养素，以满足胎儿大量复杂的合成代谢的需要。我国推荐膳食营养素供给量中规定孕中期能量每日约 2100 千卡。为了帮助准妈妈对铁、钙、磷等营养素的吸收，孕四月也要相应增加维生素 A、维生素 D、维生素 E、维生素 B_1、维生素 B_2 和维生素 C 的供给。维生素 D 有促进钙吸收的作用，故每日的维生素 D 需要量为 10 微克。

✳ 多吃蔬菜和水果

准妈妈应多吃蔬菜和水果，如西红柿、胡萝卜、茄子、白菜、葡萄、橙子等。对蛋白质、钙、铁等成分，孕四月准妈妈的需求量比平时大得多。每天对钙的需求增加至 1000 毫克，铁增加至 24 毫克，也要适量摄取其他营养素，如碘、锌、镁、铜、硒。准妈妈每天饮用 6~8 杯水，其中果汁的量最好不要超过两杯，因为果汁甜度太高，不利于宝宝骨骼发育。

Day88 培养良好的孕期饮食习惯

这时候的准妈妈孕吐减轻了很多，食欲增加，重新有了胃口。此时，准妈妈就可以开始调整饮食，补充营养了。在保证饮食质量的同时，还要注意提高各种营养成分的摄入量。当然，这并不是要求准妈妈过度进食。

准妈妈不仅要重视食物数量，也要重视食物质量。有的准妈妈往往只选择自己喜欢的食物。但这样不仅可能会造成某种营养成分的过剩，也容易导致其他营养成分的缺乏。

孕三月的准妈妈由于增大的子宫压迫胃等消化器官，容易导致消化不良，因此除了少吃多餐以外，在饮食结构上要选择容易消化、非油炸、不辛辣的食物。同时控制对生冷食物的摄入。

目前有研究表明，准妈妈在孕期的饮食习惯会影响宝宝出生后的饮食习惯。对于准妈妈偏爱的食物，宝宝比较容易接受，而对于准妈妈抗拒的食物，宝宝也不容易接受。因此，在孕期准妈妈应该均衡地摄入各种食物。即使自己并不是很喜欢某种食物，可是为了宝宝将来不偏食，身体好，准妈妈也应该食用。

除此之外，准妈妈也不适宜食用腌制或者添加了化学成分的食物，因为这类食物的有害物质过多，不仅会对准妈妈的身体产生影响，也会导致宝宝的身体不健康。

如果实在不愿意吃饭，准妈妈可以少吃多餐，保证自己身体的健康就可以了。

Day89　行为胎教

行为也是一种语言，只不过它是一种无声的语言。准妈妈的行为通过信息传递可以影响宝宝。准妈妈的一言一行都会影响宝宝的感知。因此，准妈妈在孕期就应该品行端庄，给宝宝良好的影响。

✺ 行为胎教的内容

这种品行端庄主要是指准妈妈在与人来往的时候，言语要适宜，心思要纯净；在与宝宝沟通的时候，语言要规范；总之，在孕期准妈妈要和和气气的，温柔对待他人。

✺ 准妈妈的道德和认知水平

行为胎教不仅指言语方面，也包括准妈妈自己的道德和认知水平。研究证明，准妈妈的道德和认知水平会直接影响宝宝。

很多妈妈会发现自己的孩子对一些事情的认知和自己一样。其实这并不是因为"血缘的影响"，而是因为在孕期准妈妈对事情的看法往往间接地传输给了宝宝。

✺ 从日常生活入手，规范自己的语言和行为

所以，在孕期，准妈妈就应该建立这样的意识，从日常生活入手，规范自己的语言和行为。同时，准妈妈可以通过读书来提高自己的情商水平，以此使宝宝受到影响。另外，准妈妈可以在日常生活中多与宝宝进行沟通，多讲述自己的价值观和与人沟通的态度。即便现在宝宝听不懂，这种潜移默化的影响也会对宝宝产生正面作用。

Day90　妈妈睡得好，宝宝发育才好

想要保证优质的睡眠，准妈妈可以这样做：

● 怀孕期间的睡眠要比平时多 1 小时左右，最低不要少于 8 小时。特别是白天工作的准妈妈，感到疲劳就应小睡一下。在炎热的夏季，每天最好能睡个午觉，时间以不超过两小时为宜。

● 若早孕反应过于强烈，准妈妈可以在饮食上做出相应调整。饮食上要少量多餐、清淡饮食、少甜食，胃酸时适量吃一点苏打饼干，可以减轻早孕反应，有利于睡眠。

● 太过紧张而影响睡眠的准妈妈应该注意调节自己的心态。对于妊娠的任何担心，准妈妈可及时咨询妇产科医生。经常看一些漂亮图片、优美风景、节奏舒缓的影视作品；睡前不要看惊悚片、不和他人谈论会令人情绪激动的事等，这些都能减轻焦虑情绪。准妈妈多与准爸爸聊聊天也可以缓解紧张情绪。

● 有尿频现象的准妈妈，最好在睡前少喝水，避免在夜里频繁小便。

● 当怀孕的妻子由于过分热衷某件事而迟迟不睡觉时，丈夫不能袖手旁观，要适时制止，并提醒妻子注意腹中的胎儿，督促妻子早点睡觉。

要知道，准妈妈高质量的睡眠对胎儿很重要，因为准妈妈腹中的胎儿也会睡觉。如果准妈妈的睡眠不佳，恐怕就会影响宝宝的睡眠，不利于宝宝的生长发育。这是因为，在睡眠状态下，脑部的下垂体会分泌出较多的生长激素，它是胎儿生长发育不可或缺的物质。

此外，生长激素也能够帮助准妈妈迅速消除身心疲劳。在精力满满的情况下，准妈妈所做的一切胎教活动才能够达到最好的效果。

Day91　睡出好心情

睡眠尤其重要

如果不能保证足够的睡眠，就会影响准妈妈的情绪。而不良情绪不仅会加重妊娠反应，使准妈妈食欲更差，影响营养的摄入，还使机体内分泌的功能及血液成分发生变化，对神经系统和心血管组织有害的化学物质分泌增多，通过胎盘传递给宝宝，让宝宝产生种种不适的感觉，使胎动的频率猛增。

若是在整个妊娠期间准妈妈都无法得到充足的睡眠，胎宝宝就会长期不安，影响身心的正常发育。胎宝宝出生后往往身体羸弱、喜欢哭闹，长大后则情绪不够稳定，自我控制能力差，易患多动症及其他身心疾病。因此，充足的睡眠对准妈妈和宝宝来说都是必不可少的。

生活细节要注意

● **尽量避免咖啡因**。准妈妈在生活中尽量避免饮用含有咖啡因的饮料。咖啡因不仅会影响宝宝的生长发育，而且会使准妈妈无法安心入眠。

● **睡前不要剧烈运动**。准妈妈在睡觉前可以放松一下神经，比如泡泡澡，喝点热牛奶等，但是最好不要进行剧烈运动，因为这会导致准妈妈的神经过于兴奋，无法入眠。

● **养成规律的睡眠习惯**。准妈妈应该尽量让自己习惯在固定的时间睡觉，在固定的时间起床。这样有助于准妈妈在合适的时间感到睡意，久而久之就能安稳入眠了。

睡眠时间巧安排

准妈妈因为身体各方面的变化，容易感到疲劳，睡眠时间应比平时多1小时，至少也要8小时。每天最好再睡个午觉，但不要睡得太久，以免影响晚上的睡眠，午睡时间以最多不超过两小时为宜。

Day92　如何选购孕妇装

追求时尚是每个女人的权利，准妈妈当然也不例外。随着小腹日益隆起，准妈妈就可以穿上专为孕妇设计的孕妇装了。那么，在购买孕妇装的时候应该注意一些什么呢？

🍊 孕妇装面料舒适才完美

怀孕期间皮肤会变得非常敏感，如果经常接触人造纤维的面料，容易过敏。而孕妇的身体变化往往会影响胎宝宝的生长发育。所以，衣服面料最好选择透气性好的天然纤维，如全棉或真丝等。衣服款式要宽松，穿着要舒适。因为全棉或真丝服装触感柔软、透气、吸水，即使整天穿着仍具有较好的舒适性。

🍊 选择适合的乳罩

随着孕期一天天临近，准妈妈的胸部也在慢慢变大。此时，准妈妈需要及时更换乳罩，弃用过小的乳罩。到了妊娠后期，准妈妈的手将会不易向后弯，因此乳罩宜选用前开式的。

🍊 内裤的选择之道

怀孕三个月以后，准妈妈的腹部日渐隆起，以前的内裤不再适合穿着了，所以还需要选购一些适合准妈妈穿的舒适内裤。孕期阴道分泌物增多，内裤最好选用肥大宽松又能把肚子及臀部完全遮住的款式。

为了适应腹部体积的变化，不要购买太松或太紧的内裤。合适的内裤对准妈妈来说尤为重要，若是内裤不合适，阴道感染病菌的话，很有可能会影响到胎宝宝。

Day93　美学胎教

对美的追求是人类的共同点。其实这一点是可以用美学胎教来培养的。美学胎教就是从准妈妈对现实的审美感受出发，以艺术美、形体美、自然美作为主要对象，将对美的感受传达给肚中的宝宝。

艺术美

艺术包括的范围很广。音乐、绘画、雕塑、书法、建筑等都可以归入艺术的范围。艺术美的培养可以调节宝宝的身心，同时也有利于提高宝宝对艺术的鉴赏能力。

准妈妈可以通过欣赏优美的艺术，产生心旷神怡、浮想联翩的感受。而这种感受可以通过神经系统传达给胎宝宝，使胎宝宝感受到艺术的美。

形体美

形体美主要包括准妈妈的外在形象和气质两个方面。现阶段胎宝宝与这个社会的接触完全是依靠与准妈妈的联系，因此对美的感知也完全来源于准妈妈。

一方面，准妈妈要有内在美，这主要是说准妈妈要有良好的道德修养、高雅的情趣，能对宝宝起到一个很好的带动作用。

另外一方面是指美丽的外在。并不是说准妈妈要长得很漂亮，而是说准妈妈要着装得体，干净利索。这种形体美可以使宝宝获得初步的审美观。

自然的美

大自然的美丽是无法用语言形容的。准妈妈经常处于大自然中会感觉神清气爽，精神振奋。大自然中新鲜的空气、绚烂的色彩、美丽的景色也能促进宝宝大脑细胞和神经的发育。

Day94　和宝宝一起感受鸟语花香

疲倦的时候，我们喜欢到大自然中去走走，因为大自然中清新的空气、舒服的色彩能使人感到轻松愉悦。另外，大自然也是促进宝宝智力开发的重要胎教课程哦。

❀ 新鲜的空气

新鲜的空气是保证宝宝健康的关键因素之一。目前，越来越多的事实和科学研究表明，人如果长期生活在空气质量差的地方，身体素质就会变差。因为空气中的有害物质，如果被人体长期吸入，就会沉淀在人体内。从这个角度看，准妈妈应该待在一些空气清新、环境优美的地方，远离空气污染。这样对宝宝的生长发育有好处。

❀ 温暖的阳光

我们的生命离不开阳光。研究表明，阳光可以促进人体合成维生素 D，还具有很强的杀菌消毒作用。所以，准妈妈适当地晒晒太阳，可以补充维生素 D，杀灭皮肤中的病菌，预防皮肤病的发生。另外有调查显示，经常晒太阳的孕妇患病的概率会远远低于一直在室内待着的孕妇。因此，晒太阳还可以提高准妈妈的免疫力。

❀ 美丽的景色

准妈妈可以在准爸爸的陪伴下漫步街心绿地，游览美丽公园，尽可能多地去接触和欣赏大自然的美景。春天，风和日丽，万物争荣；夏季，缤纷绚丽，灿烂热烈；金秋，天高气爽，硕果累累；冬季，晶莹剔透，蜡梅飘香。这一切都能使准妈妈赏心悦目，有利于胎儿的生长发育。

Day95　来自艺术世界的美

生活不缺乏美，只是缺乏发现美的眼睛。准妈妈如果有一双善于发现美的眼睛，就会发现生活到处都是美。与自然美相呼应的，是人类创造的艺术美。美，是一切艺术的灵魂，也是一切艺术给人以吸引和诱惑的源泉。准妈妈可以和宝宝一起慢慢感受来自艺术世界的美。

🍊 音乐之美

舒缓而优美的音乐能使准妈妈心旷神怡，从而使其情绪达到最佳状态；安静、悠闲的音乐可以给宝宝创造一个平静的环境，使躁动不安的宝宝们安静下来，感受世界的和谐和美好。

🍊 舞蹈之美

舞者曼妙的身姿，身体的和谐律动，戏剧中对"真善美"主题的永恒追求，充满想象的文学殿堂……都能以不同的形式给予准妈妈和宝宝美的享受、美的陶冶。

🍊 绘画之美

欣赏绘画是近年来广受关注的新一代胎教方式。准妈妈们从名画中品味出圆润的线条、色彩的搭配、整体意境的营造，从一种静态的、定格的美丽画面中感受艺术的气息，感受艺术家们用绘画所表现出来的美好世界。

🍊 将可爱的宝宝画出来

准妈妈自己动手画画是胎教的内容之一。画画一方面能提高人的审美能力，产生美感；另一方面画画能释放内心情感，调节被压抑的情绪。绘画胎教的效果显著，即使并不是专业的画家，准妈妈在涂涂抹抹中也可以获得快乐。

即使没有任何绘画基础，孕妈妈也可以拿起画笔画出自己心中的那个最漂亮的宝宝，画的时候还可以在心中描绘宝宝的样貌，让宝宝感受到浓浓的母爱。

Day96　培养宝宝的乐感

很多父母都希望孩子能掌握一门乐器。他们认为学会弹奏乐器不仅能陶冶情操，还多了一门生存的技能。很多音乐老师都表示，人的乐感都是天生的，难以在后天形成。那么为了天生的乐感，准妈妈能不能为宝宝做些什么呢？事实上这是可行的。宝宝的乐感是可以通过胎教来改善的。

常听乐谱

要想培养宝宝的乐感当然要从听开始。多听各种音乐能让宝宝对音准有个大致的了解和记忆，从而提升宝宝的乐感。如果准妈妈早早就想好了让宝宝将来学习哪一种乐器的话，可以有针对性地多听听这种乐器的演奏，从而让宝宝尽早熟悉这种乐器，培养宝宝学习这种乐器的兴趣。

亲自演奏乐器

如果想让宝宝在乐器学习方面先人一步，准妈妈可能就要从自己身上着手了。如果准妈妈本来就会弹奏乐器的话，最好能每天抽出一些时间，专心致志地演奏乐器，让宝宝感受到。如果准妈妈对乐器一窍不通，也可以在孕期参加一个乐器班，学习一些弹奏乐器的基本知识。

听听音乐会

有条件的准妈妈可以带着肚子里的宝宝一起去听音乐会。音乐会的氛围能让宝宝充分感受音乐的美好。同时，这种高雅的氛围也会影响宝宝对音乐的认识，让宝宝对音乐更感兴趣。不过，准妈妈听音乐会的时候最好和家人同行，因为音乐会的场所一般是封闭的环境，有可能会导致准妈妈的不适。同时，准妈妈也最好在宝宝比较稳定的孕中期听音乐会，孕早期、孕晚期都不是合适的时机。

Day97　观看电视有讲究

准妈妈由于孕期活动不方便，往往选择看电视打发时间，可是又会担心电视的辐射对宝宝产生不好的影响。那么电视到底算不算准妈妈应该避开的事物呢？

✺ 巧选择电视节目

电视节目选择不当可能会对宝宝产生不好的影响。准妈妈在看电视的时候，要尽可能选择一些轻松、明快的节目，最好是能让准妈妈自己心情愉悦的并且内容健康向上的节目。要知道，准妈妈在看电视的时候，胎宝宝也在"欣赏"电视节目呢。如果电视节目充满血腥暴力的情节，不仅会导致准妈妈精神紧张，也会影响胎宝宝的正常发育。胎宝宝会因为这种情节而对外界产生负面印象。如果准妈妈有条件的话，可以选择看一些色彩艳丽、线条简单的小动画。这种小动画不仅会使准妈妈心情愉悦，而且可以对宝宝的视觉进行一些刺激，促进宝宝以后的视力发育。

✺ 勿贪看电视节目

现在的电视节目内容丰富，引人入胜。很多

准妈妈一旦坐下来看节目后就不能离开电视了。对于普通人来说当电视一族或许没有什么关系，可是对于准妈妈来说，不可长时间看电视。因为电视情节的连贯性往往会让准妈妈的心绪受到影响，从而导致大脑的疲惫。如果准妈妈一直保持高度集中的精神，身体就会分泌损害宝宝大脑发育的物质。同时，如果准妈妈因为看电视节目而没有好好休息，也会让胎宝宝紧张，从而延缓宝宝的发育。所以如果准妈妈喜欢看电视，一定要提醒自己每看半个小时就起来活动一下，绝对不能让电视节目拖住自己正常睡眠的步伐。

Day98　实施胎教勿心急

胎教是一个长期、平缓的过程，就好像教导孩子学习知识，分为小学、中学、大学阶段一样，胎教也一定要分阶段来进行。宝宝在子宫里发育的时候，往往是按照步骤，一步步地发育。胎教的目的就是顺应这种发育的过程。在合适的时候，准妈妈教导宝宝合适的东西。

可是，很多准妈妈在实施胎教的过程中，期望过高，心态急切，每天都花大量时间给宝宝灌输各种知识，希望宝宝能成为一个神童。事实上，这样的胎教方法不但不会起作用，反而会影响宝宝的正常发育。

研究表明，尽管只是在准妈妈的肚子里，宝宝也是有喜恶观念的：他会对自己喜欢或者讨厌的事物做出不同的反应。准妈妈长期对宝宝进行各种胎教，往往会让宝宝产生厌恶的情绪。这种情绪会导致宝宝对各种胎教产生抵触的情绪，无法接受准妈妈的教育。

同时，这个时期正是宝宝身体迅速生长发育的时候，宝宝需要很多的休息时间。可是准妈妈不停地对宝宝进行胎教，导致宝宝根本没有足够的休息时间，无法正常生长发育，结果往往是得不偿失。

每一位准妈妈都希望宝宝聪明健康。胎教正是帮助准妈妈来实现这一愿望的。可是不正确的胎教方法却只会伤害宝宝。因此准妈妈在实施胎教的时候一定要认真学习胎教的各种知识，掌握胎教的实施方法，然后严格按照胎教方法进行。切忌为了让宝宝更聪明而做过多的胎教。

Day99　情商胎教

情商胎教是什么

所谓情商，是指人在情绪、情感、意志、耐受挫折等方面的品质。情商高的人在这些方面会强于常人，而这些品质又直接影响着人未来的发展。所以说，情商其实对每个人未来的发展都起着至关重要的作用。

情商与先天因素几乎没有关系，也就是说宝宝的情商并不会遗传准爸妈，而是受后天接受的东西影响。从这一点可以看出，情商胎教会对宝宝产生非常大的影响。

跟着做情商胎教

上文可见，情商胎教主要是培养宝宝在情绪、情感等方面的优良品质。那么具体应该怎么做情商胎教呢？

◎ **给宝宝创造一个良好的氛围**。对于宝宝而言，现在的他是一张"白纸"，准爸妈灌输什么，宝宝就会相应地学会什么。要让宝宝在情感、情绪等方面都比较健康，准爸妈当然要首先给予宝宝一个充满爱和信任的环境。要让宝宝感受到这一点也不难，准爸妈经常对宝宝诉说自己的爱意即可。

◎ **准爸妈在繁忙的工作之余，尽量多创造一些与宝宝在一起的时间**。这不仅能让一家三口聚在一起联络感情，也能让宝宝感受到一家人对自己的喜爱和期盼。同时，准爸妈在一起讨论一些开心的话题，不仅会让准爸妈的心情变好，也能让宝宝感受到这样的好心情，从而有利于宝宝情商的培养。

Day100　胎教，快乐就好

由于各种实验都证明胎教确实能对宝宝的生长发育起到正面的促进作用，因此胎教也越来越受到重视。很多准爸妈会搜集各种关于胎教的知识，准备让自己的宝宝赢在起跑线上。可是，过于繁多的胎教名目反而让准爸妈下不去手了。今天给宝宝教这个，明天给宝宝教那个，希望每项技能宝宝都能学会又都能学好。事实上这样反而是最不可取的胎教方法。

胎教是一个长期的过程，因为宝宝现在并没有分析能力，所以胎教大部分都是针对宝宝的记忆能力而制订的。我们都知道，记忆的形成需要长期地、稳定地接收同一种信息。如果准妈妈每天做的胎教方法都不同，很容易让宝宝记忆混乱，产生抵触心理。

于是，为了宝宝的发育，准妈妈应该制订一个科学合理并且稳定的胎教计划。

准妈妈在进行胎教的时候，通过神经和体液的传导作用和宝宝建立了亲密的联系。这种联系会把准妈妈的一切情绪传导给宝宝。如果在进行胎教的时候，准妈妈心情不好，心绪不定，那么这种负面情绪就会直接传导给宝宝。如果在进行胎教的时候，宝宝接收到的都是准妈妈不开心的记忆，那么他也会对胎教产生抵触心理。这样的胎教反而会伤害宝宝。

其实准妈妈没有必要这么在意各种胎教的方式和方法。要知道，胎教最基本的目的就是准妈妈本身要充满快乐。如果准妈妈在进行胎教的时候感觉自己很勉强，那还不如不要进行。准妈妈应该调节好自己的情绪，在自己快乐的时候给宝宝进行胎教。

Day101　家庭和睦是宝宝喜欢的胎教

据国外某机构的研究发现，在美满幸福的家庭中，胎儿会安然舒畅地在母体内顺利成长，胎儿出生后往往聪明健美。而夫妻感情不和，可能会影响胎儿的生长发育。

如果在怀孕早期，夫妻之间经常争吵，孕妇情绪波动太大，可导致胎儿发生唇裂、腭裂等畸形，并能影响胎儿出生后情绪的稳定。

如果在怀孕中晚期夫妻不和而致孕妇精神状态不佳，则会改变胎动次数，影响胎儿的身心发育，胎儿出生后往往烦躁不安，易受惊吓，哭闹不止，不爱睡觉，经常吐奶，频繁排便，明显消瘦等。

那么为什么宝宝和家庭氛围之间会出现如此微妙的关系呢？这是因为：

● 在激烈争吵时，孕妇分泌的物质发生了变化，会影响胎儿。

● 母亲的盛怒可致血管收缩，血流加快，也会祸及胎儿。

● 争吵时父母的高声怒气，对胎儿来说是噪声，会危害胎儿的健康。

夫妻之间想要保持和睦、恩爱不是一日之功，也不是三言两语就能描述清楚的，这需要夫妻双方从婚后到受孕，再到整个怀孕期间，都要互相尊重，互相理解，注重培养双方的感情。

● 千万不要为了一点小事就争吵不休，互不相让。做丈夫的不要动不动就迁怒于妻子，也不要将不良的情绪带回家；做妻子的也不要因为自己怀孕而经常无理取闹，不体谅丈夫在外工作的辛苦。

● 在孕期，夫妻双方除了要心平气和地对待彼此的分歧外，还应该处处以孩子为中心，尽量多地为家庭创造温馨的氛围，使整个家庭在孕期充满温情和爱。

Day102 和宝宝一起短期旅行吧

很多准妈妈认为怀孕就不能到处跑，什么也不能做，于是就整天憋在家里，弄得自己近乎发狂，也直接影响宝宝的心情。其实只要做足准备，准妈妈外出旅行去感受外面的美，对准妈妈和宝宝都是非常有好处的。

旅行前的身心准备

通常来说怀孕中期的 4~6 个月是旅行的最佳时间段，早产和流产的概率相对比较低。在旅行之前，最好跟医生做一次比较全面的咨询，充分听取医生的建议，然后再做出最后的决定。

旅行地点的选择

虽然旅行胎教有好处，但对旅行地点的要求是非常严格的。不要选择传染病流行地区、公共卫生条件差的地方、交通不方便的地方、医疗条件差的地方。出发之前要对目的地的医疗资源有一个全面了解，尤其是能否处理产科和新生儿的问题。另外，高海拔地区氧气不充分，也不适合准妈妈。

旅途中的美丽攻略

外出前，孕妈妈有必要搽一些防晒霜，晚上临睡前敷一次面膜，可对黄褐斑起一定的防治作用。对于已长出黄褐斑的皮肤，可以通过化妆打扮来弥补。但孕妈妈应该化淡妆，切忌浓妆艳抹。护肤品以无香料、低酒精、无刺激性霜剂或乳液为主，尽量不要用美白产品。

若使用的护肤品引起了皮肤异常，孕妈妈要马上停止使用。

选择平稳的交通工具

在出行的时候，选择平稳、少颠簸的交通工具，火车、大型游轮是准妈妈旅行的首选，应该避免选择容易造成眩晕、呕吐的交通工具。乘坐飞机时要尽量选择宽敞、靠近走道的位置，每隔一小时就起来活动一下。

Day103　短途旅行好处多

事实上，由于准妈妈带着胎宝宝短途旅行实在是有些麻烦，因此很多准妈妈觉得与其旅行还不如待在家里给胎宝宝进行胎教活动。其实这样的想法可是错误的哦。要知道旅行胎教带来的很多好处可是其他胎教方法不能带来的。

✳ 新鲜事物能引起宝宝的兴趣

旅行让人兴奋的地方就在于去一个陌生的地方，体验不同的生活，感受不一样的心情。从这个角度来说，带着宝宝去旅行也一样能让宝宝体验到这些不同的感受。这个时候，准妈妈带着宝宝去旅行，能让宝宝感受到不一样的生活，从而引起宝宝的兴趣。换一个角度来说，旅行的风景往往都不同于宝宝平日感受到的，它能引起宝宝的兴趣，从而活跃宝宝的大脑。

✳ 美丽风景刺激宝宝大脑

由于现在大部分准妈妈都生活在城市，很少能进一步亲近大自然，因此准妈妈会选择相对僻静的大自然景区作为短途旅行的地点。这对于宝宝来说可是一个很不错的选择。首先自然风景的绚烂多彩会刺激宝宝的视觉和大脑，让宝宝的身体发育更为迅速。同时，大自然中富含的氧气也是宝宝大脑发育不可或缺的一部分。

✳ 旅行教会宝宝阳光向上

短途旅行不仅能促进宝宝的身体发育，而且能促进宝宝养成阳光向上的性格。首先，准妈妈在旅游的时候往往保持着良好的心绪，这就能促使宝宝的情绪健康。其次，在旅行的时候准妈妈往往会接触到不同的人，体验到不同的风俗人情。这些热情的人们都会使宝宝感受到不同以往的、快乐健康的情绪。这样的情绪有助于宝宝感知外部世界的温暖，从而在出生后养成良好的性格。

Day104　准妈妈孕期出行小贴士

准妈妈的孕期出行可是一件大事。由于带着肚子里的宝宝，因此准妈妈出行有很多需要注意的地方。

❂ 舒适的穿着

准妈妈要出行之前必须保证鞋子舒适、安全，千万不要为了美丽时尚穿上高跟鞋。要知道，准妈妈穿着高跟鞋，一旦摔跤，可是会有失去宝宝的风险。同理，为了避免准妈妈跌倒，准妈妈最好穿鞋底经过防滑处理的鞋。另外，准妈妈选择有弹性、用柔软材料做的鞋，能减轻脚的疲劳。

衣着以穿脱方便的保暖衣物为主，如帽子、外套、围巾等，预防感冒。

❂ 不饿肚子

准妈妈常常会感到饥饿，总是想吃东西。而如果正好在外出阶段，很多准妈妈就会硬撑着不吃。这是完全不可取的。如果准妈妈硬撑着不吃东西的话，对准妈妈和宝宝的健康都很不利。宝宝不能在合适的时候获得所需的营养，也就不利于自身的生长发育。因此准妈妈在临行前一定要在包里放些干果和小点心等健康小零食，也可以带一小袋奶粉，预备在没有鲜奶的时候喝。

❂ 谨慎选择住所

如果外出需要过夜的话，准爸爸和准妈妈就要格外注意了。应避免前往岛屿或交通不便的地区，不可前往蚊蝇多、卫生差的地区，更应避免传染病流行的地区。因为准妈妈此时的抵抗力弱，一旦感染很容易影响胎宝宝，极有可能造成不可想象的后果。如果准爸爸和准妈妈选择在孕期旅游的话，一定要注意选择干净和交通方便的旅馆。

Day105　意念胎教

意念是一种力量，每个人都具有这种力量。准妈妈可以运用这种力量，将美好的愿望、祝愿传递给胎宝宝，在胎宝宝身上起作用。准妈妈可以经常想象胎宝宝，一张可爱的脸蛋、健康的体魄、聪明的脑瓜……

此外，准妈妈要经常想象美好的事物，如名画、风景、优美音乐、文学作品和影视中美好的镜头，以及与家人外出旅游或与朋友一起嬉戏的欢乐场景，使自己的情绪达到最佳状态，促进体内有益激素的分泌，从而对宝宝的生长发育施以积极的影响。

⊛ 形象设计

从受孕开始，夫妻双方就可以共同为将出生的孩子做形象设计：取各人相貌中最理想的部位加以组合，想象成未来小宝宝的可爱形象，或找一张最喜爱的宝宝画像挂在卧室里，经常看看。

⊛ 手

准妈妈安稳地坐下后，两只手放在距离胸前5厘米左右的地方，然后闭上眼，用心感觉双手的部位，感受充斥在双手间的气息，先合掌，然后再慢慢地张开双手。当精力比较集中的时候，准妈妈就可以进行想象了。

⊛ 脑呼吸

准妈妈可用意念胎教的方法使胎宝宝发育得更加完善，最常用的是脑呼吸。脑呼吸方法是首先熟悉脑的各个部位的名称和位置，闭上眼睛，在心里按次序感觉大脑、小脑、间脑的各个部位，想象脑的各个部位并叫出名字，集中意识。这样做可提高注意力，能清楚地感觉到脑的各个部位。

刚开始做脑呼吸时，先在安静的气氛中简短做5分钟左右，逐渐熟悉方法后，可增加时间。在吃饭前，身体轻快的状态下，做脑呼吸更有效果。准妈妈还可以通过脑呼吸和胎宝宝进行对话，想象一下肚子里的胎宝宝，想象胎宝宝的各个身体部位，从内心感觉胎宝宝。如有胎宝宝超声波照片的话，更容易想象胎宝宝的形象。

Day106　和宝宝一起展开想象

怀孕中期，准妈妈的各方面都比较稳定，心情也慢慢平复。这个时候准妈妈也很容易在平静的心情下为胎宝宝展开丰富的想象。准妈妈的想象能力在这个时期将会有很大的突破。

宁静的环境

想象胎教要选择在一个宁静的环境中进行，这样胎教的效果才会好。准妈妈首先采取轻松的姿势，想象胎宝宝的样子，甚至是小小心脏的跳动。于是准妈妈跟胎宝宝之间便会产生传递爱意的精神回路。

强化准妈妈的意念

准妈妈可以将孩子的形象具体化，想象孩子应具有什么样的面貌，什么样的性格，什么样的气质，等等。准妈妈常常看一些自己喜欢的儿童画和照片。仔细观察夫妻双方以及双方父母的相貌特点，取其长处进行综合，在头脑中形成一个清晰的宝宝印象，并反复进行描绘。

在欣赏中展开想象

欣赏美好的事物能够陶冶人的情操。准妈妈拿起一本好书，投入地看下去，在阅读的过程中展开想象，这既可以使准妈妈本身得以充实、丰富，也可以熏陶腹中的宝宝，从而刺激胎宝宝的生长，促进其大脑发育。

美好的愿望

准妈妈可以和准爸爸一起想象宝宝降临后的幸福生活，把对将来三口之家的美好憧憬作为想象胎教。准妈妈良好的心态、愉快的情绪，将促进宝宝神经系统的发育。

Day107　心无杂念

意念胎教最重要的就是准妈妈要保证自己的心境没有杂质，不会乱想。对于胎宝宝来说，他能感受到准妈妈的每一丝念想。如果准妈妈在给宝宝做意念胎教的时候产生了负面情绪，很容易就会传递给宝宝，从而增加宝宝的负面情绪。另外，这种负面情绪也会使宝宝对外部世界没有安全感，宝宝出生后爱哭爱闹。

所以，准妈妈要想让意念胎教效果好，就一定要在进行意念胎教的时候保证自己所想所念都是健康向上的，也绝对不会在胎教进行过程中走神。只有专心致志地进行意念胎教，才能使宝宝感受到准妈妈想象中的事物。

那么，到底怎么样才能做到心无杂念呢？还是有一些小技巧可以帮忙的。

◎ 准妈妈在进行意念胎教之前，最好把自己心里所想的事情都办完，这样心里就不会老记挂着这些事情，从而能够集中注意力。

◎ 准妈妈在进行意念胎教前先进行深呼吸。深呼吸能帮助准妈妈将心中的杂念抛开，从而将注意力集中在即将进行的意念胎教上。

◎ 准妈妈要时刻告诉自己，没有什么事情比宝宝更重要。这样的自我暗示能够帮助准妈妈更看重意念胎教，从而间接排出杂念。

◎ 选择安静又没有人打扰的环境。准妈妈最好能选择没有旁人在的环境，或者只有准爸爸在旁协助的环境，这样能更好地开始做意念胎教。

◎ 将宝宝想象成能和自己对话。不要以为宝宝现在什么都不知道，其实准妈妈的每个想法都是可以传达给宝宝的。有了这样的意识，准妈妈可以在做意念胎教时更为投入，从而使意念胎教的效果更好。

Day108 "白日梦"也是胎教

准妈妈是不是经常在开会、工作、做家务的时候发呆、开小差呢？如果是这样，也不要为此感到内疚。因为研究发现，人做白日梦是因为大脑中的"暂停装置"在起作用。所以处于人生关键期的准妈妈在工作中偶尔做个"白日梦"，让自己的身心休息一下非常有必要。准妈妈也可以适当地做做"白日梦"，将意念传递给腹中的小宝宝。

特别是职业准妈妈，如果在工作中感到疲倦不支，可向同事说明情况，在休息室小憩片刻，补充精力。另外，如果长时间在办公室工作，每天一定要抽出时间到户外散散步，补充氧气。这样既可赶走困倦，也可使腹中的胎宝宝受益。保证充足的睡眠。准妈妈可以在中午安排一个短暂的午睡。在做这些的时候准妈妈一定要记住，丢开工作中的烦恼和忧愁，多想些积极、健康的画面，让肚中的宝宝跟着准妈妈一起转换心情。

下面，我们来学着想象一个自己想去的地方吧。

首先躺好，凝神不让自己受杂物或杂事的干扰。

接着准妈妈会看见什么？有座山，有条河，有一个人。是一座很大的森林，还是白雪皑皑？充分展开想象，让肚中的宝宝跟着准妈妈一块感受。

以此类推，准妈妈闲暇的时候也可以想象一下别的东西或事情，切记要让肚中的宝宝跟着准妈妈一块去感受。

Day109　职场准妈妈胎教指南

怎样才能让职场孕妈咪轻松做胎教、快乐做胎教呢？

其实，胎教的具体内容和做法都不是最重要的，重要的是给胎宝宝最美好的良性刺激。科学研究证明，在妊娠期间对胎儿反复实施良性刺激，才可以促进胎儿大脑的发育，才有提高胎儿智商的作用。所以，职场孕妈咪的胎教可以基于这一点做出灵活的安排。

行为胎教： 转变以往不良的生活习惯，特别是有熬夜习惯的职场孕妈咪，工作再忙也不能不顾及腹中的胎儿，早点睡觉对自己好，对胎儿也好。最佳的上床时间是晚上 10 点钟左右，保证睡好子午觉（晚 11 点—凌晨 1 点）。

抚摩胎教： 应在怀孕 24 周后进行，可在每天起床和睡觉前进行，5 分钟左右足矣，切忌饱食后进行此项胎教。

音乐胎教： 可以选择每天晚上入睡前进行，不仅可以缓解一天的工作压力，还能帮助入睡。注意音乐的音量不宜过大，听音乐的时间不宜过长。

语言胎教： 在听音乐的时候可以给宝宝读一些童话故事，唱唱儿歌，也可以给他朗诵一些优美的散文、动人的小说。

环境胎教： 保持平和的心态，营造温馨融洽的家庭氛围和工作氛围，避免辐射和不良环境的侵害。

光照胎教： 医师指出，胎儿从怀孕第 16 周开始就有视觉。用光线照时，胎儿能够感觉到光线的变化。用微光穿过肚皮稍做刺激，可以促进胎儿视觉的发展。当胎儿处于活动状态时，用手电筒的微光持续照射，胎儿可能会通过转身来回应。不过光线不宜太强，也不能照射太久。

Day110　准妈妈是胎教的最佳女主角

　　胎教是父母给宝宝的最早期教育。在这一个阶段，宝宝所接收到的知识会影响其一生。准妈妈是胎教的最佳女主角。因为准妈妈的一言一行会对宝宝产生直接的影响。但是，如果准爸爸和准妈妈能一起对宝宝进行胎教训练，那么胎教的效果会更好。

🍊 胎教，从准妈妈开始

　　由于宝宝和准妈妈的联系紧密，因此，为了宝宝各方面的发展，准妈妈要从自己身上开始着手。在平时的生活中，准妈妈应加强知识和道德方面的修养。准妈妈在孕期所学习的知识，都会通过神经体液传播给宝宝，让宝宝在出生之前就对各种知识产生记忆。另外，孕期准妈妈在道德方面的修养，更是可以直接影响宝宝的道德修养。

　　除了知识的学习和道德的修养以外，准妈妈更要培养自己良好的行为习惯。有研究表明，宝宝出生后的习性和准妈妈在孕期的习性有很大程度的相似。因此，与其在出生后纠正宝宝不好的生活习性，还不如在出生以前就从准妈妈自身出发，养成好的生活习惯，让宝宝在不知不觉中就能拥有良好的生活习性，提高生活品质。

🍊 和准爸爸一起做胎教

　　如果准爸爸和准妈妈能一起对宝宝进行胎教训练，那么胎教的效果会更好。这是因为准爸爸的音质、语调、性格和情感与准妈妈的区别很大。如果由准爸爸一个人进行，产生的刺激会比较单一。而如果准爸爸和准妈妈相互配合，就能从多方面影响宝宝，更有利于宝宝全面均衡发展。由此可见，胎教的女主角虽然是准妈妈，可是准爸爸也是胎教中不可或缺的人。

Day111　和宝宝互动：指按法

孕早期的宝宝较为敏感，准妈妈可能不敢随意触碰宝宝。不过到了孕四月，准妈妈就可以尝试着和宝宝互动了。这不仅有助于宝宝的健康，也可以促使准妈妈和宝宝的感情升温。今天就为准妈妈介绍一下指按法。准妈妈可以用这个方法和宝宝一起互动。

在进行指按法之前，准妈妈应该先进行爱抚法，让宝宝感受到准妈妈的爱。做完爱抚法之后，准妈妈可以用食指或者中指轻轻触摸胎宝宝，然后放松。因为动作比较轻柔，所以宝宝一开始不会有明显的反应。

不过等到准妈妈手法熟练之后，宝宝很可能会对准妈妈做出回应。如果准妈妈每次触摸到宝宝，宝宝都会用胎动作为回应的话，就说明宝宝比较喜欢这样的胎教方法，准妈妈也可以放心地进行。但如果准妈妈一进行这样的胎教，宝宝就"拳打脚踢"，反应剧烈，准妈妈就应该停止动作。

在确定宝宝喜欢这样的胎教方法后，准妈妈可以在原来的基础上稍微增加一点点力量，将抚摩改为按压，动作一定要轻柔。一般来说，对宝宝进行按压，宝宝会产生一定的又有针对性的反应。比如说，如果妈妈按压自己腹部的左边，宝宝一般会在同样的位置"回击"一下，这就是准妈妈和宝宝的互动。

不过这种胎教方法相对而言过于刺激，并不适合进行太长时间。准妈妈应该在胎动最多的晚上进行按压，每次也只能进行3~5分钟。过长的胎教时间会造成宝宝的疲惫和准妈妈身体的不适。在进行指按法的时候准妈妈也要随时注意宝宝的胎动情况。一旦宝宝表现出了不喜欢就立刻停止，不要勉强宝宝。

Day112　准爸爸做胎教

胎教从来都不是准妈妈一个人的事情。在孕期夫妻双方一起进行胎教，不仅可以促进宝宝更全面、更健康的生长发育，也能让夫妻双方的感情更为融洽。其实有些胎教少了准爸爸可是万万不行的。

🍊 对话胎教

有很多研究表明，宝宝在子宫内的时候最适宜听中、低频率的声音，而男性的说话声音正是以中、低频率为主。这也就是说，准爸爸的声音更能刺激宝宝听觉。因此，准爸爸最好能坚持每天对子宫内的宝宝说说话。

🍊 抚摩胎教

为什么宝宝跟妈妈在一起时一般都不爱哭，可是跟爸爸在一起的时候就爱哭爱闹呢？其实是因为胎教时期准爸爸没有准妈妈和宝宝的联系多，宝宝对爸爸的记忆少，没有安全感，更爱哭闹。为了能让宝宝记住准爸爸，准爸爸也应该经常对宝宝进行抚摩胎教。在进行胎教前告诉宝宝，这是准爸爸在抚摩宝宝，然后用轻柔的手法抚摩准妈妈的腹部。

🍊 情绪胎教

这里说的情绪胎教和准妈妈的情绪胎教就有所不同了。准爸爸的情绪胎教是通过对准妈妈的情绪进行调节，使准妈妈保持良好的心情，从而促进宝宝的大脑发育。

准妈妈在孕期长期面对准爸爸，又因为孕期的种种不适往往会和准爸爸起争执。这个时候准爸爸要控制好自己的情绪，尽量让着准妈妈，一定不能和准妈妈发生争吵，要时刻记住宝宝就在准妈妈的肚子里。在平时的生活中，准爸爸也可以尽量通过一些小惊喜让准妈妈保持心情的愉悦。

第五部分

宝宝可以学更多东西啦

Day113　抓住胎教的最佳时期

到第四个孕月末，多数孕妈妈已能明显感觉到胎动。准妈妈把手放在腹部，感受着小生命的蠕动，内心的激动和幸福是无法用语言描述的。再加上此时孕妈妈没有了早孕反应，处于一个相对稳定的时期。此时，准妈妈可以开始做更加复杂的胎教活动了。

酌情加强音乐胎教

如果之前还主要是孕妈妈通过听音乐来调节心情，那么这个时候就是胎宝宝和准妈妈两个人同时听音乐了。除了原先常听的胎教乐曲外，孕妈妈还可以根据孕周酌情添加新的乐曲，也可以由孕妈妈自己哼唱，会让胎宝宝感受更深。

每天进行语言交流

当胎宝宝活动频繁时，孕妈妈可以用亲切、柔和、舒缓的声音同胎宝宝交流，讲述一天中美好的所见所闻，也可以是一则家喻户晓的童话故事，还可以是脍炙人口的诗词歌赋。

抚摩活动的四肢

胎宝宝的胎动会在某一个时间段明显加强。摸准规律的孕妈妈也可以有意识地去抚摩胎宝宝，特别是胎宝宝最爱活动的胳膊、腿等，会让胎宝宝感觉舒心又放松。有机会的话准妈妈也可以与胎宝宝做游戏，让胎宝宝提前做个运动"达人"。

加强自身运动

随着孕妈妈的肚子一天天"圆润"起来，孕妈妈也慢慢地变得慵懒，不爱运动。这个时候千万不能如此，准妈妈要有意识地去运动。

Day114　十月胎教与十年教育

　　现代社会，很多准爸妈已经认识到胎教的重要性，并对宝宝实施胎教了。但是准爸妈确实了解胎教吗？有专家认为，10 年的教育可能还抵不上 10 个月的胎教。这句话说明 10 个月的胎教对宝宝的一生都是非常重要的。事实上，现在一些专家认为，怀孕之后再进行胎教就已经晚了。最好是从制订怀孕计划的时候就制订好胎教计划，这样才能使胎教有最直接、显著的效果。

🍊 胎教有助于宝宝健康

　　胎教能直接影响宝宝的身体健康。有研究表明，接受过良好胎教的宝宝出生后身体更健康。

　　另外，研究也表明，准妈妈在孕期的情绪胎教也会影响宝宝的健康。准妈妈在孕期如果精神压力过大，长期紧张抑郁，宝宝出生以后患有精神疾病的可能性会增大。

🍊 胎教有助于提高宝宝智商

　　除了身体因素，胎教还会影响宝宝的智力。有一位科学家得出过这样的结论："人类的智力只有 48% 受遗传因素影响，剩余 52% 与胎内环境有关。"这充分说明了胎教的重要性。准妈妈可以在孕期对宝宝进行识字、绘画、记忆等方面的胎教训练。

　　虽然宝宝还不能理解这些内容，但是却会在潜移默化中对这些符号留下记忆。在宝宝出世后重新接触这些内容的时候，这些记忆都会产生作用。

　　事实也证明，对于很多胎教时教过的内容，宝宝在出世以后就会更容易接受。从这些结论中，准妈妈是否明白了胎教对宝宝的重要意义呢？不管怎样，准妈妈一定要好好对宝宝进行胎教。

Day115　游戏胎教好处多

由于孕五月的宝宝已经趋于稳定了，因此准妈妈不用像孕早期一样过于担心宝宝了。同时，因为这个时候也是宝宝各方面器官发展的阶段，可以说是胎教的黄金时期，所以准妈妈一定不要错过此时期。宝宝现在已经能感受到准妈妈的抚摩了，有的时候还能给出一点回应哦。所以准妈妈要抓住这样的机会，对宝宝进行游戏胎教吧。

所谓游戏胎教，就是通过亲子互动游戏来刺激宝宝脑部的生长发育。这与触摸胎教有一些相同的地方，但是游戏胎教可以使宝宝对准妈妈给予的刺激做出一些回应。这样更有利于宝宝的脑部发育。同时，准妈妈也可以通过宝宝回馈的信息来推测宝宝的发育状况。

游戏胎教的好处可不止这一些。准妈妈愉悦的情绪能对宝宝产生好的影响。另外，宝宝也渴望和准妈妈有一些交流。事实上，很多 B 超都显示：宝宝在准妈妈肚子里，打哈欠、玩弄脐带等。这些都说明宝宝喜欢动一动。因此，准妈妈和宝宝做游戏正好符合宝宝的心意。

从另外一个角度来说，准妈妈与宝宝之间玩游戏也能促进宝宝器官的协调发展。因为如果宝宝能根据妈妈所做出的动作来回应，即使是一个小小的动作也是牵动了宝宝的各个器官。宝宝每做一次游戏都会锻炼一次自己的身体和反应神经。这对宝宝的身体和大脑发育都非常有好处。

最后一点当然就是游戏胎教能够使准妈妈和宝宝之间的感情更深厚，使宝宝感受到准妈妈的爱意，从而让宝宝更安稳地在妈妈肚子里成长，形成一个健康向上的性格。

说了这么多游戏胎教的好处，其实就是为了告诉准妈妈，在现在这个阶段，可以多和宝宝进行互动，让宝宝做出回应。这样胎教将不再是准妈妈一个人的事，而是充满了惊喜的双方互动游戏。

Day116　游戏胎教

要怎么进行游戏胎教才会对宝宝起到较好的作用呢？下面就来介绍一下。

🍊 简单易行的游戏胎教

● 制造一个气氛良好的环境。游戏胎教最好是在气氛良好并且有适宜音乐的环境中进行。

● 准妈妈可以用一只手轻轻压住腹部的一边，然后用另一只手压住腹部的另一边，轻轻挤压，感受宝宝的反应。这样做几次以后，宝宝就可能会用手或者脚顶妈妈的手。

● 准妈妈可以有节奏地轻轻拍打自己的腹部，感受宝宝的反应。通常重复几次后，宝宝会记住这个节奏并且产生反射性动作。

● 准妈妈可以找准一个地方拍一下肚子，然后换一个地方再拍一下。宝宝会跟着准妈妈的动作回踢妈妈。

🍊 做游戏胎教时需要小心

● 拍打、按压动作要轻柔。准妈妈在和宝宝做游戏的时候，一定要想到宝宝现在虽然发育得很好，但还是很脆弱的。准妈妈要是动作太重了，会伤害到宝宝的器官组织。

● 当宝宝不稳定时千万不能做游戏胎教。这里所说的宝宝不稳定是指一些准妈妈有先兆流产、早产的经历，又不能确定宝宝在现阶段是否稳定，此时绝对不能做游戏胎教。

● 注意游戏时间长短。准妈妈和宝宝做起游戏来，有时候会高兴得忘了时间，导致游戏时间过长，这对宝宝是不利的。游戏时间最好以5~10分钟为宜。

● 睡前不宜做游戏。准妈妈应该谨慎选择做游戏的时间。睡前做游戏的话会让宝宝的精神过于亢奋，即使游戏停止了，宝宝也无法入眠，从而不能让宝宝得到应有的休息。

131

Day117　运动胎教好处多

运动胎教是指准妈妈适时、适当地进行体育锻炼，同时帮助宝宝活动，以促进宝宝大脑和肌肉的健康发育。运动胎教可以说是孕五月最重要的胎教方式之一。

🍊 让胎宝宝更聪明

运动除了能增强宝宝的血氧含量之外，还能通过准妈妈为宝宝提供营养，促进宝宝的健康发育。同时，在运动的时候，子宫里的羊水会轻微地晃动，这种晃动可以刺激宝宝全身的皮肤，就好像是给宝宝做按摩一样。

🍊 增强准妈妈自然分娩的自信心

很多准妈妈会害怕分娩的过程，担心疼痛。对于这个问题运动胎教也可以解决。运动胎教可以增强准妈妈腹肌、腰背肌和盆底肌的力量和弹性，使准妈妈的关节、韧带变得柔软、松弛，有利于分娩的时候放松肌肉，减少产道阻力。这也就能增加宝宝顺利分娩的概率，使宝宝更健康。

🍊 促进胎宝宝正常发育

适量、适当的运动能增强准妈妈自身的健康。在运动的时候，准妈妈的身体会加快新陈代谢，从而增强宝宝的血氧含量，促进宝宝的生长发育。从另一个角度来说，运动能使准妈妈的心情舒畅，这种良好的心绪也有利于宝宝未来形成良好的性格。

🍊 减轻孕妈妈的身体不适

适量运动能增强准妈妈的新陈代谢和心肺功能，防止准妈妈便秘和静脉曲张的发生，并可以减轻妊娠引起的腰痛、腰酸和腰部沉重等症状。

Day118　开始重视运动胎教

由于运动胎教的好处多多，因此准妈妈应该从现在开始就对宝宝进行运动胎教。

🍊 游泳

游泳比较适合孕中期的准妈妈。因为水的浮力比较大，水中的运动可以增强肺活量，以此来改善准妈妈孕期的种种不适。但需要注意做好安全措施，准爸爸可以陪同准妈妈一起游泳，并随时关注准妈妈的变化。

🍊 孕妇瑜伽

孕妇瑜伽是对分娩很有好处的胎教活动，它能帮助准妈妈锻炼身体的肌肉，方便日后分娩。同时，瑜伽本身还可以使准妈妈心境平和，产生正面情绪，促进宝宝的生长发育。但是准妈妈做瑜伽的时候一定要遵守适量原则。如果在做瑜伽的过程中有宫缩情况出现的话，就一定要立刻停下来。

🍊 户外散步

准妈妈早晚到户外去散步，一方面可以呼吸新鲜的空气，促进准妈妈对体内钙质的吸收，也

可以让宝宝多多吸收氧气以促进大脑发育；另一方面散步也可以促进宝宝胎头的下降，这样就能增加自然分娩成功的概率。

🍊 孕妇操

孕妇操一般都比较简单，主要有以下几种：

● 准妈妈仰卧，屈起双膝，将手指立于离嘴约30厘米的地方，把手指视为蜡烛，为吹熄烛火而用力吸气。

● 准妈妈屈起单膝，将膝盖慢慢向外侧放下，左右各10次。之后屈起双膝，左右摇摆，慢慢放松，左右各10次。

● 准妈妈屈起单腿，伸展，屈起，伸展，这样重复，左右各10次。然后将双腿屈起，单腿上抬，放下，上抬，这样循环，左右各10次。

Day119　运动胎教的注意事项

虽然运动胎教的好处多，但是如果实行的方法不对也很容易给宝宝造成重大伤害。因此准妈妈在实行运动胎教的时候一定要注意方式。

选择合适的运动方式

即使现在宝宝已经比孕初期稳定很多了，准妈妈也仍然要注意不能做一些太剧烈的运动。毕竟这些运动对脆弱的宝宝来说，还是风险性很大的。准妈妈要注意避免参加会使自己摔跤或者失去平衡的运动，这些运动一旦真的使准妈妈受到巨大撞击，很可能会造成不能挽回的后果。另外，需要搬重物或者进行负重的运动都不适宜准妈妈。为了宝宝的健康，准妈妈要选择温和的运动方式。

运动时不忘监督自己

准妈妈在运动的时候要留心自己的身体状况。就算是运动胎教，准妈妈也要注意运动时心率不能过快。心率过快会使胎宝宝产生压迫的感觉，不利于胎宝宝成长。一旦在运动的时候准妈妈感觉晕眩、恶心或疲劳，就应该立即停止运动。准妈妈一旦发现自己腹痛或者阴道出血要立即去医院检查。

运动装备很重要

准妈妈在运动前应该注意着装的舒适宽松，不要让服装压迫到宝宝。准妈妈要挑选合脚、轻便的鞋子，尽量让自己运动时没有负担。

合适的运动环境

有条件的准妈妈最好去户外空气清新的地方进行运动胎教。因为空气清新的地方含氧量比较高，有助于准妈妈和宝宝的健康。最好挑选有太阳但是阳光又不过于强烈的地方，因为适当的阳光有助于准妈妈对钙质的吸收，又能防止准妈妈晒伤。准妈妈注意不要去太偏僻的地方。最好能有人同行，以免一旦发生意外，准妈妈寻求不到帮助。

Day120　准妈妈并非不可以做家务

很多准妈妈在怀孕之后，成为全家人的重点"照顾"对象，什么事情都不用做，哪里都不许去。其实这种"过分照顾"的方式，对准妈妈来说是没有益处的。相反，让准妈妈动一动，更有利于准妈妈和宝宝的健康。

⊛ 做饭

做饭这项家务活并不是很适合准妈妈来做。首先做饭的时候烟雾比较浓，这种因为油烟而产生的烟雾对准妈妈和宝宝的健康都是非常不利的。另外厨房里的气味可能会加重准妈妈的孕吐反应。

⊛ 洗衣服

洗衣服对准妈妈来说属于不适宜的家务。洗衣粉中的化学物质成分复杂，会影响到宝宝。另外，用冷水洗衣服，这也不适合准妈妈。如果一定要洗，准妈妈要注意不能用搓衣板顶着腹部，以免压迫到宝宝。另外晒衣服的时候，准妈妈也不要向上伸腰，小心伤害到宝宝。

⊛ 打扫卫生

打扫卫生包括的内容比较多，准妈妈一般可以从事一些擦家具、扫地、拖地的工作。这些家务较为简单，并且能起到一定的运动作用。但是准妈妈要注意一定不能攀高爬低地打扫卫生，也不要去搬重物，这些都可能产生危险。在擦家具的时候，准妈妈也不要强迫自己擦过低的地方，因为蹲着会压迫肚子，从而对宝宝产生不好的影响。

⊛ 外出购物

外出购物其实是比较适宜的活动。准妈妈可以通过购物舒缓身心，又能达到适量运动的目的。

Day121　数数宝宝的胎动

准妈妈记录宝宝的生活是非常有意义的一件事。那么这里就要提到记录宝宝的胎动了。准妈妈通过记录胎动能知道很多事情，同时也能为医生提供一份很好的资料。

什么是胎动

胎动是指宝宝在子宫内的活动。生活中准妈妈经常能感觉到宝宝动了一下或者踢了自己一下，这个就是胎动。胎动是检测宝宝活动情况的重要指标，这也是准妈妈应该坚持记录胎动的原因。正常来说，准妈妈在一个小时内能感到宝宝动了大概3~5次。不过这个次数也会随着妊娠周数的增加而增加。如果准妈妈能感觉胎动有规律，有节奏，比较稳定，就证明宝宝的发育是正常的。

胎动的重要性

准妈妈能通过胎动得知很多关于宝宝的信息。如果胎动减少，那么很可能是因为胎盘的功能减弱，宝宝宫内慢性缺氧或者宫内窘迫。要知道，胎动如果完全停止，12~24小时内宝宝的胎心就会消失。因此准妈妈要格外注意这一点，一旦发生了状况要立即去医院。另外一点就是胎动过于频繁往往是胎动消失的前期症状，准妈妈也应该给予重视。

记录胎动

为了能观察宝宝的活动状况，准妈妈需要好好记录宝宝的活动习惯，也就是记录胎动。记录胎动并不是宝宝动一次，准妈妈就记录下来。它需要按照科学的方法。

从妊娠28周开始至临产，孕妇每天上午8~9点，下午1~2点，晚上6~7点，各计数胎动1次，每次计数1个小时，3次计数相加乘以4，就是12小时的胎动数。如果每日计数3次有困难，可于每日临睡前1小时计数1次。将每日的数字记录下来，画成曲线。计数胎动时，孕妇宜取左侧卧位，环境要安静，注意力要集中。

Day122　现在开始做助产操

身体没有不适的准妈妈可以在怀孕的第 5 个月尝试做助产操，这样可以放松身体，为顺利分娩做准备。

第一节：颈部运动

坐直或站立，头部下垂，尽量让下巴触胸，做深呼吸数次，使全身放松，将头由右慢慢转到左侧，再由左侧转回原位。每天早晚各做 5~6 次。

第二节：肩部运动

坐直或站立，两肩竖起，然后双肩做绕圈子运动，每天早晚各做 5~6 次。

第三节：扩胸运动

普通站立姿势，双手在胸前乳腺处交叉，挺起胸，双手向后方拉伸 4 次，每天早晚各做 5~6 次。

第四节：腹部运动

身体平躺，头部可略垫高，双腿屈曲，脚掌平放，双手放在腹部，先做一次深呼吸，然后一直吐气，直到感到没气可吐了，再做最后冲刺，吐气一次，此时双手能感到腹部的肌肉在收缩。想要放松时，准妈妈可以做腹部运动。

第五节：腿部运动

身体平躺，可适当垫高头部，双腿交替做骑脚踏车动作。每天早晚各做 1 次。

第六节：骨盆运动

两腿分开跪下，胸部向下，用两只手支撑上身，一边吸气，一边抬头，同时背部下陷与臀部呈 U 形，然后背部弓起如猫，臀部不能隆起，同时嘴里往外吐气。每天早晚各做 5~6 次。

第七节：脚踝运动

站立姿势，双手背在后腰上，两只脚交替做绕圈旋转，锻炼脚踝，每天各做 5~6 次。

Day123　音乐胎教

音乐胎教能刺激宝宝听觉的发育。

⚙ 选择音乐要谨慎

在做音乐胎教时，选择音乐一定要谨慎，并不是所有的音乐都适合宝宝听。节奏舒缓的音乐能调节准妈妈情绪，产生宁静、舒适的感觉，使宝宝安静下来。

同时这种舒缓的音乐也可以通过准妈妈的腹壁传给宝宝的听觉系统。这种乐曲能激发宝宝对声波的良好反应，让宝宝的大脑健康发育。另外，节奏过于快或者音频过于高的音乐，不适合准妈妈和宝宝欣赏。

⚙ 各种方式齐上阵

选择好了合适的音乐，就要解决怎么让宝宝听的问题了。最常见的方法是用各种设备放给宝宝听。准妈妈可以选取合适的时间，舒服的休息姿势，把选好的乐曲用合适的音量播放出来，让宝宝听。

还有一种方法就是准妈妈亲自唱给宝宝听。由于宝宝和妈妈联系紧密，妈妈在唱歌的时候，感情会直接传递给宝宝，让宝宝感受到妈妈的爱意。

⚙ 音乐胎教有误区

音乐胎教做起来简单，但是产生的误区也不少。最主要的误区就是很多准妈妈在进行音乐胎教的时候，没有和播放器保持合适的距离，以为自己能接受的音量，宝宝也能接受。

事实上，由于宝宝的听觉系统刚刚开始起动，过大的音量很容易损害宝宝的听觉系统。所以，在给宝宝进行音乐胎教的时候，准妈妈一定要和播放器保持适当的距离，也要注意播放器的音量不能过大。

Day124　音乐胎教的误区

音乐胎教的误区很多，下面就为准妈妈们介绍一下。

离声源过近

准妈妈在给宝宝听音乐的时候，喜欢将播放器或者耳机贴在肚皮上，认为这样音乐声离宝宝更近，效果更好。其实这就是一个误区。宝宝在发育时期，各种器官都很稚嫩，离声源过近，很容易刺激到宝宝的耳膜，损伤宝宝的听力。同时，离各种播放器过近，电磁辐射等也容易损害宝宝的身体。其实正确的做法应该是准妈妈自己听音乐或者外放，让宝宝间接地感受音乐。

世界名曲都是合适的

很多准妈妈知道一些世界名曲可以作为胎教音乐。可是世界名曲都适合做音乐胎教吗？其实这些优秀的作品有很多不同之处。有的音乐表现得很激烈，有些音乐表现得很悲伤。孕期的准妈妈为了宝宝的发育，应该多听积极向上的乐曲。所以，准妈妈应该挑选合适的世界名曲，而不是认为世界名曲都适合做胎教。

听音乐时间长

因为音乐胎教好处多多，所以很多准妈妈非常喜欢长时间给宝宝听音乐。这也是一个误区。因为音乐胎教的时间不是越长就越好。宝宝还在发育期间，充足的休息是很有必要的。每天长时间给宝宝播放音乐，往往使宝宝得不到充足的休息，从而影响宝宝正常的发育。

尽早开始音乐胎教

很多准妈妈从怀孕初期就开始进行音乐胎教，她们认为早开始就能让宝宝早熟悉。事实上这种做法是错误的。因为早期的宝宝才刚刚开始发育。在孕早期给宝宝进行音乐胎教，会影响宝宝的正常发育。

Day125　视觉胎教

现在的胎教方法众多，其中有一种胎教方法就是视觉胎教。那么何谓视觉胎教呢？顾名思义，视觉胎教应该是指从视觉上培养胎儿大脑发育的一种胎教方法。那么它具体又包括哪些内容呢？

❂ 视觉胎教的范围广

视觉胎教包括的范围很广。准妈妈去文化馆或美术展览馆欣赏各类艺术品可以算是视觉胎教。编中国结、绣十字绣、折纸、剪纸和制作陶艺也都属于视觉胎教的范畴。此外，和所爱的人看一场温馨、浪漫的电影，一起欣赏迷人的湖光山色、诱人的城市夜景，或者看一看过往的美好照片，这些都属于视觉胎教。

由此可见，视觉胎教是指准妈妈利用那些美好的人或物来获得一种审美感受的胎教方法。

❂ 准妈妈自己动手画画

视觉胎教中又包括一类需要准妈妈亲自动手且刺激视觉感的方法——绘画胎教。可能我们小时候都有过随时随地涂鸦的经历，在学校里也接受过美术教育，那么准妈妈们，不妨发挥你们的艺术特长，尽情地挥洒笔墨吧！

准妈妈可以买来颜料笔，像小朋友那样画，也可以买来宣纸、毛笔，挥洒出一幅水墨江山画。要是身体许可，准妈妈也可以花较长时间勾画出具有异域风情的油画。

有的准妈妈认为自己对画画兴趣不大，觉得自己没有什么艺术细胞，害怕画不好。其实，只要准妈妈在涂涂抹抹的过程中用心去感受、用爱去想象，就能画出来最能表达自己心意的东西。

Day126　绘画素材

准妈妈提起了画笔，可是不知道画什么好。下面就罗列了几组素材供准妈妈们参考！

🍊 宝宝的肖像

虽然宝宝还未出生，可准妈妈心中多少有了一些宝宝的模样。如果这个时候再有一张三维B超图像，准妈妈的想象会更加逼真。如果准妈妈觉得想象有些困难，那么不妨买来几幅婴儿图片，悬挂于房间中，对照临摹的同时再稍加修改，这也是一个不错的选择哦！

🍊 卡通人物

动画片或卡通片中的唐老鸭、米老鼠、白雪公主、七个小矮人、蓝精灵、美少女战士、小美人鱼、喜羊羊、灰太狼……这些都可以进入绘画素材的行列。如果准妈妈对这些卡通形象的印象已经很模糊，不妨从网上找出这些图片或重新观看一下这些经典动画。

🍊 植物花卉

牡丹、红梅、百合、玫瑰……美丽的花儿应有尽有。准妈妈可以在欣赏美丽花儿的同时挥洒激情和创意。有机会的话，购买几幅有关花的十字绣，每天花短短的时间绣上几针，也是一件非常美好的事情。但是准妈妈在绣这些东西的时候切记时间不要过长，因为长时间盯着针眼瞧，会累坏眼睛，而且也会累得腰酸背痛。

🍊 素描肖像

如果孕妈妈有人物肖像画或静物画的绘画基础，不妨在这个时候将画笔拾起来，在纸上勾勒出或高或低的线条，用笔墨渲染，也会给自己带来不少乐趣。在静静的巧思中将心中所想、笔下所画告诉腹中的宝宝，让他也一起感受绘画的乐趣！

Day127　宝宝更爱听妈妈哼唱

准妈妈在做音乐胎教时，常通过音箱或耳麦播放音乐。最近有研究发现，准妈妈以哼唱歌曲的方式做音乐胎教会更加有利于母胎的健康。为什么会这么说呢?

🍊 锻炼身体

唱歌时的声带振动，可增强心、肝、脾、肺、肾等器官的功能。其中，声带的振动使肺部扩张，胸肌兴奋，肺活量增加，血液中氧含量提高，为胎儿的生长发育奠定良好的营养基础。

🍊 传递爱意

准妈妈的歌声能使胎儿获得感觉与感情的双重满足。母亲唱歌给胎儿听，更能让胎儿感受母爱。

🍊 愉悦心情

唱歌还可以让人保持心情愉悦，使体内的内分泌系统始终处于正常工作状态，提供给胎儿一个优越的发育环境，使胎儿先天营养充足，日后健康聪慧。

从以上三点可以看出：准妈妈以哼唱的方式做音乐胎教确实比光听音乐做胎教有许多先天上的优势。所以准妈妈做音乐胎教时，不仅要听那些优美的胎教音乐，也可以学上几曲，用充满爱意的声音唱给胎宝宝听。等到宝宝出生后，妈咪再哼这些词曲的时候，宝宝会备感亲切。

Day128　哼唱有讲究

准妈妈哼唱歌曲的时候，有什么具体要求呢？是不是美声、摇滚、嘻哈、流行曲等都可以唱给宝宝听呢？其实准妈妈的哼唱也是有讲究的。

● 所选歌曲应该多为儿歌童谣，比如《数鸭子》《一闪一闪亮晶晶》《小兔儿乖乖》《妈妈的话》《摇篮曲》……

● 哼唱之时，准妈妈应该心情舒畅，富有感情，就像对着已经出生的宝宝那样，让宝宝感觉到准妈妈无限的爱意。

● 准妈妈不必放声大唱，轻轻地哼唱就好，以免对宝宝和自己造成不利的影响。哼唱歌曲时还可以随着音乐轻轻摆动，但动作不宜过大。

● 准妈妈唱歌时一定要注意声情并茂，偶尔走调、忘词也没有关系，相信小宝宝也不会计较那么多。

● 有乐谱常识基础的准妈妈也可以提前教小宝贝认识一些音符，从音符开始，教给宝宝一些简单的乐谱，通过反复哼唱，使宝宝产生记忆。

● 除哼唱之外，准妈妈还可以模仿大自然中的风声、虫鸣声、鸟叫声，让孩子提前感受大自然的美好。

● 晚上可以让胎宝宝听听催眠曲《安睡吧，小宝贝》，在边听边哼的过程中，准妈妈就可以和宝宝共同进入甜美的梦乡。如果准妈妈自己会演奏乐器，也不失为另外一种哼唱的好办法。

● 哼唱的时候，如果准爸爸加入进来，那就再好不过了。爸爸的声音不同于妈妈，浑厚、深沉，会让宝宝有更多的新鲜感，感受浓浓的父爱。

143

Day129　哼唱歌曲精选

前文描述了很多准妈妈哼唱歌曲的好处和注意事项。很多准妈妈或许希望有现成的歌曲可供参考。下面就为大家推荐一些好听的哼唱歌曲。

《让爱住我家》

我爱我的家 / 弟弟爸爸妈妈 / 爱是不吵架 / 常常陪我玩耍

我爱我的家 / 儿子女儿我的他 / 爱就是忍耐 / 家庭所有繁杂

我爱我的家 / 儿子女儿我亲爱的她 / 爱就是付出 / 让家不缺乏

让爱天天住你家 / 让爱天天住我家 / 不分日夜 / 秋冬春夏 / 全心全意爱我们的家

让爱天天住你家 / 让爱天天住我家 / 充满快乐 / 拥有平安 / 让爱永远住我们的家

我爱我的家 / 弟弟爸爸妈妈 / 爱是不嫉妒 / 弟弟有啥我有啥

我爱我的家 / 儿子女儿我的他 / 爱就是感谢 / 不记任何代价

我爱我的家 / 儿子女儿我亲爱的她 / 爱就是珍惜时光和年华

让爱天天住你家 / 让爱天天住我家 / 不分日夜 / 秋冬春夏 / 全心全意爱我们的家

让爱天天住你家 / 让爱天天住我家 / 充满快乐 / 拥有平安 / 让爱永远住我们的家 / 让爱永远住我们的家

《我的好妈妈》

我的好妈妈，下班回到家，劳动了一天，多么辛苦呀！妈妈、妈妈快坐下，妈妈、妈妈快坐下，请喝一杯茶！让我亲亲你吧，让我亲亲你吧！我的好妈妈！

Day130　编织也是一种胎教

编织也是一种胎教方法。有研究表明，勤于编织的准妈妈所生下来的小宝贝会更加"心灵手巧"。为什么这么说呢？

科学家是用筷子夹取食物来做类比解释的。因为用筷子夹取食物的时候，会带动肩、胳膊、手腕、手指等30多个关节和50多条肌肉的运动。这些关节和肌肉的伸屈活动，只有在中枢神经系统的协调配合下才能完成。手指动作的精细、灵活度高，可以促进大脑皮层相应部位的发展，提高胎儿的思维能力。

由此可见，准妈妈在编织的时候，会动手动脑，从而让胎儿的大脑提前得到锻炼，因此胎儿出生后自然就比较"心灵手巧"。

那么准妈妈该如何学编织呢？

☀ 新手妈妈可照书学习或请教长辈

初学编织的孕妈咪，可以照着编织书上的步骤练习，从简单到复杂，也可以向周围的朋友或者长辈学习。

☀ 根据季节不同为宝贝编织衣物

宝贝出生的季节不同，应选择不同粗细的毛线，以准备薄厚不同的衣物。而衣物的颜色可以尽量丰富，衣物的款式可以多样化，也可以为宝宝准备一些毛线玩具、可爱的配饰等物品。

☀ 留心编织细节，防范宝贝受伤

准妈妈为宝贝编织的羊毛衫、绒线衫，应避免选择有孔洞的花形，因为宝贝的手指很容易卡在孔洞里。可以将以前用过的毛线翻新一下，再给宝贝织衣物，这样就不用担心甲醛的污染了。

Day131　如何为宝贝编织毛衣

在家安心待产的准妈妈肯定都会有闲得发慌的经历。上网、看电视、玩手机都需要掌握时间，不能随心所欲，甚至有的准妈妈还被严厉禁止参与这些娱乐项目。那么这个时候不妨准备一些毛线，为即将出世的宝贝织一件毛衣吧！

要选儿童专用的毛线

宝贝的肌肤柔软，小小的刺激就可能引起皮肤过敏，所以，毛线的质地是准妈妈首先需要考虑的问题。市场上有很多专为宝贝生产的毛线，它所含的羊毛不同于普通毛线，羊毛更加细小柔软，同时又更加保暖，比较适合宝贝。提醒一点，准妈妈不要选择容易脱毛的毛线，因为这样的毛线在脱毛时容易被宝贝吸入，引起气管和肺部的疾病。

要选浅色的毛线

正如给宝宝选购衣物要选浅色的一样，也最好选择浅色的毛线，因为深色毛线多用苯胺染料染织，易使新生儿患病。而且，穿着浅色衣服，不仅清爽、干净，也便于准妈妈及时发现宝贝的异常情况，如吐奶、大小便等。

毛衣针要粗细正合适

毛衣针以比毛线略粗一点儿为宜，这样织出的毛衫弹性好，也不容易变形。毛衣针过粗，毛衫越穿越垮；毛衣针过细，毛衫虽然看着很平整，但穿在身上很硬，并且容易缩水，宝贝穿上会不舒服。

最好选择开襟的样式

由于宝贝太小，穿套头衫容易伤到胳膊，毛衣最好选择开襟样式；最好织插肩的衣服，这样一旦衣服小了还可以再接一段，比较经济；不宜使用拉链和纽扣，以免划伤宝贝的皮肤或脱落后被宝贝误食，导致意外的发生。

Day132　芳香胎教让宝宝感受花香

让宝宝感受花香也是一种胎教方法。听着似乎很新奇，但它其实在我们的胎教历程中出现了很长时间。因为我们每天都在不自觉中闻着花儿的芬芳！

准妈妈在春暖花开的季节到公园里、风景名胜区感受现实中的花香，十分有利于母胎的身心健康。

❋ 学习插花

准妈妈也可以去学习插花艺术，在开动脑筋的过程中认识很多美丽的花儿，这是一个动手又动脑的好办法。每完成一件作品时，准妈妈都会有一种幸福的成就感，这种感觉会在第一时间传达给胎宝宝，让他也领略到花儿的美丽。

❋ 强烈的花香不适合准妈妈

强烈的花香有可能刺激孕妇的神经，引起头痛、恶心、呕吐，并影响她们的食欲，严重的还可能导致胎儿不稳，甚至流产。孕妇在怀孕初期，最好少接触一些有浓烈气味的鲜花，比如茉莉、夹竹桃等。绿色植物会在夜里释放二氧化碳、吸收氧气，可能会导致室内空气含氧量下降，所以最好不要将绿色植物放在卧室。

❋ 适合准妈妈的花香

玫瑰：有安神效果，帮助睡眠，但孕前期不适合使用。

菊花：适合有眩晕症状的孕妇，具有明目效果。

迷迭香：提高记忆力，缓解头痛。

常春藤：有净化空气的效果。

非洲菊：促进血液循环，温暖身体。

Day133　工作和胎教两不误

由于现在生活压力大，很多准妈妈会选择继续工作，直至接近分娩。有的人觉得工作会让准妈妈没有多余的时间做胎教。

人们之所以有这种想法，往往是因为把胎教和生活分开了。工作是现代准妈妈生活中不可或缺的一部分。在工作中准妈妈可以继续保持人际交往。职场准妈妈更容易与身边的人交流和分享育儿经验，可以更方便地接触更多育儿资讯。另外，职场准妈妈的大脑时常运转，能使胎儿获得更多有益的脑部刺激。宝宝出生后，学习和模仿能力会比较强。

适合将工作视为胎教的工作有：行政人员、教师、编辑（尤其育儿编辑）等低体力工作人员。

不适合准妈妈的工作有：高强度的体力劳动者，经常需要做弯腰、下蹲、攀爬工作的人，高空和危险工作者，常接触化学物质和放射物质的工作者，等等。

工作期间准妈妈还需注意：

● 尽量避免不利于孕妇及胎儿健康的工作项目。

● 在辐射较多的办公环境，如有大型打印机、复印机、多台电脑等办公设备，一定要做好防护措施。

● 工作要量力而行，切不可给自己更多的工作压力。干自己力所能及的事，不要逞强，必要时请同事帮助。

● 午休时间最好能外出散步，呼吸一下新鲜空气。如果感觉疲劳可以小憩一会，更加有利于母胎的健康。

● 在分娩前一周或两周时，准妈妈就需要停止工作了。如果在孕期有任何不适，一定要及时就医。如有需要回家安胎的情况，就不要勉为其难地继续工作了。

Day134　旅行胎教

旅行胎教是指准妈妈在怀孕期间外出旅行，以此作为一种胎教方法。适当的旅行有益准妈妈的身心，能让准妈妈在一个新的环境中享受自然的风光、生活的美好，从而让准妈妈感到身心愉悦。

✳ 适用情况

◎ 孕早期（0~3个月），准妈妈会出现恶心、呕吐等妊娠反应，胎儿也处于发育的关键时期，很容易受到外界环境的干扰而导致畸形，所以此时不适合出门旅行。

◎ 孕中期（4~7个月），准妈妈的妊娠反应消失，胎儿也渐渐稳定。这个时候准妈妈适当活动能起到调节身心的作用，所以此时出门旅行是不错的选择。

◎ 孕晚期（8~9个月），准妈妈身体会比较笨重，不便于出门，所以不适合实施旅行胎教。

◎ 准妈妈有过流产、早产史，或者严重的并发症（如心脏病、高血压、糖尿病等）不宜旅行。

◎ 孕期如果出现腹痛或阴道出血的症状也不宜旅行。同时，如果早孕反应依然比较严重，也不应该旅行。

✳ 注意事项

◎ 旅游地点以近距离（短途）为宜。最好避免去人多嘈杂的地方，也不能去离市区太远的地方，以防发生紧急情况时无法处理。旅游时应尽量选择安全又休闲的线路，不要尝试一些比较冒险的旅行线路。

◎ 旅行前后要学会放手，所有事项均交由丈夫包办。旅行前后及旅行期间要吃好睡好，保证良好的饮食和充足的睡眠。

◎ 考虑到乘车的舒适性和安全性，坐火车旅行是较好的选择。如果是自驾游的话，可以去离家比较近的地方。如果去较远的地方旅行，则要避免久坐，经常起身活动活动。如果打算乘飞机去海外旅行，应该事先征求主治医生的意见。

Day135　出门旅行，感受生活的美好

当准妈妈心情压抑、紧张、焦虑、不安的时候，出门旅行是一种非常好的调节方式。此外，大自然中含氧丰富。生活在闹市中的准妈妈适当出门旅行，可以吸入更多的氧气，更有利于胎儿大脑发育。

准妈妈想要自己的旅行达到更好的胎教效果，还应稍加注意以下几方面：

行程不能安排得过于紧凑

行程不要安排得太紧凑。因为行程太紧凑不仅不能体会到旅行的美好，还会让准妈妈很疲惫。所以准妈妈最好不要参加团体游。众所周知，团体游往往是走马观花，起不到很好的调节心情的作用。另外，准妈妈最好不要选择在旅游黄金周出游，避免去人多、嘈杂的地方。事前做好周全的旅行计划。

选择环境优美的地方

准爸妈尽量不要选择去那些嘈杂、拥挤的商业场所旅游，最好选择去离家不太远的风景秀丽的地方，感受大自然的魅力。选择一个天气晴朗、空气清新的日子出门，准爸爸和准妈妈一起欣赏大自然的美丽风光，将是一件非常美好和幸福的事情。

将自己的感受告诉胎儿

准妈妈在感受美好的同时别忘了告诉肚子里的宝宝：爸爸和妈妈来到了一个什么样的地方，这个地方都有什么，心情怎样。同时准爸妈还可以一起讨论宝宝的名字、宝宝的出生、宝宝的未来等。

总之，只要准妈妈掌握好合理的分寸，将会在旅途中感受生活的无限美好！

Day136　准妈妈开车注意事项

准妈妈出行总是顾忌多多。走路到达不了的地方，担心挤公交、地铁会伤害到宝宝，有时不得不选择自驾出行。那么自驾出行会对准妈妈和宝宝产生伤害吗？又有哪些需要注意的地方呢？

🍊 不宜长时间驾驶

如果准妈妈要去的地方比较远，那么放弃自驾吧。长时间开车是一件非常费神的事情。对于普通人来说长时间驾驶都会让人感觉精神疲乏，更不要说怀着小宝宝的准妈妈了。开车会导致准妈妈精神高度集中、紧张，这种情绪对宝宝的生长非常不利。

🍊 要系好安全带

很多准妈妈驾车时因为担心安全带会勒到宝宝，干脆不系安全带。其实，准妈妈比普通人更需要系上安全带。因为车辆在行驶中难免颠簸或者急刹车，如果不系安全带，准妈妈一旦撞到仪表盘，就会非常危险。其实只要用正确的方法系上安全带，是不会伤害宝宝的。安全带的肩带置于肩胛骨的部位，肩带部分应该穿过胸部中央，腰带应置于腹部下方，不要压迫到肚子。准妈妈的身体姿势要尽量端正。

🍊 调节好座椅位置

许多准妈妈开车时都习惯把座椅调得特别靠前，还有的习惯身体前倾，将整个身体重心放到方向盘上，这样的姿势对准妈妈是不利的。因为前倾的姿势容易产生腹部压力，使准妈妈的子宫受到压迫，极易导致流产。因此，建议准妈妈在自驾之前，先将座椅靠背调节到最舒适的位置，开车时最好双肩靠在椅背上，让它给身体一些支撑。也可以准备一个腰靠垫，减轻疲劳。

Day137　孕期性生活与胎教

很多人害怕孕期性生活会伤害到胎宝宝。实际上在孕期夫妻双方是允许有性生活的，并且孕期性生活和谐对夫妻双方都是有好处的。性爱过程中的拥抱、抚摩、亲吻、肢体接触都能让怀孕中的妻子心情愉悦。适当的性爱也能使丈夫得到满足，从而更有利于夫妻关系的稳固。

性生活是一种有效的胎教

有研究发现，孕期性生活也是一种很有效的

胎教方式。这是因为爸妈之间美好的性生活可以给予胎儿生长阶段最温柔的刺激。胎儿可以充分感受父亲的温暖以及母亲在性生活过程中的满足。但需注意妊娠头三个月与最后一个月都是禁止性生活的，因为这两个时间段比较容易发生危险。

性生活也是一种听觉胎教

科学家还发表了这样的看法，认为孕期性生活也是一种听觉胎教。在性生活达到高潮时，夫妻双方互相表白的发自内心的爱意是最美丽的语言。这对于胎儿来讲，比任何语言形式的胎教都有效果。当胎儿的大脑和神经发育到一定程度时，父母之间浓浓的爱就会传递到胎儿的大脑中，从而起到良性刺激的作用。

性生活有助于胎儿发育

同时该研究进一步指出，发育完全的胎儿可以感知父母性生活带来的愉快感受。在对正在进行性生活的孕妇照 B 超的时候，可以明显地看到胎儿在腹中会有相应的反应和举动。

Day138　孕期性生活的注意事项

虽然在孕期允许有性生活，但它毕竟是一项有潜在危险的活动。如果处理不当，不但起不到胎教效果，还会适得其反，引起胎儿的不良反应。所以在孕期进行性生活时需要注意以下几点：

◎ **性爱动作不能过于激烈。**抽动动作不能过猛、过急，要缓慢抽动，同时不要插得过深，性生活过程中不要频繁变换体位。

◎ **选择不压迫腹部的体位。**随着妻子的肚子增大，尽量不要选择丈夫在上的性爱方式，可以选择侧躺、后入式或妻子在上式，同时要尽量借助床的力量，以缓解性生活中的过度压迫。

◎ **丈夫要尽量照顾妻子的情绪。**如果妻子不愿意同房，做丈夫的绝不可勉强。性生活不仅是指性交本身，还包括性爱抚等许多范畴。所以在妻子不愿意同房时，丈夫尽量采用其他方式达到性爱效果。

◎ **注意性生活前后的卫生。**性生活前后夫妻双方都要注意清洗生殖器官，同时还要注意清洗手部，以免引发细菌感染。

◎ **有阴部感染时，应暂停性生活。**如果准妈妈有会阴部及阴道的感染，应等痊愈以后再恢复性生活。因为在性生活过程中，丈夫很有可能会将病菌带入妻子的子宫，造成胎儿的感染。

◎ **进行性生活时，丈夫最好戴避孕套。**这是因为精液中含有前列腺素，由阴道吸收后可能引起子宫收缩，造成早产。另外，避孕套也可防止男性将可能的病菌传染给孕妇。

◎ **进行性生活时，最好避免爱抚乳房，尤其是乳头部分。**刺激乳头会造成子宫收缩，妨碍胎盘及胎儿的血液循环，甚至导致早产。

Day139　别让胎教成为压力

为了让自己的宝宝出生后更聪明，让他赢在起跑线上，不少年轻父母从怀孕开始，甚至准备怀孕之前，就为宝宝做各种各样的准备，买来各式各样的光碟、乐器、书籍、十字绣品等，希望能在宝宝的胎教上大显身手。

正如小学生们沉甸甸的书包一样，众多的胎教项目和刻意的胎教计划不仅让准妈妈增加了怀孕后的压力，也让腹中幼小的宝贝过早感受到压力。

有些准妈妈本身身体就不好，也有些准妈妈工作压力大，再要求这些准妈妈定时做各种胎教，这是非常不科学的。针对每个准妈妈的个体差异，在胎教的方式和强度上也应该有所区别。准妈妈保证充足的营养、健康的体质、放松的心情才是孕育健康小生命的根本，也就是我们常说的"安宁即胎教"。

胎教要在"两情相悦"的基础上，也就是在准妈妈和胎儿都感觉良好的情况下，才能达到促进胎儿大脑发育的效果，否则胎教就会让胎儿"遭罪"。这是因为胎儿在腹中，感受美好的事物和情绪才能促进其大脑的发育。

因为怀胎十月，准妈妈要承受很多新的压力，接触未知的新领域，所以让胎教成为生活中的甜蜜事而不是压力。这样做胎教才更有利于母胎的健康和平安！

Day140　胎教应该循序渐进

胎教方法愈来愈多，胎教手段也在不断翻新。准妈妈需要不断地学习新的胎教方法吗？

一些精力旺盛、身体素质好的准妈妈可以适当多尝试一些胎教方法，但一定要密切关注腹中宝宝的反应，在自觉宝宝胎动频繁的时候就应该适可而止，毕竟胎教是"教"宝宝而不是教妈妈。

一些精神状态不佳、没有食欲、营养状况欠佳、身体不好的准妈妈，还是以调养身心为主，注重饮食和休息，而不是将重点放在实施各种胎教的新手段上。准妈妈可以听听音乐，适当调节自己疲惫的身躯，可以在胎儿醒着的时候摸摸他，也可以……

但是请记住，准妈妈在做这一切的时候都应该以循序渐进为原则，不能对宝宝采用疲劳胎教战术。准妈妈整日沉迷于胎教之中，这对宝宝而言是一种磨难，毕竟宝宝的大部分时间都是在睡梦中度过的。

就拿我们最常应用的音乐胎教而言吧。孕早期准妈妈可以在每天晚上睡觉前播放一首胎教音乐，时间为5分钟左右；孕中期准妈妈可以在早晚播放胎教音乐，时间可以延长至10分钟左右；孕晚期准妈妈可以在早中晚播放胎教音乐，如果不能保证一天播放3次，也可将每次的播放时间稍稍延长些，15分钟左右即可。

第六部分

妈妈给我多些爱

Day141　做好直接胎教

目前，胎教的内容和方式众多，几乎囊括了准妈妈衣、食、住、行的各个方面。人们有意识地采取与胎儿直接交流的胎教方法，通常被称为直接胎教。经过不断研究和探索，科学家们发现做好直接胎教确实可以为胎儿出生后的教育打下坚实的基础。

直接胎教的方法有很多，但经过证实比较安全有效且适合胎儿的主要有以下三种：音乐胎教、呼唤胎教和抚摩胎教。

✹ 音乐胎教

音乐胎教已被广大的父母认可。做过音乐胎教的孩子会更加聪明活泼，也会有更强的认知能力。但并不是所有的音乐都适合做胎教。适合作为胎教音乐的是一些节奏比较舒缓、听起来轻松愉快的音乐，如摇篮曲、古典乐曲等。当然准妈妈在情绪比较高昂的时候亲自给胎儿哼唱歌曲，胎教的效果会更好。

✹ 呼唤胎教

呼唤胎教又被叫作"母儿对话"，不仅母亲可以与胎儿进行语言交流，父亲最好也能加入进来，一起享受亲密的三人互动。每天准妈妈可以对胎儿说一些问候的话或者做过的事情，也可以有选择地给胎儿讲一些童话故事或唱一些儿歌童谣。

✹ 抚摩胎教

抚摩胎教就是准妈妈用充满爱意的手在自觉胎动时去抚摩胎儿，让胎儿感受到母亲的温暖和爱。当然父亲的加入不仅会让母亲感觉到关爱和幸福，也会让胎儿感受到父爱，同时传达给胎儿的还有母亲满满的幸福。

Day142　光照胎教

光照胎教法是通过对胎宝宝进行刺激，训练胎宝宝的视觉功能，帮助胎宝宝形成昼夜周期节律。有研究表明，光照胎教不仅可以提高胎宝宝对光线的灵敏度，还能促进视觉功能的健康发育，有益于胎宝宝出生后动作行为的发展。

何时开始光照胎教

光照胎教最好从怀孕 24 周开始实施，早期可适度刺激。准妈妈每天可定时在胎宝宝觉醒时用手电筒作为光源，照射胎头的位置，每次 5 分钟左右。为了让胎宝宝适应光线的变化，结束前可连续关闭、开启手电筒数次，有助于胎宝宝的视觉健康发育。

具体的方法

孕 24 周后，每天准妈妈可以用手电筒紧贴腹壁照射胎头部位，每次持续 5 分钟左右。结束时，可以反复关闭、开启手电筒数次。做完胎教，准妈妈最好将自身的感受详细地记录下来，如胎动的变化是增加还是减少，动作的轻重，是肢体动还是躯体动，等等。准爸爸同样可以参与进来一起做光照胎教。

注意事项

不要在胎宝宝睡眠时施行胎教，这样会影响胎宝宝正常的生理周期，必须在有胎动的时候进行胎教。由于胎宝宝的视力较弱，比较害怕强光刺激，因此在用光照射时，切忌用强光，也不宜照射过长的时间。另外，虽然光照胎教得到大多数人的支持，但仍有专家学者对光照胎教持反对意见。综合来看，谨慎地进行光照胎教，应该是没有坏处的。

研究发现，新生儿只能看见 30~40 厘米以内的东西，这恰好与他在子宫内位置的长度大致相等，说明新生儿还保留着子宫内的生活习惯，也证实了光照胎教的可行性。

Day143　语言胎教的注意事项

所谓语言胎教，就是指准爸妈或家人用文明、礼貌、富有感情的语言，有目的地和胎宝宝说话，给胎宝宝的大脑皮质输入最初的语言印记，也为胎宝宝后天的学习打下基础。语言胎教持续的时间很长，可以一直到宝宝出生。这也是准爸妈和宝宝沟通的一个重要途径。不过语言胎教可不是说说话就行的，也有很多注意事项。

从声音到视觉

只和宝宝说话往往会让宝宝觉得乏味，并且这种单纯的说话也只能刺激宝宝的听觉，不能起到最大的效果。其实，在给宝宝念童话故事的时候，准妈妈不仅要将文字说给宝宝听，更可以将说故事时的所思所想都用语言诉说给宝宝听。

内容越具体越好

准妈妈在讲述身边的事情或者文学作品的时候，不仅要说出来，还要在脑中描绘这些作品的具体场景。这种做法就像我们平时看电影一样，不仅有声音，还有丰富的画面。这种由准妈妈构建出来的美丽世界会通过神经传递给宝宝，宝宝就会对这个美丽的世界有更深的了解。

情感表达很重要

光有各种形象当然不够，准妈妈的情感才是最重要的。准妈妈在生活中会遇到各种各样的美好事情，不妨向宝宝一一叙述这些事情和自己当时的情感。因为宝宝和准妈妈是密切联系的，所以宝宝能感知准妈妈的情感。

温柔细腻

准妈妈在给宝宝进行语言胎教的时候，一定要保持健康向上的心态，因为在和宝宝沟通的时候，一旦带着负面情绪很容易影响宝宝的身心健康。同时准妈妈还要注意使用规范的语言，声音要温柔细腻。这些细节部分都能帮助宝宝更好地接受语言胎教，起到良性作用。

Day144　语言胎教的内容

语言胎教的好处多多。准妈妈从现在开始就应该为宝宝做语言胎教了。下面就为准爸妈介绍一下语言胎教的具体方法。

🍊 向宝宝讲述日常生活

最方便、最常见的语言胎教就是向宝宝说说日常生活。准妈妈不用限定时间，可以在任何时候和宝宝沟通。比如早起之后和宝宝说一声"早安"，吃饭时和宝宝道一句"开动了"，这些简单的句子都是语言胎教的一部分。当然，准妈妈也可以用简单的句子和宝宝说一说近期发生的事情，以此来让宝宝早接触语言和逻辑。

🍊 诉说你的爱

孕期的准妈妈可不要害羞，对宝宝的爱要说出来。平时对宝宝多说一些充满爱意的话，可以让宝宝感受到准妈妈的母爱，从而和准妈妈的情感联系更紧密。另外这种爱意的传达，会让宝宝对世界充满信任，也会更加亲近准妈妈。在这种情况下出生的宝宝，性格会更加健康。

🍊 品读文学作品

语言胎教的另外一项内容就是给宝宝读文学作品。这里所说的文学作品并不是指童话故事，而是指更高深一些的诗歌或者散文。对于这些语言优美、意义深刻的文章，虽然宝宝还不能理解，但是通过准妈妈的阅读和思考，能提高宝宝的文学修养。

🍊 坚持不懈

语言胎教是一个漫长的过程，绝非一日之功。从现在开始一直到分娩，孕妈妈都应该坚持对宝宝进行语言胎教。可以向宝宝描述每天接触到的事物和每天不同的情感。千万不要觉得这样做是一种负担，或者因为得不到宝宝的回应而懈怠。要知道，现在所做的语言胎教，不仅能使宝宝的语言能力领先一步，也是父母和宝宝联络感情的好机会。

Day145　给宝宝来个趣味绕口令

准妈妈都希望宝宝吐字清晰，说话标准。但是等到宝宝出生之后再培养这些语言能力可就晚了。宝宝从妈妈肚子里时就开始学习语言了。因此准妈妈不妨试试在孕期对宝宝说说绕口令。

准妈妈教宝宝说绕口令的时候一定要注意选择合适的绕口令。太长的或者太复杂的绕口令都不适合宝宝，因为宝宝可能会听不懂，感觉烦躁，反而起不了效果。最好选择一些句式相对简单，用词也相对简单的绕口令。准妈妈要用较缓和的语速慢慢说给宝宝听。最开始的时候应该和宝宝解释一下绕口令的意思，然后重复说给宝宝听，加深宝宝的记忆。当然也可以着重让宝宝记忆一些绕口令中的词语，反复几遍。

给宝宝说绕口令能缓解单纯给宝宝说句子的单调感，让宝宝更有学习的积极性。另外，说绕口令也会让宝宝的学习更有趣味性。下面就给准妈妈展示几则绕口令。

《手指头》

一个指头拉钩钩，两个指头捡豆豆，
三个指头系扣扣，四个指头提兜兜，
五个指头合一拢，攥成拳头有劲头。
请你爱护你的手，保护十个手指头。

《数一数》

山头立着一只虎，林中跑着一只鹿。
路上走来一只猪，草中藏着一只兔。
洞里出来一只鼠，一二三四五，
虎鹿猪兔鼠。

《天上一颗星》

天上一颗星，地下一只钉，
钉到墙上挂油瓶，油瓶漏，炒黑豆，
黑豆香，换生姜，生姜辣，堆宝塔，
宝塔高，打把刀，刀很快，好切菜。

Day146　唱着儿歌识动物

可爱的小动物是人类的好伙伴！小动物们能够陪着我们一起学习，一起成长！让准妈妈和宝宝一起学习 5 首儿歌，共同认识可爱的小动物吧！

《森林幼儿园》

森林是个幼儿园，
幼儿太多要分班，
大老虎，读大班，
小老鼠，读小班。
小花小草怎么办？
专门开个小小班。

《小虾》

小虾小虾弓弓腰，
不会走路只会跳。
为什么弓着腰？
小时候坐不正，
长大变成驼背了。

《山羊和绵羊》

角儿尖尖，胡子长长，
借你毛皮，好做衣裳。
角儿弯弯，毛儿卷卷，
剪下毛毛，好纺线线。

《小斑马》

小斑马，上学校，
黑白铅笔买两套。
老师叫它画图画，
它在身上画道道。

《小金鱼》

摇摇头，摆摆尾，
一串水泡吐出嘴。
水泡水泡水上游，
那是金鱼的小皮球。

Day147　教宝宝认汉字

识字胎教有助于集中准妈妈的注意力，使准妈妈通过眼睛、耳朵、大脑等多个器官的协作，专注认真地观察和讲解汉字，对宝宝起到潜移默化的作用。由于胎宝宝在准妈妈肚子里已经有了记忆的能力，等到宝宝出生以后，他会对曾经在胎教中学过的汉字有所印象，从而在学习汉字方面快人一步。

❂ 识字胎教的做法

◎ 准备好各式卡片，最好是颜色较为艳丽、形状各异的卡片。然后在卡片上书写简单的文字。做识字胎教的时候，可以拿出这些卡片，一边教宝宝字的念法和意义，一边在心里描绘这个字的笔画。准妈妈只有眼到、口到、心到才能起到更好的效果。

◎ 在家中的实物上贴上相应的汉字卡片，比如在电视上贴"电视"，在床头贴"床"等。这种方法能将汉字与实物结合起来，从视觉上刺激宝宝的大脑发育，让识字胎教起到更好的效果。

◎ 从生活中获得题材，随时随地教导宝宝。生活中的汉字无处不在，准妈妈可以在走路的时候告诉宝宝"走"是什么意思；可以在爬楼梯的时候告诉宝宝"爬"有什么含义；在吃西瓜的时候告诉宝宝"西瓜"是什么；在擦桌子的时候告诉宝宝"桌子"有什么用处。这些在生活中遇到的种种物品，准妈妈都可以告诉宝宝。

❂ 识字胎教有讲究

准妈妈一定要知道，识字胎教并不能让宝宝成为一个神童，只是说这种胎教能让宝宝尽快熟悉文字。准妈妈切不能因为做了识字胎教就对宝宝期望过大。并且，在做识字胎教的时候，准妈妈不能选择笔画过多、过于繁复的汉字，因为这样不仅不能让宝宝记住，还容易让宝宝产生厌烦心理，不利于胎教的进行。

Day148　诗歌是语言胎教的良好素材

如果准妈妈是个文学爱好者，顺嘴就能来上两句诗词歌赋，那么何不发挥自己的这项特长，将其作为与宝宝语言沟通的好素材呢？要知道准妈妈用心吟唱诗歌的时候，说不定胎宝贝也在那摇头晃脑呢。长大后的宝贝也会自然而然地轻松学会三百首唐诗。让我们来试试吧！

《春晓》

春眠不觉晓，处处闻啼鸟。
夜来风雨声，花落知多少？

《悯农》

锄禾日当午，汗滴禾下土。
谁知盘中餐，粒粒皆辛苦。

《小池》

泉眼无声惜细流，树荫照水爱晴柔。
小荷才露尖尖角，早有蜻蜓立上头。

《咏鹅》

鹅，鹅，鹅，曲项向天歌。
白毛浮绿水，红掌拨清波。

《登鹳雀楼》

白日依山近，黄河入海流。
欲穷千里目，更上一层楼。

《江上渔者》

江上往来人，但爱鲈鱼美。
君看一叶舟，出没风波里。

《梅花》

墙角数枝梅，凌寒独自开。
遥知不是雪，为有暗香来。

《草》

离离原上草，一岁一枯荣。
野火烧不尽，春风吹又生。

《静夜思》

床前明月光，疑是地上霜。
举头望明月，低头思故乡。

Day149　一家三口亲密对话

准爸爸、准妈妈认识语言胎教的好处后，在日常生活中就要开始加强对话了，一对一的聊天不仅对宝宝有教育作用，也能让胎宝宝感受到爱。爸爸妈妈一起聊聊天，聊一个轻松有趣的话题，让肚中的宝宝感受到快乐。

发挥准爸爸的口才

不要小看准爸爸在语言胎教中的作用。准爸爸磁性、浑厚的声音可以增强胎宝宝的舒适感。准爸爸可以在准妈妈的肚子旁边，用温和的语气，对腹中的胎宝宝说说话。准爸爸更可以将自己的工作、兴趣与才能，用简单易懂的话语说给胎宝宝听，让胎宝宝也能感受到父亲的关爱。准爸爸可别忽视自己对胎宝宝的影响，从而失去与宝贝亲密联系的大好机会哦！

宝宝更爱听妈妈温柔的话语

母亲的行为与心理对胎宝宝有深远的影响。胎宝宝早在母亲腹中就已经开始学习了。母亲可以唱歌给宝宝听，也可以将日常生活中所看到、听到、感觉到的事物，说给宝宝听；可以朗读一些温馨有趣的故事，教给胎宝宝一些大自然的事物和社会上的知识。同时，当准妈妈在进行"子宫对话"时，教导不同的事物最好能用不同的声音语调。对于母亲的用心，腹中的胎宝宝可是能感受到的哦！

Day150 动动指头，让宝宝心灵手巧

✺ 叠手帕游戏

手帕的立体造型能让宝宝记忆更深刻。下面就给准妈妈介绍折手帕老鼠的方法。

◎ 将方手绢对角折好。

◎ 两角往中间折过来，以尖部稍有叠加为好。

◎ 卷起大概三分之二，左右对搭，稍有叠加。

◎ 用外面的那个角将搭头包起来，不停翻卷，直到可以看到两个尖头。

◎ 将两边的尖头拉出来，整好，如两只尾巴。

◎ 将一头的尾巴打个结，把小耳朵展开。

◎ 最后出来两只可爱的小老鼠。

这种小小的游戏不仅能锻炼准妈妈的手指灵活性，而且有助于让宝宝看到准妈妈的心灵手巧。

✺ 折纸游戏

折纸游戏和叠手帕游戏有异曲同工之妙。不过手帕过于柔软，折叠不出硬挺的效果，并且容易散开。而纸就不一样了，它易折叠，不易变形，而且也方便长期保留。准妈妈在孕期折出来的小玩意都可以留给宝宝。下面就为准妈妈介绍一下如何用纸折出康乃馨。

◎ 准备四张同样大小的正方形纸片。取其中一张，从一个角开始卷起纸片，做成康乃馨的花枝。

◎ 将另外三张正方形纸片沿中线剪成两个长方形。

◎ 将六张一样的长方形纸片摞在一起，按照折纸扇的方法折成一条。

◎ 将做好的花枝绑在纸条的中间部分。

◎ 将纸条一层一层向上翻折，一朵康乃馨就被做成了。

纸片在生活中非常常见。准妈妈闲来无事可以随时折纸，一边折纸，一边和宝宝说话，其乐无穷。

Day151　联想胎教塑造漂亮宝宝

准妈妈在做胎教的过程中进行合理的想象和联想，有助于将美好的良性刺激传递给胎儿。联想胎教正是这样一种专门针对想象的重要胎教形式。它通过对美好事物的想象，使准妈妈处于美好的意境中，并通过与胎儿在生理上与心理上的相通，把这种美好的情绪和体验传递给胎儿，给胎儿以美好的刺激。

意念做媒介

联想胎教主要是利用意念来作用于胎儿，从而影响胎儿的大脑发育。母胎之间可传递的意念包括情绪、意识、感受或体验。准妈妈做联想胎教时想的内容要尽量美好些，这样才能起到对胎儿良性刺激的作用。如果想象的内容不好，也会通过准妈妈的意念传达给胎儿，胎儿也会接收到这些不良的刺激。

用"脑呼吸"

准妈妈在做联想胎教时可以采用脑呼吸的方式展开联想。脑呼吸是一种有意识控制的呼吸法。具体做法是：

◎ 在进行脑呼吸之前，先熟悉脑的各个部位的名称和位置，然后闭上眼睛，默默地在心里感受大脑、小脑、间脑的位置。

◎ 最好在安静的环境中进行脑呼吸。等到熟悉之后，可增加脑呼吸的次数。

◎ 吃饭前，身体会比较轻快，这时候进行脑呼吸更有效果。每次进行5~10分钟即可。

安静的环境

联想胎教需要在一个安静的环境中进行。准妈妈应采取最放松的姿势，开始想象，想象漂亮的宝宝，大大的眼睛、弯弯的眉毛、翘翘的鼻子、粉嫩的小嘴、圆圆的脸蛋、黑黑的头发……

Day152　呼唤训练

现阶段的宝宝能够识别各种声音，并且能做出相应的反应。因此准爸妈应该抓住时机和宝宝好好沟通。

能和宝宝沟通的胎教就是从对话开始的。孕期经常和宝宝"对话"，能让宝宝对准爸妈的声音留下印象，从而让宝宝出生后很快识别出准爸妈的声音。

🍊 经常呼唤宝宝的名字

在孕期经常呼唤宝宝的名字。这不仅能让宝宝熟悉自己爸爸妈妈的声音，也能使宝宝对自己的名字有一定的记忆。在宝宝出生以后，准爸妈继续呼唤宝宝的名字，宝宝很可能会因为已经有了记忆而更容易对这个名字产生反应。同时，在孕期呼唤宝宝的名字有利于宝宝感受到准爸妈对他的期待，从而让宝宝消除对外界的紧张感。

🍊 准爸爸要经常和宝宝对话

准爸妈要经常和宝宝对话。可以简单地介绍自己"我是你爸爸／妈妈"，也可以介绍某样物品等。这种对话的形式更贴近于平时的生活。宝宝可以从中学到一些简单的逻辑，并且很可能会对准爸妈做出一些回应。

🍊 给宝宝读读故事、唱唱歌曲

除了这些，准爸妈也可以通过给宝宝读读故事、唱唱歌曲来增加双方的沟通。这些内容丰富的故事可以提高宝宝的认知，也有助于宝宝大脑的发育，对宝宝出生后的学习有很大好处。

当然，准爸妈在孕期和宝宝沟通的时候，要注意语音和语调。最好用普通话和宝宝沟通，也要注意采用温和、舒缓的语气。

Day153　提前为宝宝取个好名字

对于宝宝来说，拥有名字是人生重要的第一步，也是准爸妈和宝宝沟通的第一步。很多准爸妈觉得起名字很困难，干脆只称呼"宝宝"。但是，这样的称呼不仅太过普通，没有寓意，而且宝宝出生后也不能一直使用这个名字。因此，准爸妈应该在孕期就为宝宝取个好名字，让宝宝提前适应。

🍊 名字是给宝宝最好的礼物

名字是宝宝收到的第一份礼物。这个礼物基本上会伴随宝宝一生。千万不要以为名字只是一个代号。事实上，名字往往是给人的第一印象。所以，准爸妈一定不要马虎对待这件事情，而是要好好考虑，给宝宝起一个合适又好听的名字。

🍊 起名字的准则

给宝宝起一个好名字至关重要。但是什么样的名字才是好名字呢？其实这是有一些评判标准的。准爸妈不妨按照这些标准给宝宝起个名字。

◎ **名字要有一个好的含义**。准爸妈在给宝宝起名字的时候，一定要先考虑一下对宝宝的期望，然后将这些好的期望表达在名字里。名字最好能和姓氏巧妙搭配。对于那些古怪或者庸俗的名字，应该弃之不用。

◎ **好的名字读起来应该铿锵响亮、抑扬顿挫**。准爸妈在给宝宝起名字的时候要注意名字的读音，一定不要拗口，并且不会引起歧义。有些名字读音的谐音很不好，准爸妈也要注意避开。

◎ **避免和别人重名**。由于很多寓意美好的字往往被很多人用过，因此很容易重名。事实上，如果名字和太多人重复，不容易被人记住。准爸妈一定希望自己的宝宝是独一无二的，因此取名字的时候要注意避免雷同。

Day154　图形胎教

现阶段的准妈妈除了刺激宝宝的听觉和触觉之外，要开始为宝宝准备图形胎教了。所谓图形胎教，就是让宝宝在准妈妈的肚子里熟悉一下各种图形，通过对图形的认知来加强对事物的认知。

那么图形胎教要从哪里开始呢？准妈妈首先应该准备一些鲜艳的彩色硬纸，用不同的颜色剪成长方形、正方形、三角形、圆形等图片，然后拿起一张告诉宝宝这是什么形状，是什么颜色，然后用简单的语言描述一下这个图形的特点。比如正方形的四条边都是相等的，圆形是没有角的，三角形是最稳定的，等等。在描述完准备的图形之后，准妈妈也可以联系实际，比如告诉宝宝电视机是正方形的，窗户是长方形的，盘子是圆形的，等等。

除了图形以外，准妈妈也可以向宝宝说说物体的颜色、特点。

这种既有颜色又有形状，准妈妈还用语言描述的方法会非常具体地向宝宝传达图形的种种特点。宝宝会接收到关于准妈妈对这个图形的描述。

这种简单的图形胎教进行一段时间后，准妈妈也可以适当加大图形胎教的难度。准妈妈可以用简单的图形组合成一些图案，比如小动物或者生活中的物品，这样比单纯的图形要生动很多，也能带动宝宝的积极性。同时准妈妈应该就这些图案对宝宝进行解说，告诉宝宝这些是什么东西，是由哪些图案组合起来的，又是如何组合起来的，等等。这样做不仅让宝宝知道简单的图形，也会让宝宝更加了解这些图形，从而起到图形胎教的作用。

准妈妈在进行图形胎教的时候，还要注意宝宝的动静。宝宝偶尔会在准妈妈描述的时候动一动，可能是在进行回应。不过若是宝宝一直在动，就有可能是因为宝宝不喜欢这个图形或者这个颜色，准妈妈就要注意变换图形了。

Day155　准妈妈不妨练练书法

在国学越来越受到推崇的今天，书法也成了一大热门的兴趣爱好。不知道准妈妈们有没有这个爱好呢？其实在孕期学书法不仅能对准妈妈起到静心的作用，也能培养宝宝的艺术气质。

✳ 静心沉气

我们都知道学习书法能使人变"静"。书法可以培养人的专心、细心、耐心和毅力等各种优秀的品质。这些都能提高人的整体素质。准妈妈在孕期往往觉得烦躁或者心慌。这个时候学习书法往往能使准妈妈沉浸其中，从而抛弃这些纷乱的思绪，起到静心的效果。

✳ 练习书法

书法是锻炼人气质的好方法。准妈妈通过练习书法，能够提高自己的修养。这种气质的升华可以使胎宝宝感受到好的气息带来的影响，从而影响宝宝出生后的气质。

✳ 书法、胎教两不误

准妈妈在练习书法的时候，可以将书法和文字胎教结合在一起做。在每次写字之前，准妈妈可以告诉宝宝自己即将写什么字，在写的时候告诉宝宝这个字的笔画，在写完之后也可以向宝宝讲述一下这个字的意思。这些对话都可以使宝宝加深对文字的记忆，促进宝宝的大脑发育。

✳ 学习文字

在孕期准妈妈学习书法，每日练习书法，能使肚子里的宝宝每天接触文字。前文提过，在孕期让宝宝接触一些简单的文字，有助于加深宝宝对文字的记忆。在宝宝出生以后，这些记忆能帮助宝宝更快地学会这些文字。

Day156 求知胎教

"好好学习，天天向上。"这句口号如今已成为一项非常热门的胎教，这就是求知胎教。为什么准妈妈的求知欲和上进心也能成为胎教的一门课程呢?

这大概还是缘于母胎之间那种独特的默契。胎儿能够感知到母亲所感知的东西，母亲能够把自己的思想和感受传达给腹中的胎儿。如果准妈妈怀孕后一直都很慵懒，不学习，也不思考，每天就是吃吃睡睡，那么大脑的感知就处于一个不活跃的"冷藏期"。胎儿也就感受不到母亲求知

的激情和有创意的思想。反之，如果准妈妈怀孕后积极好学，每天都在接收很多良性的新刺激，并且时不时地思考，总是绽放思想的火花，那么胎儿也会处于一种求知的状态，大脑的发育会更加迅速。胎儿出生后也将会是一个爱动脑的乖宝宝。

孕六月，正是胎儿大脑高速发展的时期。这个时候准妈妈开始实施求知胎教就显得尤为重要。对于这个时候还在工作的准妈妈来说，保持适当的求知欲并不难，但是也要做到适度。不能为了追求"求知欲"而有意给自己施加更多工作上的压力，给自己出难题，做所谓的"哥德巴赫猜想"。这样只会让准妈妈想破脑子，疲惫不堪，还会让胎儿的大脑一直处于兴奋状态，母胎双方都得不到很好的休息。

那些全心全意在家待产的准妈妈，就很容易步入刚才的"慵懒"状态。此时她们就需要有意识、有计划地让大脑动起来。从这个月开始，准妈妈可以适当地多读读书、读读报、下下棋，尽量少上网和看电视。这些"快餐"文化虽然能让资讯变得快捷，但同时也会让人的大脑处于"脑瘫"状态。

Day157　胎教阅读书目

读书无疑是增强准妈妈求知欲的方式之一。好的书籍会给准妈妈美好的感受、心灵的启发、深度的思考，而审美趣味低下的书籍则会让准妈妈感觉压抑、不安、紧张，让准妈妈处于不良情绪之中，进而影响到腹中宝宝。所以，选好书籍非常重要。

育儿书籍

挑选育儿书籍需要遵从以下几个原则：

◎ 尽量选择权威作者和正规出版社出版的书籍；尽量选择比较实用的书籍，而不是讲大道理的书籍。

◎ 外国的育儿书籍语言简洁，育儿方法新奇，可以作为育儿参考，但是毕竟国情不同，有些说法还需止步于"参考"而已。

◎ 对于该选择再版很多次的育儿书还是选择新上架的育儿书的问题，准妈妈往往会犯难。其实这两种书也是各有利弊。畅销的老版书很多说法会很实用，也比较贴合大众心理，但是会缺少一些最新的育儿信息，语言一般会比较死板。而新版的育儿书往往会结合中外最新的育儿资讯和案例，往往会更加耐读，趣味性也更强。

文学作品

各类文学作品用浩如烟海来形容一点也不为过。要想从中选出既适合做胎教又有利于激发准妈妈思考的作品就有点难度。

其实，只要不是一些低级趣味的书，准妈妈完全可以根据自己的喜好来选择，可以选择浪漫爱情、温馨家庭类；可以选择成功励志类。

有兴趣的准妈妈也可以选择看一些经典文学名著，毕竟经典的作品中蕴含了很多的社会百态和人生哲理。

Day158　环境胎教

准妈妈的一言一行会影响胎儿，一举一动会影响胎儿，就连呼吸的空气也会影响胎儿，所以准妈妈要特别注意自己吸入空气的质量，尽量避免吸入有害物。

❋ 不吸"二手烟"

尽量不要接近吸烟的人。刚刚有人吸过烟的空间，应该等那里通风换气后，准妈妈再进入。准妈妈只要觉得周围空气不好，就要远离。在公共场所，例如在餐馆就餐时，准妈妈尽量选择坐在禁烟区。

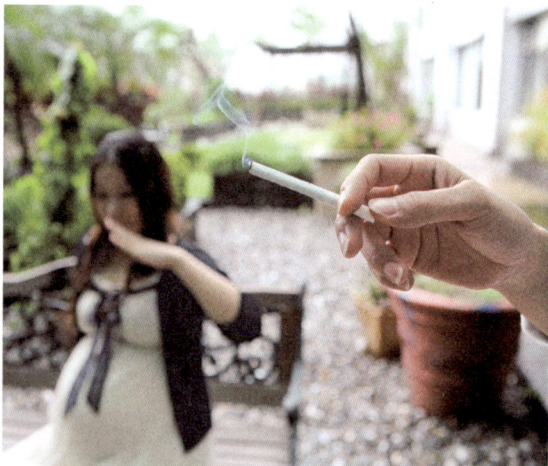

❋ 注意室内通风换气

如果准爸爸抽烟或同事抽烟，可以和他们沟通，让他们到阳台或者走廊里抽。如果办不到的话，就尽量注意室内随时通风换气，保持空气清新。同时也可以在室内种植几盆植物，让植物帮助净化空气。

❋ 尽量用湿抹布拂尘

打扫卫生的时候，尽量用湿抹布除尘，不要使用吸尘器。因为使用吸尘器的时候会释放一些灰尘，而用湿抹布就会好得多。

❋ 使用空气净化器

如果准妈妈属于过敏体质，可以利用空气净化器清除空气中的过敏原。但是在选择净化器时，需注意选择质量优等的。

❋ 出入公共场所戴口罩

经常出入公共场所，尤其是经常坐公交车或地铁的准妈妈应该戴口罩。戴口罩是对付空气污染的好办法。但准妈妈最好少去人多的地方。

Day159　触摸胎教

　　一般而言，胎儿会在孕六月对父母的触摸有感应，会出现眯眼、皱眉等动作；当手心被触碰时，胎儿会出现紧握拳头的动作。所以，适时地对胎儿进行触摸胎教。

✳ 静心抚摩

　　对胎儿进行触摸胎教时，准妈妈最好平卧于床上，尽量放松，伴随着愉悦的胎教音乐。准妈妈或准爸爸可以将两手放在腹部，按照从上到下、从左到右的顺序，也可以按照顺时针方向随节奏轻轻抚摩胎儿，每次 10 分钟左右，可在每天的固定时间进行抚摩，如晚上睡觉前。

✳ 愉悦触压

　　除了抚摩外，准妈妈或准爸爸还可以随音乐节奏，用中指和食指反复轻压胎儿，和胎儿玩耍，时间不宜过长，最好不要超过 5 分钟。在胎儿有蹬腿反应时，可用手指轻轻推动胎儿，使其在子宫内"散步"，进行"体操锻炼"。如遇到胎儿活动剧烈，有"拳打脚踢"等情况时，便应停止触压。

✳ 开心叩击

　　在听音乐的时候还可以采用叩击的方法来触摸胎儿。具体做法是准妈妈或准爸爸双手稍握拳，轻轻叩击胎儿下肢的地方，时间也不宜过长，3 分钟左右就可以了。同时在叩击的时候随时观察胎儿的举动，如遇不良反应要随时停止。

Day160　如何感受影视"盛宴"

怀孕后，一些空气不流通、噪声较大的地方，不适合准妈妈长时间逗留。那么平时有到电影院欣赏影片习惯的准妈妈是不是也要将此嗜好抛掉呢？

✳ 在家也能看电影

在影院观看电影，强大的环绕立体声对准妈妈的听觉、视觉、感观冲击很大，如有不当还会危害胎儿的听觉发育，影响宝宝的听力。所以准妈妈尽量不去影院观看电影。其实现在家中的电视和电脑同样能够播放各种电影，准妈妈可以掌控音量和播放内容，不适合观看的电影，也可以随时调换"频道"。

✳ 选择看电影的时间

如果准妈妈觉得在家里看电影满足不了自己的需求，真的非常想去影院看，那么就要选择对的时间和合适的电影。准妈妈可以选择在人流量比较少的时间出门，选择白天或工作日去看电影。在选择座位时，应提前与工作人员说明，选择方便出入并且离大屏幕较远的位置。

✳ 不是什么电影都适合准妈妈观看

不是什么电影都适合准妈妈观看。为保证准妈妈有一个良好的情绪，尽量不要选择血腥刺激和容易受惊吓的电影，例如惊悚片、枪战片、悬疑片，以免引起心情压抑和焦躁不安，对胎儿产生严重影响。准妈妈可以选择一些温馨浪漫、积极愉快的电影，如爱情片、喜剧片、青春偶像片等。

Day161　胎教电影推荐

有些电影本身就充满了童趣，轻松、幽默，不仅适合儿童观看，也适合大人观看。下面就给大家推荐几部电影！

⊕ 《狮子王》

内容简介：这部电影讲述了一头名叫辛巴的狮子的故事，受莎士比亚的《哈姆雷特》启发而来。小狮子辛巴外出逃脱叔叔的魔爪，最后历经艰辛，终于在朋友们的帮助下打败叔叔刀疤，夺回父亲的王位。

⊕ 《小鹿斑比》

内容简介：这部电影讲述了一头名叫斑比的小鹿从跟跄学步到成长为鹿群领袖的故事。天真可爱的斑比在妈妈的呵护下，在与朋友们的嬉戏中一天天长大，但不幸的是妈妈死在了猎人的枪下。在父亲的照管下，斑比经历了爱情的考验、森林大火，最后成为一名勇敢且强壮的公鹿，继承了父亲的宝座。

⊕ 《蓝精灵》

内容简介：年轻的准爸妈可能都还记得那首经常萦绕在耳畔的"在山的那边，海的那边，有一群蓝精灵，他们活泼又聪明……"不错，这就是《蓝精灵》的主题曲。《蓝精灵》讲述了在森林的深处，生活着一群只有三个苹果一样高的、无忧无虑、快乐的小精灵的故事。因为他们浑身蓝色，所以叫蓝精灵。他们每天都欢声笑语，时不时与邪恶的巫师格格巫做斗争，生活每天都充满了乐趣。

⊕ 《小蝌蚪找妈妈》

内容简介：《小蝌蚪找妈妈》是一部国产动画片，采用了中国传统的水墨画方式，画面如行云，如流水，如诗如画。故事讲述了青蛙妈妈将卵下到了池塘，春暖花开后，小蝌蚪孵育出来了。可是它怎么也找不到自己的妈妈。它先后遇到了虾、金鱼、螃蟹、乌龟、鲇鱼，最后终于找到了跟自己长得并不像的青蛙妈妈，一起快乐游走。

Day162　母胎之间的心灵感应

　　怀孕时母胎之间不仅血脉相连，营养共享，而且还能心意相通。这大概是因为胎儿每天接触到的都是母亲的听、闻、看、嗅、感，他就像一个小小的窃听者，"偷听"着母亲的一言一行。

　　胎儿在母亲体内就存在听、触、嗅等大脑神经活动。随着年龄的增长，在一定的时间范围内，人的记忆力逐渐增强，其中婴儿期的记忆力增长最快。这时期的孩子能很快地记住家中的布置和妈妈嘴里常哼的儿歌。

　　当母亲不安时分泌出来的激素会使血液中的化学成分发生变化，从而通过胎盘对胎儿的生长发育产生不利影响。而当母亲遭受外界不良侵害时，胎内环境也会跟着发生变化，进而使胎儿产生恐惧的心理，表现为胎动异常、心动过速等。

　　当胎儿在宫内感觉不适的时候，比如脐带缠绕、羊水缺少、猛烈碰撞，胎儿也会以自己特有的方式将这些变化传递给母亲。细心的母亲只要注意观察就很容易发现这种变化，从而帮助胎儿渡过危险期。

　　当然，母亲的情感和性格，比如怜爱、不安、勇敢、怯懦，也会通过这种奇妙的心灵感应传递给胎儿。所以母亲想要培养一个好性格的孩子，首先要培养自己拥有良好的性格，保持平和的心态。这样胎儿就能安安稳稳地在宫内发育。

　　其实，这种心灵感应还会一直持续到孩子出生后。孩子不仅会潜移默化地学习大人的一举一动，还很容易洞察到妈妈的情绪变化。而妈妈也往往是个先知先觉者，总能在第一时间体察到孩子的不适，帮助孩子尽快摆脱困境。

Day163　爱的教育

准妈妈给宝宝最基本的胎教不是对声音或者对视觉的胎教，而是从"爱的教育"开始的。这种胎教包括很多方面，不仅有对宝宝倾注的爱，也有教育宝宝对这个世界的爱。

在漫长的孕期里，准妈妈是宝宝的整个世界，对宝宝以后的发展起着至关重要的作用。准妈妈在孕期中，应该对宝宝倾注博大的母爱，仔细捕捉来自宝宝的每一丝信息，以一颗充满母爱的心来浇灌萌芽中的生命。这种胎教说起来很容易，做起来却有一定的难度。

准妈妈在孕期中由于生理上的变化，往往会产生一些负面的情绪，抱怨宝宝。更有甚者，很多年轻的准妈妈为了在孕期保持身材的纤细，不仅不注意给宝宝增加营养，还勉强自己穿一些束胸勒腰的衣服。这种心理上和生理上的行为都对宝宝的发育非常不利。准妈妈在怀上宝宝以后，就应该做好心理准备，告诉自己"宝宝正在我的体内慢慢发育"，让自己尽早接受"母亲"这个新的身份。只有从心理上接受了，才能对自己的宝宝充满母爱。

不仅从心理上准妈妈要充满母爱，也要落实到生活的点点滴滴中。准妈妈怀孕以后，要随时注意宝宝发出的信息。尤其是在孕中期，随着宝宝的活动开始增多，准妈妈更要随时注意，关注宝宝的生长。同时从自身出发，坚持锻炼身体，摄入足够的营养，避免不良刺激。这些从生活上入手的事情，才是母爱的实际行动。

当然，准妈妈的母爱也要让宝宝感受到才行。现在的宝宝已经具有听的能力了，并且能根据听到的声音做出不同的反应。准妈妈不妨好好给宝宝取个名字，然后在平常生活中用这个名字和宝宝进行对话。要知道，即使是在准妈妈肚子里，宝宝也是可以回应的。

Day164　母亲教会我勇敢

女性难免会被打上"胆子小"的标签。似乎一个蟑螂、一个雷电都能把她们吓坏。但是你知道吗？母亲却有着巨大的能量。孩子会让她们瞬间变得坚强又勇敢，她们的坚韧性有时候都远超过男性，具有极强的抗击打能力。

怀孕后的准妈妈受激素的作用往往会出现各种不良的情绪反应，焦虑、不安、心烦、易怒……

一旦准妈妈们认清了自己的角色，就能重新给自己定位，短期内就能成长为一个伟大又勇敢的母亲。

胎儿从母亲的子宫降临到外面的世界，需要历经千辛万苦，经受无数次的碰撞和挤压，需要极大的勇气和体力才能办到。所以准妈妈不仅要在孕期保证好胎儿的营养，还要及时有效地培养胎儿勇敢的个性。经过这方面的训练，不仅有利于准妈妈顺利转变为一名合格的勇敢妈妈，也有利于宝宝克服紧张心理，顺利地降临到人世间。

若是有不良情绪侵扰，准妈妈要学会释放压力，排除干扰，逐渐培养自己坚强而勇敢的个性。当烦恼时，准妈妈可以多看看那些活泼可爱的孩子，相信他们会让准妈妈增强不少自信。同时准妈妈可以选择一天的某个时间轻轻地抚摩胎儿，凝神屏气，用温柔而坚定的语气告诉腹中的胎儿："你即将来到一个美好的世界，与爸爸妈妈一起感受生活的乐趣，所以勇敢些吧，和妈妈一起努力，不要害怕！"

通过这样的反复练习，相信准妈妈会成功调教出一个勇敢的孩子！

Day165　父亲的影响力

爸爸对孩子是否有影响力呢？答案是肯定的。

如果从胎儿期开始，父亲就经常对孩子说话、摸摸孩子，那么孩子出生后，跟父亲也会很亲近。反之父亲在胎儿期对孩子不闻不问，孩子出生后就有可能与父亲比较疏远。所以做父亲的想要扩大自己对孩子的影响力，就要积极行动起来，千万不要做旁观者。

最近有一项研究发现：胎儿对男性低频率的声音比对女性高频率的声音还敏感，也就是说胎儿更喜欢听父亲说话。所以，父亲应该是给孩子做音乐胎教的不二人选。父亲应该尽量少上网、少玩游戏，抽出点时间经常给胎儿唱歌，也可以哼唱一些自编的优美旋律。

那么作为一名合格的准爸爸，到底应该怎么做胎教呢？

◎ 准爸爸可以一边轻轻抚摩妻子的肚子，一边和胎儿打招呼，说故事，唱歌给胎儿听，教胎儿简单的知识及常识等，这对胎儿脑部的发育会有很大的帮助，胎儿也能感受到准爸爸的关怀与用心。

◎ 准爸爸在与准妈妈交流的过程中，说话的声音要尽量温柔，不要动不动就用粗暴的声音训斥准妈妈。因为怀孕时期父母间温柔的说话声，可以刺激胎儿的听觉发育，也可以增强胎儿的舒适感，使胎儿沐浴在浓浓的爱意中。

◎ 准爸爸也可以陪孕妈妈观看一场轻松的电影，偶尔给孕妈妈送一束漂亮的鲜花，或者适时留下一些写着温馨话语的纸条等。准爸爸要时刻关爱并理解孕妈妈，做她最强有力的后盾，为她排除一些不必要的孕期焦虑，让孕妈妈能够尽快从负面情绪中走出来。

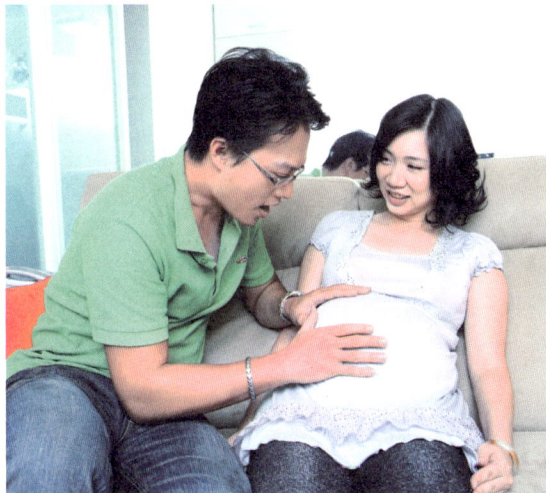

Day166　给老公下达胎教任务

有的准爸爸在没有人提醒的情况下根本不会想到胎教这回事。那么这个时候准妈妈就应该提醒一下准爸爸，同时适当地给准爸爸下达胎教任务。

🍊 多关爱妈咪和宝贝

准爸爸要全心全意、不辞辛苦、任劳任怨地做好后勤服务工作，努力为准妈咪和宝贝服务。除了做家务，承担全部体力劳动以外，还要妥善安排好孕妈咪的饮食，以保证母胎摄入足够的营养。

🍊 让妈咪和宝贝听音乐

准爸爸准备一些优美的音乐。然后一到睡前音乐时间，全家人以一个舒服的姿势躺着或坐着，一同静静享受音乐，享受"三人世界"。同时准爸爸可以哼唱音乐，想必宝贝也会很喜欢，因为宝贝更容易接受准爸爸富有磁性的嗓音。

🍊 多与妈咪、宝贝聊聊天

不仅孕妈咪需要老公多关心自己，胎宝宝也有这份强烈的需求。准妈妈可以安排准爸爸在每天晚上睡觉之前捧上一本有趣的图书，并为胎宝宝朗读图书上的文字。

🍊 多爱抚妈咪和宝贝

孕妈咪怀孕后多少都会有这样或那样的不适，这个时候准爸爸可以为孕妈咪按摩来缓解不适。准妈妈采取仰卧的姿势，完全放松，然后准爸爸按摩准妈妈的头部、颈部、背部、腿部，让准妈妈舒缓疲倦的身心。当胎宝贝长大一些后，准爸爸可以用双手从上到下、从左到右，反复轻柔地抚摩准妈妈的腹部。胎宝贝也会随着准爸爸的按摩轻轻地蠕动。准爸爸也可以轻轻拍打准妈妈的肚子，长大一些的胎宝宝能感受到并且做出回应。

Day167　准爸爸不要做伤害宝宝的事

准爸爸如果不注意，就会在准妈妈怀孕期间做出很多伤害宝宝的事情，而准爸爸自己却浑然不觉。哪些事情会伤害宝宝呢？

✳ 保留浓密的胡须

浓密的胡须会吸附并收纳许多病菌和空气中的污染物。当准爸爸与准妈妈亲吻时，胡须中的病菌或污染物就可能会进入准妈妈的呼吸道和消化道，影响胎儿的正常发育。准爸爸最好在备孕阶段就抛弃留胡须的习惯。在准妈妈怀孕及生产后，准爸爸更要记得勤刮胡子。

✳ 在准妈妈面前抽烟

准爸爸尽量不要在准妈妈面前抽烟。二手烟是一件非常可怕的事物，不仅容易引起流产、早产和胎儿死亡，也会让胎儿发育迟缓、畸形和先天性心脏病等等。为了宝贝的健康，准爸爸尽量做到不在准妈妈面前吸烟。

✳ 让准妈妈继续做家务

有些准爸爸每天看着准妈妈做饭、洗衣、打扫卫生而无动于衷。厨房里含有大量有害健康的气体和粉尘，再加上烹煮饭菜产生的油烟，对准妈妈产生的危害是非常大的。洗涤剂、洁厕剂或多或少都含有危害身体健康的物质。如果准妈妈经常使用上述物品，会有损身体健康。

✳ 没有节制的性生活

有些准爸爸并没有减少孕期性生活的次数。要知道部分流产案例的罪魁祸首就是性生活不当。孕早期，不当性生活容易刺激子宫收缩，导致胎膜早破；孕晚期，性生活会加大腹压，导致早产、宫内感染、产褥期感染等。因此，准爸爸在孕期要尽量克制自己，体贴准妈妈，特别是在孕早期或孕晚期一定要禁止性生活。

Day168 为准妈妈答疑解惑

应该何时开始做胎教

有人说胎教在宝宝孕育的那一刻就开始了，因为好的孕育环境有利于受精卵的形成以及胎儿的生长发育。营养胎教、环境胎教、情绪胎教应该是从备孕就开始了。

其他胎教开始的时间需要遵从胎儿的发展规律。一般来讲，胎儿在母体中4~5个月逐渐成形，大脑迅速发育，并且有了听觉、触觉、味觉、运动觉等感知能力。也就是说孕中期是进行胎教的好时期。

胎教真的有效吗

胎教是通过一定的方法对胎儿的视觉、听觉、触觉等进行科学刺激，以促进胎儿大脑神经细胞增殖，并使其神经系统和各个器官的功能得到合理开发、训练。众多国内外研究都发现，胎教有利于孕育一个聪明的孩子。

父亲在胎教中充当什么角色

父亲在胎教中的作用常常被忽视。很多人认为父亲没有必要参与胎教，这种想法是错误的。

丈夫对妻子和宝宝的爱能够让母胎在孕育过程中感觉更加幸福和满足。这不仅有利于妻子的身心健康，也有利于胎儿的良好发育。在适当的时候，准爸爸还应该承担家务活，陪同准妈妈去产检，同时做好各项保健工作，这些都会让孕期胎教有更好的效果。所以，父亲在胎教中的作用是至关重要的。

胎教就是对胎儿进行教育吗

很多准妈妈会走入这样的误区，在怀孕期间不仅要求自己学习很多东西，也教胎儿学习很多东西，并且认为胎儿出生后就会有超强的能力。其实胎教并非如此。胎教只是采用一定的科学方法对胎儿大脑进行良性刺激，以帮助大脑快速发展，为胎儿出生后打下良好的学习基础。

第七部分

宝宝变得活泼好动

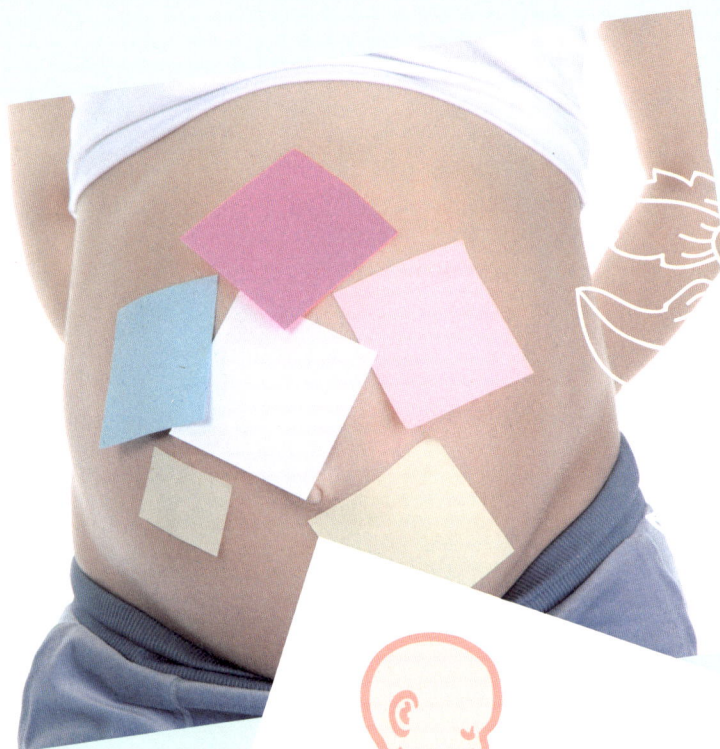

Day169　胎养与胎教

胎教是对肚子里的宝宝进行教育，那么胎养又是什么意思呢？顾名思义，胎养是指对胎宝宝的养护。那么，胎养到底又包括哪些方面呢？胎教和胎养之间又有什么关系呢？下面就为准妈妈一一介绍。

胎养和胎教相辅相成

想给宝宝做胎教，胎养是必不可少的。只有合适的胎养才能保证宝宝最基本的健康。设想一下，如果宝宝晚上不能好好休息，那么白天就一定没有精神接受胎教；如果宝宝身体虚弱，那么就没有足够的精力接受胎教。反过来说，仅仅给宝宝好的胎养，让宝宝身体健康，却不给宝宝进

行合适的胎教，无法促进宝宝大脑等器官的发育，同样对宝宝无益。所以说，胎养和胎教是相辅相成的，准妈妈只有将这两项同时进行，同时做好，才能有利于宝宝的生长发育。

胎养注重各个方面

◎ **早睡早起精神好**。胎养首先要让宝宝形成一个规律的生物钟，在该睡觉的时候好好休息，在该精神的时候好好玩闹。准妈妈应该每日早睡早起，养成健康的睡眠习惯，让宝宝在肚子里也养成规律的休息习惯。

◎ **营养十足身体好**。宝宝的身体健康是胎养最重要的目的之一。为了这个目的，准妈妈可要努力了。准妈妈应该采用合适的食谱，每日补充所需要的各种营养，让宝宝在肚子里也能吸收到所需的养分。

◎ **心绪稳定心情佳**。不要以为宝宝不知道什么叫"喜怒哀乐"，其实他也能感受到。为了宝宝的好心情，准妈妈是否做到了每天都心情舒畅呢？准妈妈良好的心绪可对宝宝产生积极的影响。准妈妈要每天对自己笑笑，对宝宝笑笑，让宝宝能精神愉悦地接受胎教。

Day170　认识斯瑟蒂克胎教法

斯瑟蒂克胎教法的名称来源于一对夫妇的名字，这对美国夫妇培养了四个天才孩子：大女儿五岁的时候便从幼儿园升到了高中一年级，十岁时成为全美最年轻的大学生。其他孩子也一样优秀，四个孩子的智商都在 160 分以上，进入了全美 5% 的高智商人群行列。当记者采访这位天才孩子的母亲的时候，她说："这是因为当孩子还在腹内的时候，我们就开始教育孩子。胎儿好像一台崭新的计算机，我们不过是输入了信息而已。"从这个案例中，我们又一次看到了胎教对宝宝未来发展的重要性。

那么这种培养出"天才宝宝"的胎教方法到底有些什么内容呢？下面就为准妈妈介绍一下，准妈妈不妨尝试着做做。

◎ 用悦耳、欢快的声音给宝宝唱歌，让宝宝一起感受音乐。

◎ 播放旋律优美、节奏明快的歌曲，让宝宝感受到幸福和爱意。

◎ 随时随地与宝宝进行交谈。将每天遇到的事情一一说给宝宝听，让宝宝了解生活中的点点滴滴。

◎ 给宝宝讲故事。准妈妈首先要了解一下故事的内容，然后运用丰富的想象能力把故事说给宝宝听。同时还要注意讲故事时要富有感情。

◎ 为宝宝讲解各种知识。不要认为宝宝还小，什么都不明白。其实准妈妈从孕期就可以开始让宝宝学习各种知识了。对于汉字、数字、字母等，准妈妈都可以用解说、书写等方法来让宝宝记住。

◎ 在宝宝出世以后，最好再把胎教的内容给宝宝重复一次。这样一来，宝宝会慢慢回忆起以前学过的知识。

Day171 认识蒙特梭利胎教法

蒙特梭利胎教法主要是从"人的性格是从胎儿期开始形成的"这个观点出发，从宝宝的生长环境对宝宝性格的影响入手，希望能通过胎教来对宝宝出生后的性格进行引导。那么蒙特梭利胎教法到底有哪些特殊内容呢？

🍊 性格训练法

宝宝住在准妈妈子宫里的时候，能敏锐地感知到准妈妈的思维活动、情绪波动以及准妈妈的态度，而这些都能直接影响宝宝性格的形成和发展。如果在孕期，准妈妈周围充满了和谐、温暖、慈爱的气氛，那么宝宝幼小的心灵会受到同化，宝宝感知到外部世界是美好而温暖的，于是就会形成热爱生活、活泼外向的性格。反之，如果夫妻之间生活不和谐，家庭不幸福，或者准妈妈对宝宝没有倾注爱意，那么宝宝就会从周围的生活环境中学到冷漠和仇视，久而久之，宝宝会形成自卑、多疑的性格。

所以准妈妈可以利用这个特点来对宝宝进行性格训练，具体要注意以下几个方面。

1. 准妈妈在孕期的时候，首先要注意自身情绪的调节，保持一个良好的心态，做每一件事都要注重对自身性情的调节与提升，尽量让自己感觉心情愉快。

2. 准妈妈尽量放松心态，戒骄戒躁，也可以通过欣赏音乐、艺术品来陶冶自己的情操。

3. 准妈妈多对宝宝倾诉自己的爱意，让宝宝知道爸爸妈妈都很爱他，都很期待他的到来。

🍊 记忆训练法

蒙特梭利胎教法同样强调了对宝宝记忆力的培养。

记忆训练法主要是通过准妈妈有计划地准备好合适的教学工具，比如汉字卡片等，然后从发音、笔画、意义等各个方面教导宝宝，让宝宝产生对汉字的记忆，从而达到胎教的目的。

Day172　动动手，动动脑

绘画、剪纸、刺绣等不仅能锻炼个人的动手能力、协调能力，还能提高个人的审美能力，让人产生美的感受。目前十字绣在市场上随处可见，各种各样的颜色和图形，令人眼花缭乱。十字绣的绣法简单，只要按照说明来，任何人都可以绣出好看的作品。准妈妈通过绣十字绣，不仅能锻炼胎宝宝的眼、耳、手、足、脑，还能提升胎宝宝的艺术品位和修养。

✹ 十字绣

对于十字绣，准妈妈可以将面料对折两次找到交汇的中心点，按照图纸上中心点所标记的线号要求，在面料的中心位置绣上第一针（每一个小方格代表一个十字绣针，要保证十字绣的压线方向一致）。每一幅十字绣的图纸上都有用符号或色块标记的线标，不同的线标代表不同颜色的绣线。在线标上方均标有全针、半针、四分之一针，按说明书去绣，就能完成一幅幅精美的作品。

✹ 画画

画画的时候，可以采用由易入难的方式，或者干脆报一个绘画班，接受专业老师的指导，一步步走入绘画的殿堂。即使不会画画，那又何妨？准妈妈在涂涂抹抹之中也会自得其乐。不妨试试现在流行的曼陀罗彩绘法，听说具有缓解压力的效果。如果有灵感，还可以设计出专属胎宝宝的那款曼陀罗。

✹ 剪纸

剪纸的时候，先要在漂亮的纸上勾勒出图形，然后按照图形，一剪刀一剪刀地剪下去，直至完成想要的图形为止。

Day173 和宝宝一起感受国画

国画是中华艺术的精粹，它不同于西方的油画。它不重形似，重在神似，是在书法技法基础上发展起来的一种绘画方式，主要是用毛笔调色，在宣纸、宣绢上绘画，并加以装裱。在欣赏优秀的国画作品时，准妈妈会在心中油然升起一种莫名的感情，或感伤，或欣喜，或平静，或悠然……这是西方油画所不能带给人们的。下面就给准爸妈简要介绍一下国画的分类。

🍊 山水画

欣赏中国山水画，先要了解绘画者的胸襟意境。画家把名山大川先了然于心，再形于手，所以"成竹在胸"这一成语就是这样来的。花草树木、亭台楼阁，皆可进入画家的眼帘。

🍊 花鸟画

花鸟画中的动物种类多种多样，有大有小。动物又可以分为好几类：狮、虎、猫、犬可称为走兽；各种鱼类可称为游鱼；蝉、蝶、蜻蜓称为草虫；各种雀鸟称为翎毛。

🍊 人物画

人物画可分为古今两类：古装人物；现代模特儿写生。因为人物还需要配合相应的动作和表情，所以人物画相对比较复杂一点。

国画讲究的是意境，通过笔墨抒发个人的感情，描绘美好的生活。学习国画，可以培养准妈妈的气质，陶冶情操。对于没有绘画基础的准妈妈来说，想要在短时间内学会国画，有一些难度。但是相信只要准妈妈用心学习，就会学有所成。

Day174　孕七月，常散步，助放松

有的准妈妈认为本着对胎宝宝负责的原则，就不应该到处乱跑，加上孕后期身体行动不便，因此准妈妈就大大减少了运动量。其实这种做法是大错特错的。

散步是一项非常适合准妈妈的运动。即使在怀孕前准妈妈是一个不喜欢运动的人，怀孕后也要经常散步。散步可以帮助消化、促进血液循环、增加耐力，而耐力对分娩是很有帮助的。在孕晚期，散步还可以帮助胎宝宝下降入盆，松弛骨盆韧带，为分娩做好准备。每天晚饭后，准妈妈可以在准爸爸的陪伴下，穿一双舒服的平底鞋去散步，保持心情愉快、放松。

但准妈妈要注意散步的时间不可过长，应以自身的体力而定。准妈妈要尽量选择在一些幽静、有树有花的地方散步，这样才能达到呼吸新鲜空气、锻炼身体、放松心情的目的。

另外，准妈妈在散步的时候，可以给宝宝唱一些童谣，既能向宝宝传递爱的信息，又为宝宝播下了艺术的种子。

⊛ **童谣：《哪边高》**

哪边高？这边高。哪边矮？这边矮。

一锅豆腐做成十二块。嫩豆花，好的菜，今天做来明天卖。

⊛ **童谣：《摇摇船》**

摇，摇，摇，摇到外婆桥。
外婆对我笑，叫我好宝宝。
糖一包，果一包，吃完饼儿还有糕。

Day175　孕期游泳好处多

对于这个阶段的准妈妈来说，合适的运动方式非游泳莫属。

🍊 孕期游泳好处多

游泳可以消耗掉准妈妈在孕期积攒起来的脂肪，有效预防妊娠期高血压疾病。游泳能充分运动身上的肌肉，帮助准妈妈减轻妊娠期间的腰痛、痔疮、静脉曲张等问题。另外，游泳还可以纠正宝宝的胎位，有助于顺利分娩。

🍊 蛙泳和仰泳

对于准妈妈来说，合适的游泳方法有蛙泳和仰泳。蛙泳不需要身体的扭转，更加省力，同时又能缓解随着腹部重量增加而导致的背部紧张。仰泳是依靠水的浮力来减轻重力对准妈妈的影响。

🍊 孕期游泳的注意事项

◎ **准妈妈最好在温水中游泳**。水温过低会刺激子宫，引发早产。可是水温过高也容易导致准妈妈疲劳，对胎儿发育产生不好的影响。

◎ **准妈妈游泳时一定要有人在旁边看护**。由于准妈妈身体不便，在游泳池里一旦发生意外很难自救，因此，准妈妈在孕期游泳的时候，最好有人在旁边。

◎ **游泳动作要缓慢**。准妈妈在游泳的时候一定要考虑到宝宝，不能用力过猛。入水前应该先热身，让身体得到舒展。入水以后也尽量舒缓地游泳，不要过于激烈。

◎ **运动前喝水**。在游泳之前，准妈妈就应该喝上一杯水补充水分。

Day176　准妈妈泡温泉

有一部分准妈妈很喜欢泡温泉。可是偏偏大部分的温泉入口都有类似"孕妇不宜"的告示牌，这让准妈妈们很困扰。温泉会不会伤害胎宝宝呢？可不可以在孕期泡温泉呢？

✺ 孕期泡温泉的风险

准妈妈泡温泉的风险会比常人大很多。因为在孕期准妈妈的生理状况发生了变化，血管的张力降低。长期泡温泉或者忽然从水里起身、改变姿势都有可能导致脱水、血压过低、呼吸不畅、头晕等问题，严重的甚至可能导致孕妇晕倒或者跌倒，造成不可挽回的后果。

另外，如果温泉水温度过高，或者温泉场所不够通风，都有可能会影响宝宝在子宫里的正常发育，从而导致宝宝畸形等问题。

最后，温泉的水质也是一个需要担心的问题。准妈妈在孕期的抵抗力低。一旦温泉的水质不好，或水里有一些致病微生物，都很容易导致准妈妈患病，从而影响宝宝的正常发育。

✺ 准妈妈泡温泉的注意事项

◎ **选择合适的温度和时间**。准妈妈在泡温泉的时候，应该合理安排泡温泉的温度和时间。温泉水温度最好不要超过40℃，并且要在通风的地方泡温泉。同时准妈妈要尽量控制泡温泉的时间，不能过长。

◎ **挑选合适的温泉和场所**。准妈妈由于身体容易感染，在泡温泉之前一定要选择好合适的场所，要挑选水质洁净、服务好的温泉场所，最好能选择独立水池，避免和陌生人一起泡温泉。

◎ **家人陪同一起泡**。由于泡温泉对准妈妈来说风险还是颇大，因此准妈妈要避免单人去泡温泉。

◎ **注意自己的身体状况**。泡温泉应该在胎儿比较稳定的时候进行。在泡温泉的时候，准妈妈也要随时注意自己的身体状况，一旦觉得不舒服要立刻从温泉中出来。

Day177　宝宝爱听爸爸妈妈笑

准妈妈在孕期经常做什么事情呢？是安安静静地给宝宝准备出生后的物品？还是一个人静静地思考？其实，在孕期经常发出笑声才是对宝宝有益的。准妈妈的笑声或者是愉快的谈话声、唱歌声都会引起宝宝的注意和兴奋。

笑是最动听的声音

对于宝宝来说，在孕期听见准妈妈的声音估计是一件很幸福的事情。久而久之，宝宝很容易在准妈妈发出声音的时候"聚精会神"，从而慢慢记住准妈妈的声音。所以为了让宝宝在子宫里记住的都是美好的声音，准妈妈应该多发出一些爽朗的笑声。

研究表明，准妈妈发出笑声，心情愉悦，往往也能对宝宝起到良性的作用。这种正面的能量有利于宝宝的智力发育和心理健康。同时，准妈妈爽朗的笑声，也能让宝宝的注意力集中，刺激宝宝听觉的发育。

另外，准妈妈在心情愉悦的时候，身体分泌的物质能更好地刺激宝宝大脑的发育，有助于宝宝健康成长。

准爸爸一起来

研究表明宝宝喜爱准爸爸浑厚低沉的声音。每当准爸爸发出笑声的时候，宝宝会因为喜爱这个声音而格外注意听，从而刺激宝宝的听觉发育。

从另一个角度来说，准爸爸和准妈妈亲密说笑的时候，准妈妈也容易心情愉悦。这种心态也会给宝宝带来良好的影响，会使宝宝对外界的环境充满信心和向往，出生后也会活泼爱笑。

Day178　宝宝需要良好的家庭气氛

宝宝在子宫里的生长发育会受到很多因素的影响，有些会影响宝宝出生后的体质，有些会影响宝宝出生后的智力，还有一些会影响宝宝出生后的性格。性格一旦形成，要改变有一定的难度，也因此，准爸妈都希望宝宝先天性格好。如果想要达到这一点，准爸妈就要在孕期注意营造良好的家庭氛围。

宝宝需要良好的家庭氛围

为什么这么强调家庭氛围对宝宝的影响呢？宝宝在子宫里的时候虽然还没有发育完全，但是对外界已经有感觉了。这个时候如果准爸妈说话大声或者争吵不休，往往会让宝宝感到外界很不安定，很可怕。有这样感觉的宝宝会害怕他要面对的世界，在出生之后往往更为沉默、胆小。而且准爸妈的争吵声也容易对宝宝的听力造成损害。

维系良好的家庭氛围

为了维系良好的家庭氛围，准爸妈应该共同努力，从生活中的小事开始做起。

◎ **准爸妈要互相理解尊重。**孕期是考验夫妻双方的时候，准爸妈应该尊重彼此，遇到事情一起商量，不要因为准妈妈怀孕了就特殊对待，沟通才是双方相处之道。

◎ **准爸爸尽量谦让。**一些准妈妈由于生理变化，往往脾气暴躁古怪。这个时候准爸爸应该体谅准妈妈孕期的辛苦，尽量让着准妈妈。准爸爸如果实在无法忍受，也可以出去冷静一下，千万不能在彼此都不冷静的时候发生争吵。

◎ **准妈妈要尽量克制自己的情绪。**虽然在孕期准妈妈情绪古怪情有可原，不过准妈妈最好也能学着克制自己的情绪，尽量让自己心绪平静，遇事冷静不急躁。如果准爸妈能冷静处理问题，即使有分歧也不容易爆发争执。

Day179　胎教能提高宝宝智商

大脑支配人的一切生命活动：语言、运动、听觉、视觉、情感表达等。大脑还是一切思维活动的物质基础：观察力、注意力、记忆力、思维力、想象力等。在大脑发育过程中，胎教的作用举足轻重。

有调查显示，受过胎教（包括音乐胎教和运动胎教）的宝宝与没有受过胎教的宝宝相比，前者智商和情商都有明显的优势。这些都说明胎教对宝宝有良好的影响。

🍊 胎儿期是大脑发育的重要阶段

科学研究表明，大脑细胞分裂增殖主要是在

胎儿期完成的，它有两个高峰期：第一个高峰期是怀孕的第2~3个月，第二个高峰期是怀孕的第7~8个月。如果在脑细胞分裂增殖的高峰期给予胎宝宝充分的有益刺激，脑细胞的分裂便可趋于顶峰，为将来的高智商奠定基础。

🍊 胎教对右脑的刺激

胎教的内容情感化、艺术化，集形象和声音于一体，这些丰富多彩的内容可以促进胎宝宝右脑的发育，使胎宝宝出生后知觉和空间感灵敏，更容易具有音乐、绘画能力，情感丰富，形象思维活跃。

同时，胎教给胎宝宝大脑以新颖、鲜明的信息刺激，具有怡情、养性的作用，从而又有利于胎宝宝大脑的健康和成熟。

🍊 胎教对左脑的刺激

由于胎教重视情感化和形象化，孩子出生后的知识学习就变得相对容易。这样也就调动了左脑的功能，使左右脑功能得到互补，有利于胎宝宝大脑潜能的全面开发。

Day180　教胎宝宝认字母

在现代社会，英语已经成为我们的第二语言。由于英语并不是我们日常所使用的语言，因此准妈妈要在胎教上多下功夫，教胎宝宝认字母。

🍊 准备一些色彩鲜艳的字母卡片

首先准备一些色彩鲜艳的卡片，然后用反差比较大的颜色在纸上写上 26 个英文字母。闲来无事的时候，准妈妈可以把这些卡片拿出来，告诉宝宝这些字母的读法。另外一种方法，准妈妈可以在白纸上一遍遍描摹字母，描摹的同时告诉宝宝这个字母的读音，以此加深宝宝的记忆。

🍊 唱字母歌

准妈妈还可以用一些更为活泼的方法。比如可以唱字母歌给宝宝听，让宝宝熟悉 26 个英文字母的排列顺序；或者用字母组成简单的词语，一边教宝宝认字母，一边也能让宝宝熟悉一些简单的英文单词。

🍊 看英文电影或小说

准妈妈也可以有意识地学习一些英文方面的知识，从另外一个角度来引导宝宝学习字母发音。这里所说的学习并不是很枯燥地研读书本，而是准妈妈可以在平时生活中多接触一些英文，比如欣赏一部英文电影或者看一本英文小说。可以选择欣赏一些迪士尼出品的动画电影。这些作品一般都是由童话故事改编，不仅内容比较简单，色彩也比较艳丽，容易调动宝宝学习的积极性。

需要注意的是，如果准妈妈对自己的英文水平没有信心，或者觉得自己发音不够标准的话，一定不要勉强自己来教宝宝，而是可以听一些英语教学音频。

197

Day181 益智拼图

"拼图"是日常生活中经常用来打发时间的小玩具，因为其色彩艳丽具有趣味性而受到广泛的欢迎。另外，拼图也可以用来作为胎教的道具哦。

拼图的特殊作用

拼图色彩艳丽，并且图案多种多样，这很容易让准妈妈形成强烈的记忆。这种集中精神产生的记忆也很容易传递给宝宝，刺激宝宝的大脑发育。同时这种色彩的传递也能刺激宝宝的视觉神经以及增强宝宝对色彩的基础记忆。

准妈妈在拼图的时候，往往要调动自己的大脑，这时候观察能力和分析能力都能在拼图中体现出来，而这两种能力也能传达给宝宝。虽然没有研究证实拼图能让宝宝更聪明，但是很多准妈妈都表示，在孕期经常拼图，宝宝出生后的观察能力和分析能力都高于同龄的宝宝。

拼图也要注意方式

可不要以为拼图就是简单地把图片拼在一起。为了更好的胎教效果，准妈妈在拼图的时候也要注意一些技巧。

同时，准妈妈在拼图的时候可以配上一些讲解。比如在拼图的时候和宝宝说说自己在拼什么东西，为什么要在这个地方拼这一片图案。这种讲解能提升宝宝的观察能力和逻辑能力。

最后，因为拼图非常消耗精力，所以准妈妈每次拼图时间不能太长，一般半个小时就要休息一下。不能因为玩得太入神而伤害自己和宝宝的身体，那就得不偿失了。

拼图的选择

因为是为了胎教而拼的，所以要选择图案较为简单、色彩也较为明亮的拼图。如果选择的是大片深色系颜色的拼图，往往会因为颜色暗沉而对宝宝的心绪产生负面影响，不利于宝宝的健康发育。最好选择一些小动物的拼图。准妈妈在拼完之后还可以告诉宝宝拼图中的动物是什么，一举两得。

Day182　诗歌胎教

仙人世界

泰戈尔（印度）

如果人们知道了我的国王的宫殿在哪里，它就会消失在空气中的。

墙壁是白色的银，屋顶是耀眼的黄金。

皇后住在有七个庭院的宫苑里；她戴的一串珠宝，值得整整七个王国的全部财富。

不过，让我悄悄地告诉你，妈妈，我的国王的宫殿究竟在哪里。

它就在我们阳台的角上，在那栽着杜尔茜花的花盆放着的地方。

公主躺在远远的隔着七个不可逾越的重洋的那一岸沉睡着。

除了我自己，世界上便没有人能够找到她。

她臂上有镯子，她耳上挂着珍珠，她的头发拖到地板上。

当我用我的魔杖点触她的时候，她就会醒过来，而当她微笑时，珠玉将会从她唇边落下来。

不过，让我在你的耳朵边悄悄地告诉你，妈妈，她就住在我们阳台的角上，在那栽着杜尔茜花的花盆放着的地方。

当你要到河里洗澡的时候，你走上屋顶的那座阳台来吧。

我就坐在墙的阴影所聚会的一个角落里。

我只让小猫儿跟我在一起，因为它知道那故事里的理发匠住的地方。

不过，让我在你的耳朵边悄悄地告诉你，那故事里的理发匠到底住在哪里。

他住的地方，就在阳台的角上，在那栽着杜尔茜花的花盆放着的地方。

◉ 胎教引语

这首诗是泰戈尔所作，以一个孩子的角度来看自己眼中的世界。借传说中的皇后、公主等形象，写出在孩子的心目中，自己的母亲就像这些仙人一样美丽动人。

◉ 胎教意境

全诗充满了童心、童趣以及对母亲真挚的爱，从孩子描述的美丽景致中，孕妈妈很容易联想起纯真可爱、想象力丰富的孩子形象，这是一件令人快乐的事情。

Day183　如何让聊天变得更快乐

跟腹中胎儿聊天，不仅可以让胎儿感受到父母对他的爱，促进他的大脑发育，还能成为父母转变角色的重要环节。如何让聊天变得更快乐呢？我们需要讲究一些技巧。

🍊 对宝宝讲话时，吐字要清晰，富有感情

因为宝宝毕竟是隔着肚皮、胎盘、子宫，还有厚厚的羊水，听准妈妈说话，所以准妈妈说话的声音应该稍微大一些，吐字清晰一些，最好是一字一顿，慢慢地讲。准妈妈在说话的时候一定要富有感情地去说，这样胎宝宝才会听得高兴！

🍊 和宝宝聊天重在坚持

准妈妈在前天跟宝宝聊天，可这两天又对宝宝爱搭不理，这样可不行。出生后的宝宝每时每刻都需要关心和照顾，腹中的宝宝同样如此。如果准妈妈不搭理胎宝宝，他也会很失落哦！

🍊 和宝宝聊天时不能太紧张

紧张的时候、心烦的时候，感觉压力大、情绪低落的时候，最好不要和宝宝聊天。宝宝需要的是一个态度和蔼、心情平和、语言温柔的妈妈。

🍊 和宝宝聊天前先放松一下

和宝宝刚开始聊天时，一些妈妈往往会觉得难为情，注意力也不能完全集中在这件事上，所以很难达到好的聊天效果。准妈妈不妨在聊天的时候做一下放松练习吧！将屋内的光线调至让自己最舒服的强度，取下身上所佩戴的首饰，以最放松的姿势躺在床上，闭上眼睛，慢慢地呼气、吸气，让自己轻松下来后再开始进入聊天状态。

Day184　和宝宝一起做"宫内操"

胎宝宝成形后，小胳膊、小腿就有了用武之地，他会吞咽羊水、吮吸手指、翻身、伸手、踢腿等，可谓是样样精通。这个时候，如果准爸妈能有意识地去锻炼胎宝宝的四肢，那么胎宝宝会有做游戏般的感觉，他会非常高兴。

下面给大家推荐一套胎儿的"宫内操"，感兴趣的准妈妈可以尝试做一下，做操的同时观察胎儿的反应。

◎ 打开胎教音乐，全身心放松，平躺在床上，对着腹中的胎儿说："宝贝，我们一起来做操。"在腹部松弛的情况下用双手捧住胎儿，轻轻抚摩，然后用一个手指轻轻按压再放松。

◎ 如果胎儿醒着的话，他会有相应的反应，他高兴的时候会伴随着准妈妈的触碰而一蹬一缩；他不高兴的时候，就会用力挣脱，或者蹬腿反对，准妈妈就要停止。

◎ 过几个星期，胎儿对母亲的手法熟悉后，一接触妈妈的手就会主动要求"玩耍"。

◎ 孕6月后，准妈妈可以用手感觉出胎儿的形体，这时就可以轻轻地推着胎儿在腹中"散步"了。

◎ 孕8月，准妈妈可以用手分辨出胎儿的头和背。当胎儿用力顿足，或者身体来回扭动时，准妈妈可以用爱抚的动作来安慰胎儿，胎儿就会慢慢安静下来。

◎ 做"宫内操"最理想的时间应该是在傍晚胎动频繁时，也可以在晚上入睡前做。但不要太晚，最好不要超过晚上10点钟。因为胎儿如果晚上过于兴奋，胎动频繁，准妈妈和胎儿就都别想睡个好觉了。

Day185　全家人一起做胎教

胎教不是准妈妈一个人的事。如果准妈妈家里还有长辈，比如：自己的爸爸、妈妈或老公的爸爸、妈妈，那么胎教就不只是小两口的事情，还需要将家中的老人算进来，让他们也认识到胎教的重要性。这样准妈妈在做胎教的时候就会减少阻力。

家庭成员作为一个整体，应该怎么去做胎教呢?

● 和谐温馨的家庭氛围

首先要有和谐温馨的家庭氛围，长辈和晚辈之间要互相理解、包容。长辈要能包容和理解晚辈身上不能"入眼"的毛病，毕竟时代变了，很多观念也要跟着改变；晚辈也要尊重和理解长辈，毕竟他们"走过的桥比你走的路还多"，说不定

可以借鉴一些他们的人生经验。

● 摒除重男轻女的思想

当老人的，特别是有着严重"重男轻女"思想的老人需要改变自己顽固的想法。这种重男轻女的思想不仅会让家庭关系不和谐，还会对准妈妈和胎儿造成很大的压力，从而影响胎儿的生长发育。

● 尽量迁就准妈妈

怀孕后的准妈妈俨然成了家中的"国宝"。稍有不适就会"牵一发而动全身"，轻则影响准妈妈的情绪，干扰胎儿的正常发育，重则危及母胎安危。所以其他家庭成员，在发生矛盾时尽量迁就一下准妈妈，毕竟让准妈妈开心、舒服是第一位的。

在准妈妈怀孕期间，所有家庭成员对待准妈妈应该是和善的、谦让的，不要给准妈妈压力和指责，尽量让她生活在一个温馨的家庭氛围中。这样的胎教环境自然更有利于胎儿健康成长。

Day186　最受欢迎的胎教方法

目前，胎教方法和方式五花八门，而且花样还在不断翻新中。在这些胎教方法中，有以下五种胎教一直受广大准妈妈的拥护和欢迎。

营养胎教

营养胎教是所有胎教的基础和孕育过程中的重中之重，需要注意：均衡营养、管理体重、按阶段补充营养。孕中期应注意补充富含蛋白质、钙、植物性脂肪的营养食品；孕晚期应控制水和盐分的摄入量，并控制体重的增加。

音乐胎教

胎教音乐应选择节奏舒缓，词曲柔和、悦耳，最好是与准妈妈的心跳相近的音乐或乐曲，比如莫扎特的音乐。准妈妈应尽量避免听嘈杂或节奏过快的音乐。

抚摩胎教

抚摩胎教不需要借助工具，完全是父母与孩子之间的亲子互动，看似简单，但若是处理不当也会引发不良反应。在胎儿感到不安的时候，准爸妈要少拍打或触碰他。最好的方式是在胎儿感觉良好的时候，准爸妈用手轻轻触摸，一边说话，一边让他感受准爸妈手掌的温暖，也可以一边听音乐，一边抚摩胎儿。

语言胎教

准妈妈可以一边走路一边与胎儿交流，一边干家务一边交流，也可以选择专门的时间与胎儿交流。如果觉得自己的辞藻并不丰富，也可以选择讲故事、唱儿歌、朗诵诗歌等方式与腹中宝宝进行"对话"，让他始终沐浴在准妈妈的爱意之中。

联想胎教

想必每个怀孕的准妈妈都想象过自己孩子将来出世之后的样子。那么这项胎教方法就是让准妈妈尽情想象的，想象一切美好的人、事、物，特别是可以在心中不断地描画自己未出世的孩子的模样，在心里不断地加深印象，久而久之，宝宝就会朝着准妈妈的想象发展哦！

Day187　准妈妈吃好、睡好、心情好

胎儿在形成伊始就需要接收各种良性刺激，这样更有利于胎儿大脑细胞和神经细胞的繁殖和发育。胎教正是起到了这样的作用。那么准妈妈该如何具体做好呢？

✺ 吃好、睡好

◎ 蛋白质、维生素、矿物质等各种营养成分都要充足，但是又不要过度。在营养的摄取上坚持营养均衡的原则，避免自身过度肥胖，造成"巨大儿"，增加分娩难度。

◎ 保证充足的睡眠，不要过度劳累。特别是一些仍然在工作的准妈妈，不要因为工作而忽视了自己的休息，不能像以前一样"忘情工作"。而在家全心全意待产的准妈妈除了充分休息以外，也要注意经常活动，不仅要活动身体，也要经常动动脑！

✺ 心情好

◎ 家庭关系和谐、夫妻恩爱。家庭成员要将准妈妈的需要放在第一位，尽量让准妈妈生活在一个放松、舒适的生活环境中。

◎ 发生矛盾时，应尽量避免争吵，本着宽容理解的原则，将家中的大事化小，小事化了。

◎ 平时尽量少接触刺激性较强的影视、书籍等，以免让准妈妈心理波动太大，造成不良影响。

◎ 准爸爸要支持和配合准妈妈做好相应的胎教工作。夫妻俩最好制订出合理的胎教计划。做胎教时，准爸妈尽量把胎儿当作一个有生命、有思想、有感情的谈话对象，经常与胎儿聊天，用爱的语言呼唤他，给予他良性的刺激。

Day188　胎教是在浪费时间吗

最近有一项研究认为，那些使用古典音乐和温柔声音对胎儿进行胎教的父母很可能是在浪费时间。这让不少正在进行胎教活动的准父母们感到困惑。胎教到底应不应该进行？我们不妨先来了解一下该项研究的具体内容吧！

该研究小组发现哺乳动物的胎儿大脑都是处于深度的麻痹状态，胎儿在未正式呼吸空气之前，其大脑都尚未启动。这意味着准父母煞费苦心的胎教只不过是白费力气。并且该研究小组进一步推论，胎儿在出生前或者出生过程中都是毫无知觉的。只有在出生后开始呼吸空气的时候，新生儿才具备知觉。

该项研究也受到不少质疑。鉴于一些证据显示胎儿对疼痛是有反应的，一些从事人类胎儿发育研究的专家认为，胎儿就可能具有感觉或知觉。因此，胎儿没有知觉这一观点还有待商榷。

目前，认为胎儿在腹中具有知觉的人仍然占多数。出于对宝宝着想，准父母仍在继续做胎教。毕竟准父母们"宁可信其有，不可信其无"。试想，谁不希望自己的孩子将来会有更好的发展呢？即使自己目前所做的胎教有可能是在浪费时间，他们也希望努力去尝试。

目前，尚无足够的证据证明胎教没有作用。胎儿作为一个在妈妈腹中生长的幼小生命，有没有知觉需要准妈妈用心去感受。无论是采取何种方法做胎教，在孕中就给予胎儿满满的爱和关心总是没有错的。胎儿也必定能够感受到这种心意。所以在任何时候做胎教都绝对不是在浪费时间，除非准妈妈对自己的孩子不够重视。

Day189 发挥兴趣爱好的胎教作用

研究发现，准妈妈个人的爱好能通过胎教传给孩子。这有一定的科学道理。因为生物体在个体发育过程中获得的新性状，即生物的新的形态特征或生理特性，可以遗传给后代。

有证据表明，准妈妈对音乐有极其浓厚的兴趣，并且经常表演给自己的胎儿听，胎儿出生后可能就会在音乐上极具天赋。比如加拿大汉密尔顿交响乐团指挥博利顿·希罗特、钢琴家阿瑟·鲁宾斯坦、小提琴家耶胡迪·梅纽因都有过类似的经历。国外出现过不少音乐世家，如巴赫、海顿家族，其原因很可能和有意或无意的音乐胎教有关。由此可见，音乐爱好是可以通过胎教传给孩子的。

既然音乐上的爱好和特长能够在母胎之间传递，那么其他的特长是否也具有这方面的神奇效果呢？于是，唱歌、吟诗、作画、编织、跳舞等新型胎教方法也流行起来。至于传递的效果如何，还真的有待时间和实践的检验。

不管怎样，每个妈妈都是一个独立的个体，有着自己独特的兴趣爱好。在做这些自己喜欢的事情的时候，每个妈妈都是专注和放松的。这样的状态已经是在做胎教了。

各位妈妈们要切忌将自己的意愿强加在自己孩子身上，将他塑造成自己希望的模样。毕竟孩子也是一个独立的个体，将来都会有属于自己的兴趣爱好。

Day190　呵护乳房

一些妈妈由于忙着应付各种杂事，可能会忽视孕期乳房的保健和护理。其实呵护乳房也是一项非常重要的胎教工作。

胸罩的选择

要选背带较宽、罩杯较大、尺码略大、纯棉的胸罩，不要选择有塑形作用和化纤面料的胸罩，否则很可能会影响乳房的血液循环，从而影响乳腺的发育，还可能使一些纤毛进入乳腺管而致乳腺管堵塞，导致日后哺乳时少奶或无奶。

每天清洁乳房

在怀孕中后期，准妈妈应每天用温热的毛巾清洗乳头和乳晕。最好不要选择用碱性强的香皂去洗乳房。每次清洗后，在乳头和乳晕表面涂上一层油脂，增加皮肤表皮的韧性。

矫正乳头内陷

要尽早纠正乳头内陷的情况。内陷的乳头使宝宝出生后不能用嘴裹住乳头，从而导致母乳喂养失败。纠正方法为每次睡前或洗浴后用一只手托住乳房使其耸起，用另一只手的拇指、食指、中指拉住乳晕部，向外牵拉乳头，并轻轻向上下左右的方向牵拉几分钟；也可在乳头牵拉出来后，轻轻用手指捻转，每天2~3次，待皮肤有韧性后，乳头就不会内陷了。

另外也可选择用乳头吸引器来纠正，将乳头慢慢吸出。由于牵拉乳头会促进孕妈妈身体内催乳素的分泌，再加上乳头皮肤的感觉神经非常敏感，因此可能会引起子宫收缩。所以操作时手法一定要轻柔，时间不可过久，在子宫出现频繁收缩之前就要停止牵拉乳头。

Day191　美丽是会传染的

临近分娩，准妈妈分娩的压力越来越大。伴随着体重增长速度过快，准妈妈担心自己产后身材恢复不好的压力也在一天天增加。这些焦虑的准妈妈该如何调节自己的压力呢？关注外表，"臭美"一下，也许是有效的途径。

◉ 注意防晒

外出活动时，一定要在脸上涂一些防晒霜，或戴上一顶大沿帽子。准妈妈平时要吃些富含维生素 C 和维生素 E 的食物以抵御紫外线的侵扰。

◉ 加强皮肤保养

为了使皮肤保持柔软和良好的弹性，准妈妈应经常涂上一层优质的保湿类护肤霜以润滑皮肤。对脸部的保养要和未怀孕一样，不同肤质采用不同的保湿护肤产品。有条件的话尽量使用孕妇专用的护肤产品，这样可能会更安全。

◉ 保持清洁

孕妈妈内热，"火气"会较常人大，在夏天更容易长湿疹和痱子，因此要讲究卫生，出汗后要及时擦干。每天洗澡，以保持身体的干净。勤换内衣裤，内衣的料子最好是纯棉的。

◉ 头发护理

头发是油脂型的，可以使用以脂蛋白为主要成分的洗发剂。每天要用优质木梳或牛角梳梳理头发，不宜用塑料梳子，梳理要适度，不能过分用力。

◉ 着装合体

准妈妈的着装应随着月份的变化选择适合自己腹围、臀围的衣服。市面上有很多漂亮的孕妇装，准妈妈根据自己的体形进行挑选，总能找到适合自己的那一款。

Day192　懒人胎教

准妈妈在孕期变得慵懒了许多，除了吃饭，最想做的事情莫过于躺着睡觉了。在这样慵懒的状态中，如何才能把宝宝的胎教做好呢？毕竟宝宝的事情可是大事情啊！下面就教给懒妈妈们五招懒人胎教法。

❂ 宁静即胎教

准妈妈不要认为自己什么都不做就没有在做胎教。即使准妈妈躺着不动，保持平和愉快的心情也是对宝宝做的胎教。

❂ 躺着抚摩

在躺着的同时，准妈妈可以在自觉胎动频繁的时候用温暖的手掌轻轻抚摩胎儿，让胎儿感觉到妈妈的爱和欢喜。如果准妈妈能摸到胎儿的背、头、腿和胳膊，不妨试着轻轻去触动他的腿，他会随着准妈妈的触碰伸缩，做着"宫内运动"。

❂ 听着音乐入睡

入睡前，准妈妈可以选择听一些悠扬悦耳、节奏舒缓宜人的音乐。晚上睡不着的时候，准妈妈也可以选择听一些具有安眠作用的音乐，在迷人的音乐声中度过孕期那些难眠的"艰难"岁月。

❂ 试着读一本书

以前一直忙着生活、工作中的一些琐事，无暇也想不起去读一本书，这时准妈妈不妨选择一本好书来细细品读，每天不要太多，几页就足矣。

❂ 和宝贝说说话

准妈妈闲着的时候也可以与胎儿说说话，轻声呼唤他的小名。如果这个时候准爸爸也在准妈妈旁边，最好一块参与进来，会有更好的效果。注意说话的内容不要太过复杂，最好在一段时间内反复重复一两句话，便于胎儿理解记忆。准妈妈也可以给胎儿讲故事。讲故事时要富有感情，绘声绘色。

Day193　放松心情

临近分娩，准妈妈的分娩压力越来越大，无形中有很多的"心理包袱"。准妈妈都有哪些心理包袱呢？

❋ 追求完美

准妈妈想要一个完美的宝宝，努力做着各种胎教。想要所有的事情都完美，包括工作、家庭、孩子，甚至自己的身材。想想"完美"所要付出的代价，及时告诉自己，只要尽力就可以了。

❋ 不停地攀比

喜欢与其他的准妈妈攀比，比谁做胎教更努力，比谁的宝宝发育得快，比谁的老公或婆婆妈妈对自己好……太多的攀比只会让准妈妈自己受罪。用友善宽容的心对待周围的人和自己，满意和自信将不请自来，生活也会充满惊喜。

❋ 爱钻牛角尖

对怀孕中的任何小细节都不肯放过。哪怕只是偶尔吃了不该多吃的东西，比如兔肉，因为老话说孕妇吃了兔肉，孩子会有兔唇，所以准妈妈就不停地纠结、难过。其实，偶尔吃某些东西并无大碍。

❋ 沉浸于往昔或未来

有的准妈妈老是活在过去的回忆里或不断为将来担忧。回忆恋爱时老公的体贴，希望在孕期老公还能继续如此，不断地担心宝宝会发生各种危险。准妈妈最好只专注于怀孕这一件事情，用深呼吸放松一下，把自己从过去或未来中拉回来。

Day194　养成良好的生活习惯

一天之计在于晨。每天早上起床后心情愉快会使准妈妈一整天都感觉很放松。那么怎样做才能保证自己起床后比较开心呢？下面就给大家推荐几招！

🍊 醒后搓搓脸

早上醒来后不要急于起身，可以先在床上活动一下四肢和头部，然后再搓搓脸。搓脸可以增加面部血液循环，让准妈妈马上精神起来。

🍊 养成晨起排便的习惯

如果长期便秘，肠道很容易被堵塞，各种毒素被肠道反复吸收，影响健康。便秘也会让人一整天萎靡不振。在起床或早餐后，选择固定的时间到厕所里去蹲一蹲，能让身体养成定点排便的习惯，即使没有便意也可以试试，形成自己的排便生物钟。

🍊 喝一杯"起床水"

新鲜白开水能使血液迅速得到稀释，促进血液循环，让人快速清醒。晨起要空腹，小口慢慢喝下第一杯水。

🍊 镜前摆个自信的笑脸

早上梳洗完毕后，笔直地站在镜子前，对自己微笑，看到自己积极乐观的形象。然后，想几件开心的事情，体会与心灵对话的美好感觉。接下来，深呼吸3~4次，让这种感觉传递全身，更加肯定自己的能力和决心。

🍊 一定要吃早餐

准妈妈的营养早餐应该包括四类食物：谷类、肉蛋类、奶类、蔬菜水果，才能保证营养均衡。另外，每天早上还应该留15~20分钟坐在餐桌前吃饭的时间，不要边走边吃。也不要将饼干等零食当早点，否则容易营养不良，精神萎靡不振。

Day195　儿歌胎教

🍊 《小鸭子》

我们这里养了一群小鸭子，

我每天早晨赶着它们到池塘去。

小鸭子向着我"嘎嘎嘎"地叫。

再见吧，小鸭子，我要上学了。

再见吧，小鸭子，我要上学了。

我们这里养了一群小鸭子，

我每天放学赶着它们到棚里去。

小鸭子向着我"嘎嘎嘎"地叫。

睡觉吧，小鸭子，太阳下山了。

睡觉吧，小鸭子，太阳下山了。

🍊 胎教引语

《小鸭子》是作者潘振声通过与一个放鸭子的小男孩一边说笑，一边写出来的，他被放鸭娃的快乐感染，一个晚上连词带曲便把《小鸭子》写了出来。

🍊 胎教意境

这首儿歌充盈着天真和童趣，曲调欢乐优美，能让准妈妈和胎儿感觉"情不尽，曲不止"。这也是一首适合角色扮演的儿歌，孕妈妈可以和准爸爸一起来唱，也可以和胎儿一起唱歌，让准爸爸扮演歌中的小鸭子，快乐一定是加倍的。

潘振声一生创作了大量儿童歌曲，主要作品有《小鸭子》《我在马路边捡到一分钱》《好妈妈》《春天在哪里》等，被人们誉为当代"儿歌大王"。他说："我的歌中有孩子，孩子的歌中也有我；我们在一起玩，他们长大了，我变年轻了！"

🍊 胎教感言

相信对一个小生命的期待一定让准妈妈快乐无比。人很容易想起过往的快乐，妈妈的一个吻，爸爸温柔的拥抱，以及陪伴着自己长大的艺术作品，包括儿歌、电影等，常常重温它们会让孕妈妈迅速找到快乐幸福的感觉。

Day196　胎教到底是该勤还是懒

对于胎教，准爸妈是应该勤快点还是应该懒惰点呢？想必这是很多夫妻都很迷惑的一件事，其实懒与勤还得分情况。

勤吃 + 会吃

从孕四月妊娠反应消退开始，准妈妈就应该加强营养了，坚持少食多餐的原则，尽量吃营养丰富的食物，包括各种瘦肉、奶类、水果、蔬菜、坚果、粗粮等，少吃煎炸、烧烤、辛辣的食物。

勤交流

孕六月，胎儿有了听觉，这时的他像一个小小"监视者"，每天观察着准妈妈的一举一动，感受着准妈妈的喜怒哀乐。所以为了胎宝宝健康，尽量让家里充满爱和欢笑，少一些争吵。当然最好的方式是准爸妈要多与胎儿聊聊天、哼哼歌，让他早早就感受到家庭的温暖。

勤学习

良好的求知欲不仅能够让准妈妈精力充沛，也会让胎儿变得爱学习。准妈妈不断地学习、求知，让胎儿的大脑神经不断地接受刺激，从而促进大脑神经细胞的发育。

勤运动

准妈妈也要勤运动。适量的运动不仅能够增强准妈妈的免疫力，也有利于保持身材，不至于孕期过胖，还有利于顺利分娩。

早期胎教懒些好

有些胎教不是越早越好。很多夫妻在得知自己即将升级做父母时就开始抓紧时间做胎教，其实这很不妥当，弄不好还会影响胎儿的生长发育。所以在孕早期准爸妈还是懒点好，适当做胎教，为以后的胎教打基础。

第八部分
妈妈，我的房间变小了

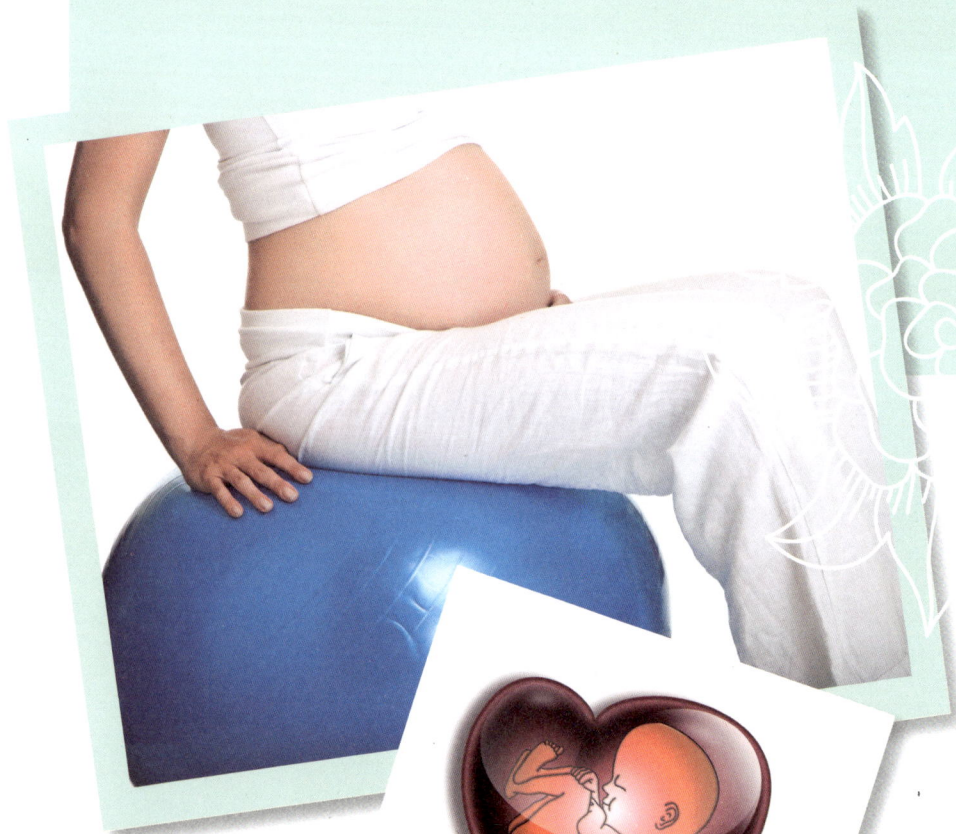

Day197　按照计划坚持做胎教

🍊 营养胎教

妊娠 8 个月的准妈妈，在饮食安排上继续采取少吃多餐的方式。饮食应以富含优质蛋白质、矿物质和维生素的食物为主。在摄入含钙高的食物时，应注意补充维生素 D。维生素 D 可以促进钙的吸收。含维生素 D 的食物有动物肝脏、鱼肝油、禽蛋等。

🍊 抚摩胎教

抚摩胎教一般在怀孕 6 个月左右开始进行。准妈妈最好规定一个具体的时间，每次 5~10 分钟。准妈妈在抚摩时要注意胎宝宝的反应，如果胎宝宝是轻轻地蠕动，说明可以继续进行；如果胎宝宝用力蹬腿，说明准妈妈抚摩得不舒服，胎宝宝不高兴，就要停止抚摩。

🍊 能力训练

不仅可以在前 7 个月的基础上有计划地继续进行语言胎教，还可结合实际生活中的各种事情，不断扩大聊天的内容范围。在给胎宝宝聊天、讲故事、教文字的基础上，再进一步进行"教胎宝宝算术和图形"的胎教。通过和胎宝宝共同生活、共同感受，母子、父子间的纽带变得更加牢固。

🍊 音乐胎教

妊娠 8 个月时胎宝宝的大脑神经系统更加发达，更容易听到外界的声音。所以在这个月里除了收听音乐以外，建议准妈妈最好亲自给胎宝宝唱歌，这样会收到更令人满意的胎教效果。

Day198 持之以恒做胎教

🍊 树立持之以恒的信念

为了宝宝，准妈妈一定要树立持之以恒做胎教的信心。准妈妈要想想，现在的辛苦能改变宝宝的未来，这是非常值得的。如果准妈妈在生活中喜欢拖拖拉拉、三心二意，这个时候一定要调动自己的意志力让自己坚持下去。

同时，准妈妈也可以通过胎教日记鼓励自己，继续坚持写胎教日记。总之，准妈妈应该通过自我鼓励，促使自己坚持做胎教，绝不能半途而废。

🍊 准爸爸监督激励

完全依靠准妈妈的意志力坚持做胎教，或许有点难度，这个时候就需要准爸爸发挥作用了。准爸爸应该从现在开始监督准妈妈做胎教。在准妈妈感到枯燥乏味的时候，准爸爸尽量调动准妈妈的积极性；在准妈妈遗忘或者疏忽的时候，提醒准妈妈遗漏的地方。

同时，当准妈妈因为身体上太过疲乏而无暇给宝宝做胎教的时候，准爸爸就应该主动帮助准妈妈进行胎教，或者给准妈妈做按摩，缓解准妈妈的疲乏。这样不仅能帮助准妈妈坚持做胎教，还能让夫妻之间的感情更加和谐。

🍊 准妈妈之间互相监督

准妈妈在孕期的时候或许会认识一些其他的准妈妈。这种由准妈妈们建立起来的圈子非常有利于胎教的进行。除了平时可以交换一些胎教的信息之外，准妈妈也可以请其他的准妈妈监督自己，或者大家一起坚持做胎教。如果有这样一个合适的大环境，准妈妈就不会觉得胎教太乏味，也就更容易坚持下去。

Day199 胎教需要按部就班吗

胎教到底怎么做？各种各样的书籍、报刊给了准妈妈无数的答案。可是，这么多的答案让准妈妈摸不着头脑。有的准妈妈听说要随时随地对宝宝进行胎教，于是就不分时间、地点地给宝宝做胎教，结果导致宝宝过于疲惫，准妈妈自己也烦躁不堪。

有的人说音乐胎教效果好。准妈妈就随时随地给宝宝播放音乐，结果反而伤害了宝宝的听力。这些事实都说明了准妈妈要慎重对待胎教这件事。由于每个宝宝都是独特的，因此准妈妈不能完全按照书本知识来教导宝宝。

有的宝宝比较脆弱，那么准妈妈就不能给宝宝做太累的胎教；有的宝宝比较活泼，那么准妈妈就可以经常和宝宝说话或者出去走走，运动一下。这些都是因人而异的。准妈妈应该先好好观察一下自己宝宝的个性，再根据宝宝的特点调整胎教的方式。

事实上，准妈妈也可以根据宝宝的反应来确定自己的胎教方式。在现阶段，宝宝已经能对准妈妈做出一些回应了。那么在进行胎教的时候，准妈妈不妨给宝宝一些反应的时间。如果在进行某种胎教的时候，宝宝会做出反应，那么就说明宝宝比较喜欢这种胎教，准妈妈可以经常进行。如果宝宝的反应很烦躁，比如持续踢准妈妈的肚子，那就说明宝宝不太喜欢这种胎教方式，准妈妈就要及时停止了。

总之，准妈妈在进行胎教的时候，一定要结合自己和宝宝的状况，因人而异，否则反而会伤害到宝宝。

Day200　营养，一样都不能少

🟠 量少而精

准妈妈的营养摄入应遵循量少而精的原则，每天要多摄入一些蛋白质，可以多吃肉类、禽蛋类、牛奶等动物性食物；食用动物肝脏，补充铁，预防妊娠合并缺铁性贫血的发生；食用豆奶、豆浆、豆腐等豆制品，补充钙；食用核桃、芝麻、花生等食物，补充必需的脂肪酸。

🟠 控制进食的量

准妈妈还要适当限制脂肪、甜食和水果的摄入，以免胎儿长得过大。如果临近分娩，出现下肢浮肿，还应减少盐的摄入量。要适当控制进食的数量，特别是高脂肪食物。这是由于准妈妈的胃部受压，一次吃不了太多东西，可分几次食用。准妈妈宜可多吃一些富含粗纤维的食物以防便秘。

🟠 补铁很关键

足月胎儿肝内储存的铁，可供其出生后6个月之内用，其中大部分铁是在母亲妊娠的最后两个月内储存的。在这两个月内，胎儿肝脏每日都在储存铁。孕妇自己也需要储存一些铁，为分娩失血做准备。补铁宜多吃芝麻、黑木耳、黄花菜、动物肝脏、蘑菇等。

🟠 能量充足

孕妇在妊娠期间的能量消耗要高于未妊娠时期。因此，孕妇对热能的需要会随着妊娠的进展而增加。所以，保证孕期热能供应极为重要。如果孕妇妊娠期热能供应不足，就会动用孕妇体内贮存的糖原和脂肪，人就会消瘦、精神不振、皮肤干燥、体温降低、抵抗力减弱等。

Day201 培养宝宝的蔬菜情缘

很多宝宝出生后不爱吃蔬菜，让妈妈们很苦恼。其实，如果准妈妈能在孕期有意识地训练宝宝适应蔬菜的味道，宝宝出生后不爱吃蔬菜的概率就会降低。

研究发现，宝宝不喜欢吃蔬菜是源于他自保的天性——天生抗拒苦味。植物之所以含有苦味，是因为植物本身内在的生物碱。这些生物碱是植物为了防止被异类吃掉而分泌出来的。在人类进化过程中，我们会对这种苦涩的味道渐渐地产生本能的抗拒，并且遗传给自己的宝宝，所以宝宝天生会拒绝具有特殊味道的蔬菜。

准妈妈在孕期和哺乳期刻意吃某些苦味蔬菜，会影响宝宝对蔬菜的喜好。比如妈妈在孕期有计划地品尝苦瓜、西蓝花、甘蓝和胡萝卜等。

在吃某种食物的同时，准妈妈最好在心里默默地想象这种食物的形状、颜色、味道，做成各类菜肴的香味，也可以将这种感觉用语言一一向宝宝详细描述。如果准妈妈每次吃蔬菜的时候都要强调蔬菜的重要性，那么胎宝宝久而久之就会对该蔬菜"印象深刻"了。

开始营养胎教时，准妈妈要遵循营养搭配的原则，注意荤素搭配、粗细搭配的原则。不要一天里的菜肴全是蔬菜。也不要一开始就大量地食用某种蔬菜。准妈妈在食用蔬菜的过程中也不要吃得太单一，要搭配其他蔬菜，也可以将一种蔬菜做成各种类型的菜肴。

宝宝日后的饮食习惯与孕妈妈孕期的饮食习惯有密切联系，所以为了宝宝的健康，为了宝宝未来有良好的饮食习惯，孕妈妈在孕期就需要合理膳食，均衡营养。

Day202 用手书写，动手又动脑

有报道显示，经常写字不仅能活动手指，还可以使脑子更灵活。美国范德堡大学神经外科教授艾伦·希尔斯博士分析指出，不同的交流方式涉及大脑不同部位的激活和运用。写字越少，就越浪费大脑相应部位。一旦需要的时候，"调取"相关信息就会异常困难。与经常用手写字相比，每天使用键盘打字对大脑产生的刺激更少，思维也会受到一定的限制。

其实，要让大脑更灵活，并非每天必须书写很多字。短短的一封信、一张便条、几句留言都会让大脑保持运作状态。

既然每天写几个字就能有如此神奇的效果，那么准妈妈每天写写字也是一种很好的胎教。如果准妈妈能将写字与艺术相结合，也就是说准妈妈每天练练书法，不仅能够锻炼大脑，也能修身养性，让准妈妈的心性越来越平和，对人、对事都会越来越有耐心。

可能有些准妈妈会认为自己的字迹不好看，羞于写字。其实完全没必要有这种想法。在白纸上写下自己的想法、自己对宝宝的祝福将是一件幸福无比的事情。如果这个时候准妈妈还没有准备好胎教日记本，那么从今天开始赶紧准备一个吧。别让自己的书写功能退化。写字能让自己大脑的相应部位灵活运作，同时也会刺激胎宝宝的相应部位。

Day203　全程呵护胎宝宝

孕八月，准妈妈成功地步入孕后期。现在准妈妈最重要的事情恐怕就是一天天数着日子期待着小宝宝的降临。其实，这个时候的准妈妈还有很多事要做，还需要操心宝宝的安危。大腹便便的准妈妈更要格外留心自己平时的一举一动，毕竟保护宝宝不受伤害是胎教中的大事。

✺ 不可饱食

准妈妈千万记住一次不能吃太饱，坚持少食多餐的原则，也不要一次喝大量的水或饮料，特别是不要喝浓茶和含咖啡因的饮料，因为它们都可松弛食道肌肉。辛辣性食物、过冷或过热的食物也会刺激食道黏膜，加重胃灼烧。同时还应注意，进食后不要立即躺下，否则很容易让食物积留在胃里。

✺ 注意保暖

有些孕妈妈可能出现腰酸腿疼、手脚冰凉的毛病。因此，孕妈妈应该格外注意身体各部位尤其是下肢的保暖。特别是在寒冷时节，应挑选覆盖式内裤，即裤腰能覆盖肚脐以下部分，保暖效果会更好些。

✺ 避免挤压

避免挤压腹部，特别是在走动和穿衣服的时候。如果准妈妈有便秘的情况，注意不要过于屏气用力。准妈妈咳嗽时，也要适当注意，因为咳嗽的震动感也会挤压腹部，引起胎儿不适，应积极医治。另外准妈妈的衣服要宽松，不要选择系腰带的衣服。

✺ 使用腹带

如果准妈妈觉得腹部实在太过于沉重，可以选择使用腹带。腹带既能让腹部保温，又可使身体的稳定性增加，还能从下腹部轻轻托起增大的腹部，从而缓解腹部悬垂带来的不适感，保护胎位。但一定要选用可随腹部增大且可自行调节的腹带，千万不能有勒的感觉，以免影响胎宝宝的正常发育。

Day204　孕期"站、坐、躺"的正确姿势

　　孕期准妈妈大着肚子，一些平时很简单的动作都会让准妈妈感觉很不适，甚至压迫到宝宝。其实正确的姿势不仅不会压迫到宝宝，还能缓解准妈妈怀孕带来的不适感。今天就为准妈妈介绍一下到底什么样的姿势才是顺应宝宝发展，不会伤害到宝宝的。

正确的站姿

　　站立的时候准妈妈往往会因为肚子的重量而使肚子微微前倾，人微微后仰。其实这样的站法会使宝宝过于突出，对脊椎的压力更大。正确的做法是平直地抬起头部，不要向前或者向后倾斜头部，同时尽量保持耳垂与肩部的平衡。最重要的是，准妈妈要保持腰杆挺直。另外，准妈妈应

该保证膝关节平直，不要弯曲，以免重力导致准妈妈下盘不稳，发生危险。

正确的坐姿

　　准妈妈要尽量选择坐有靠背的椅子，坐的时候保持背部和肩膀平直，然后臀部贴着椅子的后部。如果没有靠背椅的话，准妈妈就应该尽量坐在整个椅子上，然后挺直躯干保持几秒后慢慢放松，尽量将体重平均分布在臀部两边。并且一个姿势最好不要超过 30 分钟，以免造成身体的僵硬。最后站起来的时候，准妈妈要先移动到椅子的前部，然后利用腿部的力量站起来，尽量避免弯腰站起来。

正确的睡姿

　　一般来说，准妈妈应该避免仰卧睡或者趴着睡，因为仰卧睡，增大的子宫会压迫大静脉，从而对心脏造成压力。而趴着睡很明显会对子宫造成压迫。合适的姿势应该是向左侧躺着睡，因为这样有利于胎儿的血液供应。并且左侧卧位也能保护子宫不受到准妈妈器官的压迫，从而使宝宝健康发育。

Day205   孕妇写真留下美好回忆

这两年，孕妇写真非常流行和火爆。想要拍摄孕妇写真，还需要向影楼提前预约。越来越多的孕妈妈来到影楼拍照，为自己也为即将出世的孩子留下自己"最具女人味"的写真。其实，如果孕妈妈不想去影楼拍，在家里也一样可以拍摄孕妇写真。那么准妈妈在拍照留影时需要注意什么呢？

最好选择在孕 7~8 月拍写真，虽然这个时候孕妈妈的肚子有了一定的规模，但是身材还没有过于臃肿，行动也相对较灵活。拍摄孕妇写真的前一天晚上，不要喝太多水，以免全身浮肿；不要太晚睡觉，以免第二天感觉劳累、精神不佳。

孕妈妈的妆容不宜太浓，要特别注意不要过多接触含铅高的化妆品。皮肤敏感的孕妈妈应尽量少接触含有刺激性化学成分的化妆品。如果无法避免，要事先详细了解化妆品的成分及适用人群。孕妈妈可以尝试母婴用品店的专用化妆品。如去影楼拍照，尽量自带孕妇适用的化妆品，避免使用影楼提供的公共化妆品。

一般摄影师都会从侧面照起，力求将整个腹部都照到，以便表现整个身体曲线。孕妇只需要采取站立姿势就可以了，这也是一种比较舒服的姿势。当然，也可以考虑坐着、躺着或者跪着等姿势，但这些只能是短暂的姿势。

拍摄期间必须以准妈妈的舒服和安全为重。可以在准妈妈的肚子上放一些创意小图案，增加趣味性。尽量捕捉一些生活中的温馨小细节。另外在拍摄期间，准爸爸一定要全心全意陪同，随时为准妈妈"排忧解难"。

Day206　购买育儿用品，为生产助力

孕八月，准妈妈的身体还没有臃肿到会影响出行，不妨趁这个机会出门购物，帮宝宝提前置办好出生后要用的东西。要知道，购物过程中的开心满足无疑也是对宝宝的胎教。准妈妈还可以在购物的过程中告诉宝宝：这是什么，那是什么，这些都是为他置办的。想必宝宝听到后，在腹中也会乐开怀呢！

哺乳用品的选购

哺乳用品包括：哺乳文胸、溢乳垫、吸奶器等。由于怀孕后期至产后哺乳期，乳房都可能会溢乳，因此很多孕妇或妈咪会使用乳垫来吸收溢出的乳汁。为了方便放置和固定乳垫，许多孕妇专用文胸的罩杯内会装有袋口及辅助带。哺乳文胸一般都有前开口设计，增加了文胸的附加价值，并可将穿着期由孕期延长至哺乳期。至于吸奶器，它可帮助妈妈轻松吸出更多乳汁。

宝宝衣物的选购

宝宝的衣物包括小帽子、小衣服、小裤子、小袜子、口水巾、围嘴等。通常需要提前购买、洗涤这些衣物，但注意不要一下子买太多宝宝衣物，因为新生儿的生长速度惊人，等到孩子穿的时候，这些提前购买的衣服要么过季了，要么已经太小了。

宝宝洗护用品的选购

洗护用品包括沐浴液、润肤霜、爽身粉、护臀膏、浴巾等。婴儿的皮肤娇嫩，需要选择专门的婴幼儿护理产品，最好选择大品牌、口碑好的产品。

宝宝日常用品的选购

童车、小床、温奶器、奶瓶、奶瓶刷、消毒锅等，这些都可以根据自己的需要进行选择，奶瓶可以买大小各一个。建议购买玻璃材质的，推荐使用知名品牌的产品。

Day207　选好玩具让母子其乐融融

面对市面上众多的玩具，准妈妈该为胎儿选择哪些玩具呢？

☀ 积木类

积木通常有很多种颜色，红、黄、蓝、绿等，还有不同形状，长方形、正方形、三角形、圆形、半圆形等，通过不同颜色和形状的积木来告诉腹中的宝宝颜色的区别、形状的区别。告诉宝宝的同时，准爸妈们也可以试着自己搭建，提前感受一下怎样教宝宝玩积木。

☀ 拼图玩具类

简单的游戏拼图，如人像拼图、花卉拼图、地图拼图、场景拼图。游戏拼图可以告诉胎儿不同的颜色、不同的场景、不同的事物，教胎儿提前认识周围的世界。

☀ 玩具车类

玩具车包括挖土机、吊车、坦克、小轿车等。准妈妈可以利用它们让宝宝认识汽车这个大家族。如果在路上遇到类似的车辆，准妈妈还可以用语言描述给自己的宝宝听。

选购这些玩具车的时候还需注意以下几点：

◎ 要选择安全无毒的，这一点非常重要，尽量购买正规厂家生产的、信得过的安全玩具，不要选择假冒伪劣产品。

◎ 如果准妈妈现在用玩具做胎教，一定注意玩具的清洗消毒。

◎ 要尽量选择颜色鲜艳的玩具，最好是红、黄、蓝、绿等基本色，因为宝宝比较偏爱这些颜色。

◎ 在挑选带有绳索的玩具时注意长度要适当，以防今后宝宝被绳索缠绕。

◎ 所挑选的玩具还要经得起"折腾"。由于玩具都是在被摔打中伴随宝宝成长的，因此玩具一定要经得起"折腾"，以免碎片误入宝宝嘴中。

Day208　怎样播放胎教音乐

　　孕八月是准妈妈做音乐胎教的重要月份，这个时候可以开始加强在固定的时间给胎宝宝"听"音乐了。准妈妈可以选择早、中、晚听，也可以集中在晚上睡觉前听音乐。那么准妈妈该怎么给胎儿听音乐呢？这里面也是大有学问的。

🍊 最好用 CD 播放

　　用 CD 播放机或是乐器来制造音乐，而不是通过收看电视。如果准妈妈的身体条件许可的话，还可以随着乐曲慢慢起舞，或是与准爸爸依偎在一起听。把日常生活想象成一部电影，而准妈妈要给它配乐。经常给胎儿听音乐，能够刺激胎儿大脑快速发育，还能在不自觉中培养胎儿对音乐的兴趣。

🍊 最好在睡前听音乐

　　准妈妈每天入睡前，选几首有利睡眠的胎教音乐，作为每天睡前程序的一部分，这样不仅有利于胎儿的睡眠，也有利于准妈妈自己的睡眠。睡前音乐的音量要小，节奏要慢，房间里的光线要暗。当自觉瞌睡时可以关上音乐睡觉，也可以让准爸爸在准妈妈入睡后关掉音乐。

🍊 不能长时间播放音乐

　　因为音乐胎教的好处多多，所以很多准妈妈非常喜欢长时间给宝宝听音乐。这也是一个误区，因为音乐胎教并不是越多越好。宝宝还在发育期间，充足的休息是很有必要的。每天长时间给宝宝播放音乐，往往使宝宝得不到充足的休息，影响宝宝正常的发育。另外，长时间的音乐声也会损害宝宝的听力。

Day209　适合孕后期听的胎教音乐

胎教音乐应该首选优美柔和的古典音乐，最好是 60 拍左右的古典音乐，因为这种音乐和人体的许多生理节奏"合拍"，如心跳、血压、脉搏、脑电波等。听这种节奏的音乐会迅速激活脑细胞，让人精力集中、思维清晰、创意涌现、反应机敏，人也会感觉很轻松。

另外，流行歌曲不太适合做胎教音乐，一些经典的儿歌可以和古典音乐相辅相成。那么到了孕后期，胎儿已经有了听觉，该听什么音乐好呢？

❀ 《梁祝》

音乐索引：《梁祝》是一首小提琴协奏曲，这个曲子讲述了一个凄美的爱情故事。祝英台乔装男子与梁山伯同窗三载，二人萌生深厚的感情，因家庭原因两人分离，最后共同化蝶。在轻盈飘逸的弦乐衬托下，重现爱情场景，静静聆听，仿佛可以感受到梁山伯与祝英台从坟墓中化为一对蝴蝶，在花间自由飞舞，永不分离。

❀ 《友谊地久天长》

音乐索引：这是电影《魂断蓝桥》的经典曲目，描述了朋友之间的深厚友谊，也叙述了朋友分别的失落和对朋友的深情祝福。

❀ 《献给爱丽丝》

音乐索引：这是贝多芬创作的一首钢琴曲。此曲描述了贝多芬与"爱丽丝"之间的情愫，节奏欢乐明快。听此曲仿佛可以看到一个美丽活泼的女孩正站在自己面前翩翩起舞！

❀ 《田园交响曲》

音乐索引：《田园交响曲》又称《F 大调第六交响曲》。此曲充满了浓郁而清新的乡间气氛，描绘了贝多芬投身到大自然后的喜悦心情。音乐描绘了一派恬静清新的自然美景。音乐自然流动，没有强烈的力度变化，表现出了人在大自然怀抱中的那种安静祥和。

Day210　好好利用家务时间做胎教

一些准妈妈会有这样的抱怨：都快生孩子了，可家务活还是需要自己去做。说这种话的准妈妈往往很沮丧。其实准妈妈别发愁了，既然改变不了眼前的状况，何不转换一下观念让家务时间变成快乐时间呢！准妈妈可以尽量从中发现做家务的好处：

◎ 做好家务，能够让杂乱的屋子一下子明亮起来，这样准妈妈住着会舒心很多。

◎ 做家务的同时，也能让准妈妈的身体运动一下。

◎ 做家务的时候还可以利用家里的各种物件做胎教。具体做法，准妈妈可以参考下面的几点小想法。

❂ 收拾卧室

收拾被褥的过程中，准妈妈可以将被褥、床单等叠成各种形状并传达给胎宝宝。整理衣物、袜子的时候也可边叠边告诉宝宝各种衣物的颜色、样式、用途。

❂ 整理鞋柜

可在边收拾鞋的时候边给宝宝描述，这个是爸爸的皮鞋、拖鞋、运动鞋，这个是妈妈的高跟鞋、平底鞋、凉鞋、拖鞋，同时告诉宝宝鞋子的颜色、大小、形状、特征。

❂ 清洁厨房

厨房的清洁整理工作比较烦琐，准妈妈在收拾厨房时要注意安全，特别脏的地方，比如清洗油烟机等还是留给"专业人士"吧！可以让宝宝一一认识房间里的锅碗瓢盆。最好玩的莫过于认识调味料了，准妈妈可以告诉宝宝不同调味料的颜色、味道、用途。

干其他家务活的时候，准妈妈也可以依此方法类推，采用边干活边讲述的方式不仅让宝宝提前感受到自己即将居住的家居环境，也能给宝宝做语言胎教。

Day211　准妈妈做家务时要十分小心

虽然准妈妈做家务有好处，但是也需要特别留心，毕竟腹中宝宝的安危是第一位的。准妈妈在做家务的过程中不要做高难度的动作，特别是在孕晚期，只有在身体许可的情况下才可以做一些简单的家务。

◎ 做家务的过程中切记不要有攀高爬低的动作，也不要搬沉重的物品，因为这些动作会给腹部带来压力，十分危险。

◎ 不要做长时间弯腰或下蹲的家务活，如擦地、收捡东西，因为长时间蹲着，会引起骨盆充血，导致胎儿出现危险，尤其在怀孕后期应绝对禁止做此类家务活。

◎ 冬天打扫卫生时不要长时间地使用冷水，也不要长期待在寒冷的地方，否则准妈妈身体受凉后容易感冒，甚至还会诱发流产或早产。

◎ 洗衣服的时候，不宜用很凉的水，可以用温水。洗衣服时姿势要稳，不宜取蹲位，以免压迫胎儿，影响胎儿血液循环。

◎ 洗衣服时最好不要洗太大件的衣物，比如床单、被罩，洗衣时用力不宜过猛，搓板不要顶着腹部，避免胎儿受压。如果有条件的话，尽量选择机洗。

◎ 在洗完衣服进行晾晒时，动作一定要轻柔，不要努力向上伸腰，如果晒衣绳较高，千万不要勉强去晾晒。

◎ 因为如果洗的衣服太多，站立的时间过长，会造成下半身浮肿，所以准妈妈应该干一会儿歇一会儿。

◎ 做饭的时候，为避免腿部疲劳、浮肿，尽量坐在椅子上操作。尤其注意不要让锅台压迫已经突出的大肚子。

◎ 收拾碗盘、擦拭餐桌时，如果家里的餐桌面积较大，应多移动身体，慢慢收拾和擦拭，不要将腹部紧靠桌面，拼命地伸手，以防拉伸或撞击腹部。

Day212　让胎动与胎教同在

胎动规律

孕 16~20 周，大多数孕妇可感知到胎动，夜间尤为明显，孕 28~34 周为胎动最频繁的时期，接近足月时略微减少。胎动一般每小时 3 次以上，12 小时内胎动为 30~40 次。正常情况下，一昼夜胎动强弱及次数有一定的变化。

一天之中，早晨的胎动次数较少，下午 6 点以后增多，晚上 8~11 点胎动最为活跃。这说明胎儿有自己的睡眠规律，称为胎儿生物钟。胎动的强弱和次数，个体间的差异很大，有的 12 小时多达 100 次以上，有的只有 30~40 次。巨大的声响、强光刺激或触压孕妇腹壁，均可刺激胎儿活动。

计数胎动的意义

胎动的次数、快慢、强弱等可以提示胎儿的安危。胎动正常表示胎盘功能良好，输送给胎儿的氧气充足，小生命在妈妈的子宫里愉快健康地生长着。如果 12 小时内胎动少于 10 次，或 1 小时内胎动小于 3 次，往往就表示胎儿缺氧，孕妇不可掉以轻心，应立即就医。

如何计数胎动

从妊娠 28 周开始至临产，孕妇每天上午 8~9 点，下午 1~2 点，晚上 6~7 点，各计数胎动 1 次，每次计数 1 个小时，3 次计数相加乘以 4，就是 12 小时的胎动数。如果每日计数 3 次有困难，可于每日临睡前 1 小时计数 1 次。将每日的数字记录下来，画成曲线。计数胎动时，孕妇宜取左侧卧位，环境要安静，思想要集中。

测定结果判断

正常胎儿 12 小时内胎动 30 次以上，如果 12 小时内胎动次数少于 10 次，就表示胎儿可能缺氧；如果在一段时间内胎动超过正常次数，动得特别频繁，也是胎儿缺氧的表现，应该立即去医院检查。如果孕妇自觉胎动显著减少甚至停止，应立即就医，不能等到胎心音消失再去医院。因为胎心音一旦消失，就表示胎儿在宫内已死亡，失去了抢救机会。

Day213　阅读胎教

阅读胎教需要准妈妈采用朗读的方式将书面资料通过语言传递给腹中的胎儿，让胎儿感受阅读的乐趣。

最新研究表明，胎儿在孕8月左右，就可以捕捉外界的信息，一旦捕捉到这样的信息，就会通过神经将它传达到身体的各个部位。所以孕后期的胎儿是有记忆力和感受力的。如果准妈妈定时念故事、诗歌给腹中的宝宝听，可以让宝宝有一种安全与温暖的感觉。若一直反复念同一则故事给胎儿听，会令胎儿的神经系统变得对语言更加敏感。

准妈妈该怎么去做阅读胎教呢？

◎ 准妈妈选择一些能够令自己感到身心愉悦的儿童故事、童谣、诗歌，将作品中的人、事、物详细、清楚地描述出来，让胎儿融入到故事的世界中。

◎ 故事的主题要避免过于暴力，内容不要太过激情、悲伤，准妈妈最好能与准爸爸一起说故事，并借说故事的机会与胎儿沟通、互动。

此外，准妈妈还需要注意：

◎ 在阅读过程中保持平静的心境，注意力集中。

◎ 念故事前，最好先将故事内容在脑海中形成影像，以便生动地传达给胎儿。

◎ 尽量将书上的内容"视觉化"地传达给胎儿。"视觉化"就是指将鲜明的图画、单字、影像印在脑海中的行为。

◎ 在选择胎教书籍时不要局限于自己喜欢的类型，应尽量广泛阅读各类书籍，让胎宝宝了解更多方面的知识。

Day214 不妨和宝宝一起看图画书

准爸妈要读书给宝宝听，不妨挑选一些图画书来读，书上面不仅有文字，还配有精美的插图。在给宝宝读故事的时候，不妨也让他"看看"这些具有童趣的插图，让宝宝从爱上图画书开始爱上阅读。下面就为大家推荐几本独具特色的图画书。

⊛ 小宝宝故事图画书

内容简介：本套图画书共 14 册，围绕小猪拉拉和它的朋友展开故事情节，包括《吃草莓》《快快长大》《送宝贝》《小鸟在哪里》《春天在哪里》《给小蚂蚁画个家》《拿糖果》《找不到拖鞋》《大怪物》《花桌布》《尿尿》《爬上去》

等。作品内容浅显易懂，语言亲切。此套图书体现了人与自然、人与亲情的特殊关系，可以带给准妈妈和胎宝宝一份情感和视觉的体验。

⊛ 《青蛙弗洛格的成长故事》

内容简介：本套图书曾获多项世界级大奖。它是一套有助于孩子心灵成长的心理教育故事书。每个故事都自然流露出某种重要的主题，充满了想象力。文字透着生动和浅浅的幽默，图画则是鲜有的简笔画风格，被誉为"简笔画世界的杰作"。

⊛ 《可爱的鼠小弟》

内容简介：《可爱的鼠小弟》是日本著名绘本作家中江嘉男和插画师上野纪子合作的不朽经典，被誉为"日本绘本史上不可逾越的巅峰"。作者从儿童的小视角来描绘精彩的大世界，以简单重复的句子为孩子提供学习语言的机会，以出人意料的情节激发孩子无限的想象力，又以简洁明了的图画让孩子获得纯粹的美感体验。无论大人还是孩子，都能从这套绘本中获得极大的乐趣。

Day215　童谣胎教

童谣是我们儿时的美好回忆。重温这些经典的童谣不仅可以让胎儿愉悦，也可以让准妈妈仿佛回到童年时代，那种充满童心、童趣的情感就会由内心生发出来，转移到自己的宝宝身上。那么，下面就来看看这几首经典童谣吧。

🍊 《上山打老虎》

一二三四五，上山打老虎。
老虎打不到，打到小松鼠。
松鼠有几只，让我数一数。
数来又数去，一二三四五。

🍊 《太阳公公》

太阳公公起得早，它怕宝宝睡懒觉，
爬上窗口瞧一瞧，咦，宝宝不见了！
宝宝正在院子里，一二三四做早操，
太阳公公眯眯笑，宝宝是个好宝宝。

🍊 《月亮和星星》

月亮月亮是妈妈，
星星星星是娃娃。

月亮嘴巴笑一笑，
星星眼睛眨一眨。
月亮好，好妈妈，
星星好，好娃娃。

🍊 《动物叫》

小猫怎么叫，喵喵喵；
小狗怎么叫，汪汪汪；
小鸡怎么叫，叽叽叽；
小鸭怎么叫，嘎嘎嘎；
小羊怎么叫，咩咩咩；
老牛怎么叫，哞哞哞；
老虎怎么叫，噢噢噢；
青蛙怎么叫，呱呱呱。

Day216　送给宝宝几句"金玉良言"

　　胎教的目的是为了塑造一个性格好的优质宝宝。为了这个目的，准妈妈不妨给宝宝传达以下的几条名言！

🍊 快乐篇

　　快乐一点，珍惜自己的生活，珍惜自己的生命，享受自己的人生。过去的就让它永远地成为过去吧，希望总在未来，做人就快乐一点，让心自由地飞翔，忘记所有的痛与爱，做一个快乐的自己。

🍊 心态篇

　　你不能延长生命的长度，但你可以扩展它的宽度；你不能改变天气，但你可以左右自己的心情；你不可以控制环境，但你可以调整自己的心态。

🍊 善良篇

　　内心里拥有善，才会看见弱小而自觉前去扶助，才会看见贫穷而情不自禁地产生同情，才会看见寒冷而愿意去雪中送炭。善是我们内心最宝贵的财富，是我们彼此赖以生存和心灵相通的链环。

🍊 感悟篇

　　学会理解，因为只有理解别人，才会被别人理解。

　　学会宽容，因为人生在世谁能无过，人无完人。

　　学会沉默，因为沉默是金。

　　学会放弃，因为有的东西只能远远地欣赏。不是你的，就不要去追求，放弃是最好的选择。

　　学会付出，因为只有付出才能得到回报，虽然付出与回报不总成比例。

　　学会改变，因为你不能改变别人，只有改变自己。

　　学会知足，因为只有这样才会觉得现在的生活是多么美好，真所谓是知足常乐。

Day217　哼唱英语儿歌

让宝宝学习 26 个英文字母并不难，难的是怎么让准妈妈和宝宝都可以学得很高兴。英语儿歌无疑是一个认识英语字母的好帮手。下面给准妈妈推荐几首英文儿歌，准妈妈可以和宝宝一起学习。

《宝贝不要吵》

Hush-a-bye, baby.

Daddy is near.

Mammy's lady.

And that's very clear.

不要吵，小宝贝。

爸爸陪你来睡觉。

妈妈不是男子汉。

这件事情你知道。

《大雨大雨快离开》

Rain, rain, go away.

Come again another day.

大雨大雨快离开。

隔些日子再过来。

《小星星》

Twinkle, twinkle, little star.

How I wonder what you are!

Up above the world so high.

Like a diamond in the sky.

小星星，亮晶晶，

像是天上小精灵！

高高住在云天外，

好似钻石嵌明镜。

《祝你圣诞快乐》

We wish you a merry christmas.

We wish you a merry christmas.

We wish you a merry christmas and a happy new year !

祝你圣诞快乐！

祝你圣诞快乐！

祝你圣诞快乐、新年愉快！

235

Day218 上网也能让胎儿"受教"

准妈妈上网需要注意以下几点，这样准妈妈从网络上获取的信息才能为胎教所用。

❋ 注意控制时间

在孕早期的 3 个月内，胎儿的细胞正处于高速增殖的过程中，胎儿的各个脏器正在快速发育，辐射可能使孕妇流产，造成胎儿畸形，因此应避免上网。过了这段时间，准妈妈可以适当上网，但每天不要超过 4 小时，而且要注意上网期间多休息，最好是每 1 小时休息 1 次。用完电脑洗个脸，用电脑的过程中常喝水，定期做好产前检查。

❋ 保持一定距离

电脑屏幕背面是整个电脑辐射最大的地方，孕妇在上网的时候应避免离得太近，要注意与显示屏保持距离。一般而言，眼睛与显示屏保持 60 厘米的距离为好。电脑的显示器最好是液晶的，能大大减少辐射量。

❋ 做好防护措施

准妈妈可以穿防辐射孕妇装，或者选择防辐射围裙。有条件的话，可以在电脑的显示屏上贴防护膜，以进一步吸收可能泄漏的辐射。据介绍，这种防护膜还可以增加画面的清晰度，保持眼睛的舒适。

❋ 加强营养供应

上网期间要加强营养供应，多食用富含蛋白质和维生素类的食物。尤其是富含 B 族维生素的食物，如胡萝卜、海带、油菜、卷心菜及动物肝脏等。同时还要加强锻炼，提高自身免疫力，时常保持积极乐观的心态，消除不必要的担心和忧虑。

Day219　拥抱让幸福感升级

无论是东方还是西方，当婴儿呱呱落地，第一件事就是要接受妈妈的拥抱，这是人类最原始、最本能的需求。拥抱就像一个人的营养，每天给一个人4次拥抱，仅是生存需要；给他8次拥抱，他能保持好的状态；给他16次拥抱，他才会成长。这话描述得很到位，它给了我们更多拥抱的理由。

其实，两人之间的拥抱是真情的表露，更是亲人朋友间爱的火花的迸发。许多生活上的喜怒哀乐，往往也可以通过拥抱来宣泄、传递和抚慰。因为通过拥抱可以快捷地传递和渗透相互间的情感。

生活需要不断注入新鲜的营养液，夫妻之间更是如此，这也是爱情保鲜的秘密武器。要知道婚后多年即使不能像年轻时那样爱得陶醉、爱得忘我，有时候只要一个小小的拥抱，也会再次重温过去美好的回忆，让人感觉心里暖暖的。

千万不要小看拥抱这个简单的行为，它表明夫妻双方都非常愿意敞开胸怀，以坦诚和尊重的态度共同为家庭生存而奋斗。夫妻能够通过拥抱感受到对方在这一天内发生的喜怒哀乐。此外，拥抱还可起到调整心态的作用。不管是受了气的丈夫，还是忙碌一天的妻子，拥抱都会让一切不愉快烟消云散。至于它为何有如此神奇的力量，你自己不妨亲自试试吧！

准爸妈更不能忽视拥抱。准爸爸不要因为准妈妈大腹便便了，就很少去拥抱准妈妈。只要拥抱做得到位，它也能成为胎教的一部分。拥抱不仅会让夫妻感情和谐，也会让胎宝宝感觉无比幸福。准爸妈们，还在等什么呢，赶紧来个甜蜜的拥抱吧！

Day220　给自己来个阳光 SPA

在现在这个阶段，准妈妈应该有意识地、科学地晒太阳。

和阳光亲密接触

很多准妈妈为了宝宝的健康想晒太阳，可是又担心强烈的紫外线会加重黑色素沉淀，于是准妈妈就选择隔着玻璃晒太阳，认为这样既不会晒黑自己，也能让宝宝接触阳光。其实这样做是没有效果的。阳光中有利于维生素 D 合成的就是紫外线，也就是说宝宝需要的是紫外线。可是由于玻璃将紫外线阻隔了，宝宝得到的仅仅是温度而已。因此准妈妈应该到室外去晒太阳。

充足并合适的日晒时间

为了宝宝的健康，准妈妈晒太阳的时间一定要充足。多少才是充足呢？在冬季至少每天要晒太阳一个小时，在夏季每天晒半个小时就行。那些平时待在家里不爱出门的准妈妈，更要专门腾出时间来晒太阳了。

当然，晒太阳也不是什么时候都合适。研究表明，上午九点至十点，下午四点至五点是适合准妈妈晒太阳的时间。因为这个时段太阳不至于太过猛烈而伤害准妈妈的皮肤。

掌握晒太阳的时机

每个季节的太阳可"不一样"哦，准妈妈在晒太阳的时候也要充分考虑季节的影响。比如，夏季的阳光过于充足，准妈妈应避免暴晒，也不能在太炎热或者阳光直射的时候出门晒太阳；冬天阳光不足，太阳最好的时候可能是正午，不过阳光并不强烈，准妈妈即使是正午出去晒太阳也没有什么关系。总之，准妈妈应该以自己舒适为衡量标准。

做好防护措施

为了让宝宝接触到阳光，准妈妈必须抛弃帽子、太阳伞之类的物品，尽量让皮肤与阳光亲密接触。不过，抹上植物性的防晒霜还是可以的。平时准妈妈也要注意多吃些富含维生素 C 的食物，这样能尽量减少晒太阳带来的不利影响。

Day221　胎儿喜欢准爸爸按摩

到了孕后期，准妈妈少不了与疼痛相伴，头痛、手脚酸麻、小腿肿胀、腰酸背痛，还有不少说不出的疼痛。如果准爸爸在适当的时候为准妈妈泡个脚，揉个肩，不仅能帮准妈妈解决"燃眉之急"，而且能够让胎儿享受温柔的按摩！

孕8月，对于准爸爸或准妈妈的抚摩，胎儿已经有了一定的触感。准妈妈也可以将自己从按摩中获得的愉悦感觉传达给胎儿。可以说，胎儿也非常喜欢准爸爸的爱抚。那么准爸爸应该怎样做才能达到更好的效果呢?

◎ 准爸爸在给准妈妈做按摩时不能用力过度，动作应尽量轻柔，否则会适得其反。在准妈妈要求按摩某个部位时，准爸爸就要准确无误地达到要求。

◎ 每天至少爱抚一次准妈妈。准爸爸只需要腾出30分钟时间，为准妈妈轻轻地揉捏脚部。若实在没有时间，那么，准爸爸可在上班前轻轻地抚摩一下准妈妈隆起的肚子。

◎ 用手进行按摩时不用涂抹过多的精油，因为它不仅会隔离皮肤，而且有可能会通过皮肤进入孕妇体内，有损母胎的身体健康。

◎ 做按摩时应以舒适、解压为原则，不要过度刺激或刺激太久，不宜使用拍打的方式或进行穴道按压。同时也要注意，在按摩的时候，如果准妈妈有下腹不适的情况，就应马上停止，以避免刺激子宫收缩，造成早产或流产。

◎ 努力营造温馨的按摩环境。空闲的时候准爸爸可以在房间里点上蜡烛，听着音乐进行按摩，这样会使准妈妈的整个身心都处于非常放松的状态。

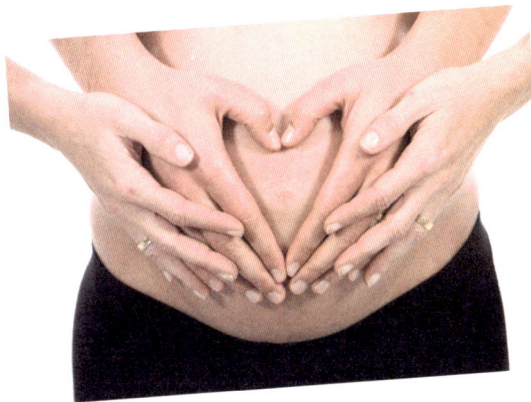

Day222 温情爱抚

准爸爸掌握了按摩的相关技巧和禁忌，不仅可以缓解准妈妈紧张的心情，而且有助于减轻准妈妈的身体酸痛，甚至可以提高准妈妈的睡眠质量。通常，准爸爸只需要按如下步骤来做就可以了。

准备工作

准爸妈最好都换上宽松的衣服，摘下戒指、手链等首饰，清洁双手。先在双手及孕妇身体涂抹若干润肤液或润肤油（可选择婴儿用油），再开始进行按摩。

放松头部

准妈妈采取坐姿，准爸爸双手放在准妈妈额头上，将准妈妈头部压向自己的胸口，双手横向从眉心拉开至眉尾，重复 7 次。把拇指放于准妈妈眼尾太阳穴，按揉 5~7 次。将指头的位置放于头上，如洗头般揉按整个头部。将手指轻放于准妈妈下巴上，揉按 2~3 次。再用同样方法按揉面颊。在鼻侧笑纹处按一下，再滑到眉骨及下眼窝轻按，最后轻轻揉耳廓及耳背。

放松颈部

准妈妈可以采取舒服的仰卧位，准爸爸在准妈妈的头顶处，用双手轻轻地托住准妈妈的脖子，保持这种体位，再慢慢放下，如此反复进行。

放松手腕

准妈妈可以采取舒服的坐姿，准爸爸用左手轻轻地握住准妈妈的右手腕，保持这种体位，再用右手轻轻握住准妈妈的右手关节，上下反复运动，帮准妈妈的手腕放松，再换左手重复动作。

放松肘部

准妈妈可以采取舒服的坐姿，准爸爸在一旁用左手托住准妈妈的右肘关节，右手轻轻地握住准妈妈的手腕，保持这种体位，然后将准妈妈的右肘部轻轻地按正常运动的方向反复弯曲、伸直，再帮准妈妈做左侧的放松运动。

Day223　不要"拍"宝宝

很多准爸妈简直等不及要和宝宝交流了，这种激动的心情往往化为一个动作，那就是"拍"宝宝。这里所说的"拍"和触摸是不一样的，触摸往往更为轻柔，力度较小；而很多准爸妈有时候不能控制好力道，经常"拍"宝宝。

但是这样"拍"的行为往往会伤害到宝宝。很多时候准爸妈因为缺乏经验，做胎教也不定时，想起来的时候就做，随时会去拍拍宝宝。可是或许这个时候宝宝正在休息，准爸妈拍一下，反而打扰了宝宝的休息。

或者有些准爸妈做起胎教来，一看到宝宝有反应了就非常激动，持续地拍宝宝，以为宝宝在和自己打招呼。可是，有时候宝宝或许仅仅是在睡眠中动了一下而已。准爸妈这样拍打很容易让宝宝感觉烦躁，也完全起不到胎教的作用。

另一个会伤害宝宝的原因就是准爸妈不能很好地控制自己的力道，在进行胎教的时候用力过大。这里所说的"过大"是相对宝宝而言的。宝宝在现阶段还是很脆弱的。或许准爸妈觉得很小的力道对宝宝来说就已经是很强大的力量了。这种强大力量的拍打也容易让宝宝受到伤害。

那么，到底要怎么和宝宝沟通呢？在平时的交流中，要尽量避免拍打宝宝，准爸妈可以轻柔地抚摸宝宝，一定要注意力道。另外，准爸妈也可以让宝宝掌握主动权，在确定宝宝并非是在休息，而是很精神地、有节奏地踢准妈妈肚子的情况下，再开始给宝宝进行拍打胎教。

Day224　让胎梦拉近你与宝宝的距离

　　胎梦是与怀孕有关的梦，主要是孕妇本人或家人所做与胎儿有关系的梦，生产后一般就不再做此类梦。与一般的梦不同的是，胎梦在醒后会被记得更清楚，这就给解析胎梦提供了可能。

　　做梦人会梦到各种类型的东西，有植物，有动物，有孩子，还会有各种场景。就是因为有这些梦的存在，所以周公开始解梦，弗洛伊德有了梦的解析。但是不管梦的内容如何，准妈妈所做的梦多数是由自身身体或心理变化导致的。

　　从身体方面来说，因为生育的需要，准妈妈的骨盆会变大，骨质容易变得疏松，会有腰背酸疼等症状进入梦中。从心理方面来说，很多噩梦大多是由准妈妈的压力过大所致。临近分娩，准妈妈开始过分担心自己的胎儿或因以前不愉快的孕育经历而紧张不安。

　　准妈妈做了不好的胎梦也无须过分担心，毕竟这是人生的必然过程。很多准妈妈怀孕后就将自己的整个身心放在怀孕这件事情上，所谓日有所思，夜有所梦。到了晚上睡觉的时候，这些想法就会进入准妈妈的梦境。

　　准妈妈不要把所有的胎梦都想得比较极端。有时候一个美丽的胎梦能够让准妈妈与宝宝在梦中不期而遇，可能准妈妈会爱抚宝宝，看到宝宝的模样，看到宝宝的微笑。这样的梦对于准妈妈而言无疑是甜蜜而美好的。想要一个这样的梦，准妈妈可以在白天尽量想象一些美好的事情，比如漂亮的宝宝，美丽的风景，准爸爸的体贴等一切美好的事情。通过这样的想象之后，胎梦也会越来越美好！

第九部分

快速成长的宝宝

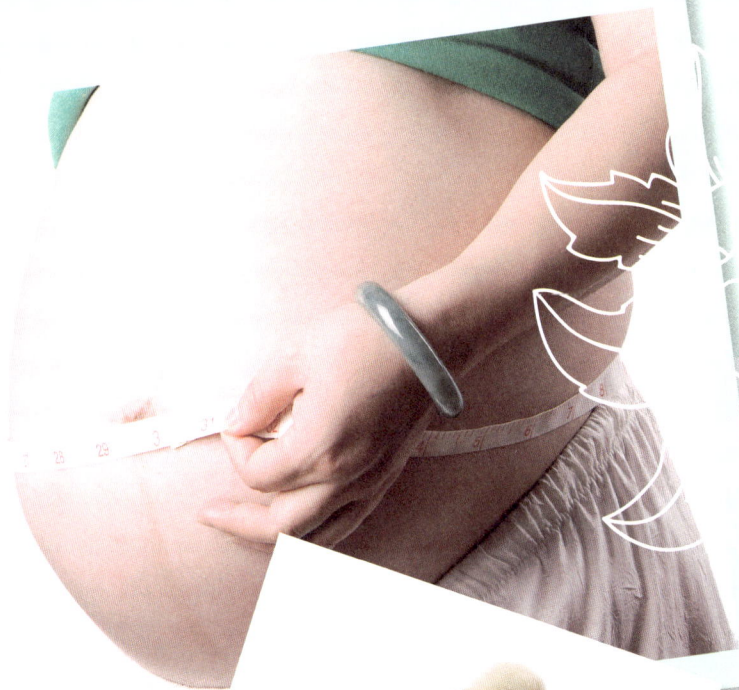

Day225　准妈妈的产前集训

准妈妈想要顺利分娩，除了必要的体重管理外，相应的体能训练和音乐训练对于生产也是大有帮助的。

🍊 产前体重管理

产前合理的体重不仅有利于准妈妈顺利生产，也有利于准妈妈的身体健康和产后身材的恢复。准妈妈产前的体重管理可以通过调节饮食、改变生活习惯、合理运动等方面来实现。在饮食上，三餐中间一定要有加餐，具体是上午、下午和晚饭后。有很多的研究表明，如果两顿饭之间相隔时间太长，在吃下一顿饭时人们往往会过度饮食。

🍊 产前体能训练

准妈妈不仅要控制体重，也一定要坚持做产前的体能训练。最好选择比较缓和、不容易造成伤害的运动方式，比如散步。这个时候由于准妈妈的身体负担很重，准妈妈运动时一定要注意安全，不能过于疲劳。同时运动要以"慢"为原则，以稍慢的散步为主，速度过快或时间过长都不好，时间上以准妈妈不感觉疲劳为度。适当进行骨盆底肌肉和腹横肌的锻炼，可以缓解假宫缩、腰背痛、尿频等症状，同时为顺利分娩打好基础。

🍊 产前音乐训练

准妈妈除了做必要的音乐胎教外，也可以从各式各样的音乐中挑选出自己最喜欢听、听着最舒服的音乐作为自己分娩时的镇痛音乐，这对分娩也是非常有帮助的。在听音乐的同时准妈妈还可以配合相应的体能训练和呼吸练习。在音乐的节奏中，准妈妈可以用手依次轻拍大腿、腰部、手臂、手腕和头部，活动全身。最好选择一些节奏明快、轻松、愉悦的音乐，比如克莱德曼的《爱的协奏曲》、巴赫的《勃兰登堡协奏曲》等。

Day226　值得借鉴的十条胎教经验

1. 在计划怀孕或是得知自己怀孕时就应该布置一个温馨舒适的生活环境，这是胎教的一个重要的先决条件。

2. 怀孕后一定要保持良好的心态，及时调整不良情绪，千万不要憋在心里，不仅影响自己，也影响宝宝的发育。

3. 最好让准爸爸参与进来做胎教，如果家中还有其他家人，也要让他们理解和支持。养育是夫妻俩的事，也是一个家庭的大事。只有营造一个和谐温馨的家庭氛围才更有利于胎儿的生长和发育。

4. 音乐胎教虽然好，但是不宜开始太早。早期准妈妈自己听音乐就好。正式的音乐胎教应该从怀孕第6个月开始。

5. 除了让胎儿听音乐外，给胎儿哼哼歌曲也是不错的选择。实践证明，比起胎教音乐，宝宝更喜欢听准妈妈温柔的、富有爱意的声音。

6. 怀孕后，准妈妈经常爱抚胎宝宝，会缓解宝宝不安的情绪，出生后的宝宝也会爱上妈妈的抚摩。

7. 不要把胎教当成任务或负担，用心去爱宝宝就是对他最好的胎教。偶尔忘记或者不想做胎教也没有什么关系。

8. 要想宝宝长大后语言能力强，做语言胎教时加入适量的唐诗宋词也是不错的选择。每天与宝宝对话交流，宝宝出生后也会活泼可爱。

9. 如果想要宝宝出生后学习英语不费劲，那么不妨经常给宝宝读读 ABC。有这样的熏陶，等宝宝长大后学起英语来也会感觉很轻松。

10. 偶尔偷个懒也可以，但是如果不能坚持做胎教又想要好的胎教效果，那几乎是不可能的，所以一定要持之以恒做胎教。

Day227　孕晚期情绪保健

一些准妈妈稍有"风吹草动"就赶到医院，甚至在尚未临产，无任何异常的情况下，就要求提前住院。针对准妈妈的种种孕期表现，为准妈妈普及相关的孕晚期情绪保健知识是非常有必要的。

做好分娩准备

分娩的准备包括孕晚期的健康检查、物质上的准备和心理上的准备。如果家人和医生能够帮助准妈妈做好相关的准备工作，且对意外情况也有所考虑，那么准妈妈会省心不少，也不会因为要做一些细致的准备工作而陷入焦虑和矛盾之中。孕晚期以后，特别是临近预产期时，建议准爸爸下班后减少一些应酬和娱乐，尽量选择留在家中陪伴准妈妈，使准妈妈心中有所依托。

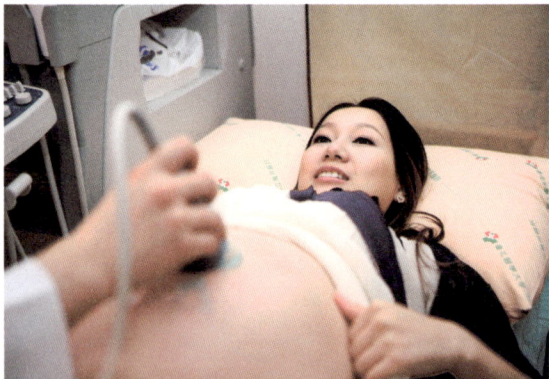

了解分娩知识

准妈妈想要克服分娩时的恐惧心理，最好的办法是提前让自己了解分娩的全过程以及可能出现的情况。同时如果条件允许，还应进行分娩的相关训练，如许多地方的医院或有关机构会举办"准妈妈学校"，准妈妈和准爸爸最好积极参加，了解分娩知识的同时也能结识更多的准爸妈。

不宜提前入院

提前入院虽然能够及时掌握宝宝的情况，但同时也存在很大的弊端。首先，医院的居住环境不会像在家里那么舒适、方便和安静；其次，其他孕妇的生产会让准妈妈有焦虑感；最后，医院里的突发事件也会影响准妈妈的情绪，不利于准妈妈安心待产。所以如果准妈妈没有特殊需要，建议不要提前入院，等到分娩临近时再入院也不迟。

Day228　增强分娩信心

想要生育一个身心健康的宝宝，最大限度地顾全宝宝的需要，需要知识，更需要信心。

多用正面例子鼓励自己

每个人怀孕的经历都会不一样。虽然在生产的过程中会伴随一定的风险，尤其是那些有胎位不正、妊娠期并发症的准妈妈，但是绝大多数准妈妈通常都能顺利地产下健康的婴儿。目前在网站上有很多关于顺产的帖子，准妈妈可以看看这些帖子，从中吸取知识和力量，以免自己遇到类似情况时手忙脚乱。书本上的理论再好也不如他人的经验之谈深入人心。

加强锻炼，感受生命的美好

在孕晚期每天坚持一定量的运动是非常有必要的。准妈妈最好能每天抽出一到两小时去散步。如果体力不济，可以分早晚两次出门散步。在外面的世界里，准妈妈不仅能呼吸到新鲜空气，得到锻炼，增强自身免疫力，还能加强与人的交流。特别是与已经生产过的妈妈交流，通过她们，准妈妈可以获得更多生产的知识，弥补自身知识的不足。

获得丈夫和家人的支持

有的丈夫会觉得生产过程太吓人、太痛苦，不忍让自己的妻子遭那份罪，就会说服医生让妻子剖宫产；一些准妈妈的妈妈因为有过不愉快的生产经历，所以不希望自己的女儿走自己走过的老路，也会试图让女儿接受剖宫产。准妈妈首先要坚定自己生产的决心，向家人表明这样做的益处，如有必要可以求助医生，让医生站在专业角度来说服家人，让他们理解并支持顺产。

Day229　用科学手段监测宝宝健康

孕末期是该加强胎动和胎心监测的时候了。坚持监测可以随时获知宝宝的安危和健康状况。

胎动监测

随着妊娠天数的增加，胎动频率会越来越高，也会越来越明显、越来越密集。通常，在整个怀孕周期中，孕 28~34 周是胎动最频繁的时期，接近足月时则略微减少。一天之内，胎动在清晨最少，下午 6 点以后增多，晚上 8~11 点胎动最为活跃。如果准妈妈感觉类似的情况已经出现，说明胎儿已经形成了规律的睡眠模式。

尽管胎儿大多数时间都处于睡眠状态，但是胎动也是有一定规律可循的。一般而言，12 小时内胎动不少于 30 次，或 1 小时内胎动不少于 3 次为正常。如果胎动过少就表示胎儿可能有缺氧的情形，准妈妈就要重视起来。如果好长时间都是这样，就需要到医院做详细检查。

胎心监测

如果准妈妈的产前检查一直正常，那么从怀孕第 36 周开始就需要每周做一次胎心监护，每次 20~40 分钟。如果是患有妊娠并发症的准妈妈，就需要每周做两次胎心监护。正常胎心音为 120~160 次 / 分，如果出现胎心音 160 次 / 分以上或持续少于 100 次 / 分的情况，或胎心不规律，准妈妈就应采取相应的治疗措施。

其实，准妈妈在家也能自行监听胎心。每次医生听完胎心后，准妈妈记住医生所听的位置，回家后可以自己再听一下。如果听不到胎心也不要着急，胎心的位置随时都有变化，因为胎儿在腹中会动来动去的。具体方法是在自己心情平稳的情况下，平躺，孕妇的家人可将耳朵贴在孕妇的腹部听胎心，取脐部上、下、左、右四个部位。

Day230　孕晚期休养生息三法则

胎教到底教了谁？妈妈还是孩子，很多人在思考这个问题。其实胎教既教了妈妈，也教了宝宝。准妈妈利用孕期这段特殊时期做各式各样的胎教，不仅调整了自身饮食习惯，而且改善了自身的生活作息，塑造了更加和谐的心态。准妈妈能够将这些良性的刺激、美好的内容传达给腹中的宝宝，让宝宝"深有体会"，从而促进宝宝大脑发育。所以胎教不仅是培养优质宝宝，对准妈妈来讲也是一种人生的修行。胎教让准妈妈更深刻地认识自己，理解人生，树立责任。

✺ 培养善念

善良是美德。生活中的善念、善行、善语，会让自己在举手投足，甚至微笑、问候、接听电话时都给人一种亲切、舒服、和谐的感觉。这就是善给人的感觉。我们经常所说的"面善"大概就是这个意思。有了善我们才有了播种希望的可能。善不仅能够给准妈妈营造和谐温馨的家庭氛围，还能进一步影响腹中的宝宝，让宝宝不仅智商高，情商也会很高。

✺ 学会宽容

学会理解和宽容，准妈妈也会获得更多的认可和尊重。在大是大非的原则性问题上，我们要坚守不退让。而在无关紧要或与己关系不大的小事情上，则要秉持"退一步海阔天空"的宽容理念。只要这样，准妈妈才会更加成熟、更加游刃有余，自己的生活也会多一分精彩，少一分烦恼！

✺ 戒除浮躁

浮躁的生活环境让我们每个人也处于浮躁易怒的情绪之中。我们也很容易因外界因素的干扰而影响自己的心情。为了让出生后的宝宝有良好的性格和健全的人格，在怀孕期间准妈妈要戒除浮躁、追求宁静。

Day231　准爸爸也要进行情绪胎教

在孕期，准爸爸也要进行一番情绪调整。准爸爸在情绪胎教上起着至关重要的作用，毕竟他是陪伴准妈妈朝夕的那个人。

🍊 不把抱怨带回家

准爸爸一定要时时刻刻记住准妈妈怀孕了，

不能把一肚子的抱怨和一肚子的气都投向准妈妈。在每天下班前，准爸爸就应该学会放下那些所谓的烦恼，及时调整心态，放下包袱，精神抖擞地回家和准妈妈团聚。

🍊 多些幽默和赞美

准妈妈怀孕后难免出现情绪波动，需要向人倾诉。这个时候准爸爸应该耐心地倾听，当好准妈妈的倾听者，必要的时候还要帮助准妈妈理智地分清利弊。

如果准爸爸能够用幽默的语言来将话题做出调整，让准妈妈尽快开心起来，那就再好不过了。当然，多多地赞美准妈妈也是应该经常做的事情，即使明知那是善意的谎言也要努力坚持。

🍊 多陪妻子出门走走

在空气清新的早晨，准爸爸最好能陪准妈妈一起到环境清新的公园、树林或田野中去散步或做孕妇操。妻子感到丈夫的体贴，心情会舒畅、惬意，对胎儿的发育也有好处。

Day232　塑造乖宝宝的五种胎教

快乐情绪胎教

准妈妈心情不好的时候，要告诫自己不要生气、不要着急，事情慢慢都会好起来的。准妈妈可以通过写日记或向可靠的朋友叙说自己的处境和感情，使烦恼烟消云散。准妈妈消除烦恼的另一个好办法就是培养自己的兴趣爱好，使自己快乐起来。

温馨环境胎教

除了准妈妈的快乐情绪之外，温馨的家庭环境也能塑造好脾气宝宝。如果夫妻长期吵吵闹闹，那么宝宝就会在不经意间吸收一些不良的信息，宝宝也就会长期处于烦躁之中。所以准妈妈和准爸爸要学会控制自己的情绪，相互谅解，尽量避免发生激烈冲突。

亲密对话胎教

准妈妈可以跟宝宝说说日常生活里发生的各种事，也可以向他介绍各种各样的事物。任何一个开心的话题都可以成为与胎宝宝对话的语言素材。如果准爸爸能经常跟宝宝交流，那就更好了，宝宝的心情会更加愉快。因为研究表明，相比之下，爸爸低沉的声音更能增加宝宝的愉悦感和安全感。

温柔抚摩胎教

准妈妈经常抚摩腹部，并在这个过程中配以语言交流，可以让胎宝宝感到愉快舒服，有安全感，从而使胎宝宝的情绪得到安抚。抚摩的动作不宜过重。如果胎宝宝对此反应强烈，采用蹬腿或翻动来抗议的话，应该立即停止抚摩。如果胎宝宝只是轻轻蠕动的话，那么可以继续进行抚摩。

舒心音乐胎教

音乐可以稳定宝宝的情绪，也可以促进宝宝的智力发育。给胎宝宝听的胎教音乐不宜过响，节奏应尽量舒缓，不宜选择节奏过于强烈的音乐。

Day233　逗胎宝宝开心的六种方法

胎宝宝在妈妈肚子里醒来；有时候会感觉很寂寞，如果这个时候准爸爸或准妈妈能够想些点子逗胎宝宝"开心"一下，无疑能够达到放松宝宝心情的目的。

饮食充足，营养丰富

胎宝宝醒来后如果发现自己周围的食物又丰富又可口，能够一扫睡醒后的饥饿感，那么胎宝宝从嘴里到胃里再到心里想必都是暖暖的，很满足的。

吃对零食，大脑活跃

怀孕期间，如果准妈妈可以经常吃些富含DHA的健康零食，对胎儿的大脑发育是非常有好处的。这类零食有花生、瓜子、核桃、腰果、开心果等坚果类。

出门散步，氧气充足

长时间待在密闭的房间里，空气中氧气的含量将会越来越少。在天气晴朗、空气清新的早晨，准妈妈不妨出门散步，不仅可以让宝宝吸到新鲜的空气，还能让他享受到阳光"SPA"，心情愉快是自然的。

哼哼歌曲，自得其乐

准妈妈哼哼儿歌或是比较舒缓轻松的歌曲，能够改善心情，消除紧张的情绪。在放松的环境中，胎宝宝静静地听着、玩着，也会不亦乐乎！

培养爱好，内心充实

什么都不让准妈妈干，会让准妈妈觉得空虚无聊。这个时候如果准妈妈能够找到自己喜欢干的事情，培养自己的兴趣爱好，将会感觉既开心又充实，整个人也会精力充沛，胎宝宝也能深受感染。

与人交流，拒绝孤独

准妈妈如果一直待在人群中，而不是蜗居在家，那么就有了更多与人交流的机会。准妈妈在与人交流的过程中不仅可以获得更多资讯，还能释放不良情绪，胎宝宝也会感觉心情愉悦。

Day234　重视培养胎儿的学习能力

新生儿从出生那刻起就能从气味和声音上辨认出自己的母亲，准确嘀住奶头进行吮吸动作，这说明胎儿在腹中已经具备了惊人的学习能力。美国著名医学专家托马斯研究发现，胎儿在6个月时，大脑细胞的数目已接近成人，各种感觉器官已趋于完善，对母体内外的刺激能做出一定的反应。可以说胎儿通过一定的训练是可以"学习"的。

✳ 音乐胎教

美国心理学家约翰·古德曼通过对胎儿长期研究发现，胎儿长到6个月时就开始对音乐和噪声做出反应。母亲体内的血流声、肠道的蠕动声以及心跳的搏动声，对于胎儿来说无异于一首美妙动听的曲子。对于外界传入的音乐声，胎儿也颇感兴趣。久而久之，每当这种声音传来，胎儿便会产生一连串的动作反应。

✳ 故事胎教

心理学家们通过研究还发现：如果对着胎儿讲故事，那么当胎儿出生后再讲同一个故事时，他们会很快记起来的。

✳ 抚摩胎教

胎儿出生前8周，如果母亲用手轻轻抚摩肚子，不但对胎儿有按摩作用，也会对胎儿将来情感的发展产生好的影响。也就是说，宝宝能知道如何接受别人的爱，也知道如何去爱别人。

除此之外，胎儿还具有出色的学习能力，他将利用一切可能的机会抓紧学习，如学习吞咽，学习吮吸，学习运动，学习呼吸……这样的话，准爸妈就可以采用一定的技巧和方法，利用胎儿在腹中强烈的"求知"欲望，培养胎儿对各种知识的兴趣。

Day235　加强与胎儿的交流

科学研究发现，妊娠第 29 周到产后 28 天，是母子关系最密切的阶段。这种关系借助肌肤之亲或对话会显得更亲密。所以为了让宝宝能更明确地感受到爸爸妈妈对他的爱意，孕晚期乃至宝宝出生后，爸爸妈妈一定要多多地与宝宝交流，可以选择与宝宝聊天、抚摩等方式加强与宝宝的互动。

无声胜有声

之前准爸妈可能已经对宝宝进行了较长时间

的对话胎教，向他描述生活的感受、讲述美丽的童话故事等等。在孕晚期可以继续进行这类活动。但是从现在开始准爸妈还有一项任务可以去做，那就是在完成平日所做的对话胎教之后，静下心来与宝宝展开一场心与心的对话。准妈妈可以一边听音乐，一边做放松练习，使自己和宝宝完全处于安定的状态，进入"无言交流"的境界。

感受抚摩的魔力

心理学家弗尔德对早产儿进行的每天 45 分钟抚摩实验的数据结果表明，接受抚摩的婴儿离开保育箱的时间比其他婴儿平均提前了 6 天。这是因为人的抚摩将会促进早产儿分泌生长激素，增强早产儿的消化吸收功能。并且，定期抚摩有利于宝宝的成长，明显提高宝宝的体质和智力。

由此可见，定期对腹中的胎儿进行抚摩有利于胎儿的成长。虽然隔着厚厚的肚皮，胎儿也能感觉到妈妈手部的力量和温暖。如果准爸爸参与进来，抚摩准妈妈的肚子，会有更加神奇的效果，会让宝宝感受到满满的父爱。

Day236　生活处处是胎教

有些准妈妈由于生怕自己的宝宝输在起跑线上，因此不仅会按时做各种胎教，还会思考新的点子去做胎教。其实，只要用心，准妈妈就会发现，生活处处是胎教。

早上上街买菜出门前，可以跟腹中的宝宝说："小宝宝，妈妈带你上街买菜好吗？在那儿，我们不仅可以买到新鲜又便宜的蔬菜、水果，还可以看到鸡、鱼、虾、甲鱼等等。"在农贸市场准妈妈还可以悄悄地跟腹中的胎儿对话，给胎儿介绍市场上的各样物品。

准妈妈可以在淘米、洗菜、切菜、炒菜的同时，向胎儿诉说有关的细节，让胎儿明白此时此刻准妈妈在做些什么，又是怎么做的。

做家务的时候，准妈妈可以告诉宝宝厨房里的瓶瓶罐罐以及各自的用途，也可以告诉他家里的摆设以及打扫方法，让他知道营造一个整洁舒适的家也是不容易的。

早上吃完早饭后一边翻动手中的书报，一边悄悄自言自语："宝贝，妈妈这是在看报纸呢，看报纸的时候妈妈不想说话，不是妈妈有意不理睬你，你就乖乖地睡一会儿吧。等一会儿，妈妈再给你讲报纸杂志上的趣味故事。"看完报纸之后，可以立刻给宝宝打招呼："嘿，孩子，妈妈看完报纸了，你睡醒了吗？要是你醒了，妈妈就给你讲讲在报刊上看来的笑话，好吗？"

周末闲暇的时候，可以一边给未来的小宝宝织毛衣，一边和宝宝一起欣赏胎教歌曲，让胎宝宝体验音乐和编织带来的乐趣。

Day237　认识家庭成员

温馨的家庭氛围是宝宝健康快乐成长的沃土。那么温馨的家庭是什么样的呢？对宝宝来说，温馨的家庭完全可以描述成一篇优美的散文。

🍊 胎宝宝的内心独白

"幸福"是这个温馨家庭的代名词，自从爸爸与妈妈相识、相知后，它就如影随形，一直陪伴着温馨小家日出日落。自从胎宝宝我来到妈妈的肚子里，幸福更是不离不弃，家里时刻洋溢着快乐，爸爸更加细心地照顾妈妈，开车的速度慢了，上下楼梯拉着妈妈的手，帮妈妈穿袜穿鞋、洗头冲凉，带妈妈散步。妈妈的衣、食、住、行全部都由爸爸亲自安排。爸爸每天忙得不亦乐乎，妈妈被照顾得幸福快乐。

妈妈也在用心呵护着我，我们每天晚上9点多就上床，妈妈会给我讲乌鸦喝水的故事，讲大灰狼和小红帽的故事，描述青蛙王子和公主的童话世界……妈妈高兴的时候还会轻轻地摸着我的胳膊和腿，摸得我痒痒的，心里别提多高兴了。每当这个时候周围还会响起我爱听的乐曲，在优美的旋律中我就慢慢睡着了。

现在我即将出世了，爸爸一如既往地照顾妈妈和我，妈妈也时刻不忘腹中的我，因为有爸爸浓浓的爱和妈妈悉心的呵护，幸福成了我们的家庭成员。

可是，妈妈说了，幸福的小朋友还要懂礼貌，和家里人见面后要学会打招呼。于是妈妈教了我这首有关家庭称呼的《称呼歌》，大家和我一起去感受感受吧！

🍊 《称呼歌》

为小辈会称呼，行礼问好要记住，
妈妈的姐妹我叫姨，爸爸的姐妹我叫姑，
妈妈的哥哥我叫舅，爸爸的弟弟我叫叔，
妈妈的妈妈叫外婆，爸爸的妈妈叫祖母，
妈妈的爸爸叫外公，爸爸的爸爸叫祖父，
尊敬长辈有礼貌，句句我都要记牢。

Day238　亲近大自然

孕9月，准妈妈腹中的宝宝已经是一个大孩子了，能够听到、看到、感觉到周围的人或事物。在这个曼妙的世界中等待他的将会是什么呢？有阳光，有雨露，有鸟叫，有虫鸣……而作为宝宝身边最信任的人，准妈妈在此时该如何向宝宝描绘一下外面的世界呢？

🍊 流动的水

准妈妈在喝水的时候，不妨稍稍抿上一小口，闭上眼睛，让它从嘴唇滑过喉咙，进到食道、胃，乃至全身各个地方，并把自己的感受描述给宝宝听，告诉他这个东西是水，同时详细描述喝下去的感受。

除此之外，准妈妈还可以在洗澡的时候或者洗手的时候让宝宝听一听水流动的声音。准妈妈在洗澡的时候还可以把水流调小，让水缓缓地流过肚皮，并告诉宝宝这就是水流过的感觉。

🍊 温暖的阳光

阳光是大自然的恩赐。有了阳光我们就有了力量，在有阳光的日子里我们会感觉高兴、开朗、舒心，而在阴雨天我们的心情也会跟着低落。如果说水是我们的生命之泉的话，那么阳光就是我们生命中的光明。虽然在炎热的夏季，阳光让人热得难受，但是我们却不能因此否定它的价值。

准妈妈不妨选一个风和日丽的早晨，走出家门，到一个有花有草有树有水的地方去好好感受一下阳光。准妈妈可以指着太阳告诉宝宝，那红艳艳、暖洋洋的东西就是太阳，照在人身上会让人很暖和，并把自己的感受详细地描述给宝宝听。

Day239　让胎教成为甜蜜的功课

胎教是一件甜蜜的事，而不应该是一种负担。准爸妈应该把它看作一门甜蜜的功课。那么如何让胎教更加甜蜜，而不是在加重父母的负担呢？

让生活更轻松些

如果准爸妈之前工作稳定，有固定的居所、一定的经济储备，那么就算准妈妈辞职在家待产也不会感觉到经济上的压力。如果准爸妈之前就拥有良好的夫妻关系和家庭关系，能在孩子的问题上达成一致意见，那么就给良好的家庭氛围提供了前提。如果准爸妈在怀孕之前就有关于怀孕的详细计划，那么怀孕之后就不会因此而手忙脚乱。总之，做到有备而战，准爸妈的生活就会轻松许多。

将爱好变为胎教

如果准爸妈有旅游、摄影、绘画、书法、唱歌等兴趣爱好，不妨将这些爱好也演变为胎教的一部分，让胎儿也跟着一起去感受，去体验，从而让准爸妈的爱好和胎教两不误。

不设定硬性工作量

胎教的目的在于让宝宝感受良性刺激，而不是让他真正学会什么知识。全心全意地去爱宝宝，对于宝宝而言就已经是最好的胎教。准妈妈可以制订胎教计划，列出每天需要做的胎教工作，但不必强求自己每天必须做到。如果自感身体不适或是睡眠不足，充分的休息比强撑着做胎教对宝宝更有益处。

Day240　细数语言胎教的素材

语言胎教不仅能促进宝宝大脑发育，有助于提高宝宝智力水平，还能使宝宝产生安全感、愉悦感，从而加深宝宝与父母的感情，促进宝宝健全人格的培养和形成。那么应该选什么内容作为语言胎教的素材呢？

✳ 童话故事

给胎宝宝读的童话故事，尽量短小、简单、易懂。准妈妈要将故事中的人、事、物详细、清楚地描述出来，例如：有哪些主人公，做了什么事，说明了什么道理，等等，让胎宝宝融入到故事的世界中。另外要避免暴力的主题和太过激情、悲伤的童话故事。

✳ 儿歌

适合给胎宝宝听的儿歌很多，准妈妈可以参考网络上的资料，也可以自己买一本儿歌书。可以先给胎宝宝读，久而久之，准妈妈也就能记住儿歌的内容，可以随时随地哼给胎宝宝听。

✳ 日常生活

日常生活是最容易得到的语言胎教素材。准妈妈不要不好意思，要尽量试着把每天遇到的人、事、物用语言讲述出来，遇到高兴事的时候也要及时将这种心情向胎宝宝描述，让胎宝宝能够感同身受。

✳ 诗词歌赋

唐诗宋词中朗朗上口的经典之作，很适合作为晚上入睡前宝宝的语言教材。孕妈妈需要先理解其中的内容，然后读给胎宝宝听，最后将其中的大概意思讲述给胎宝宝听，让胎宝宝感受古典诗词的魅力。

✳ 文学作品

有很多文学作品语言优美、主题积极，也是准妈妈做语言胎教的好素材。

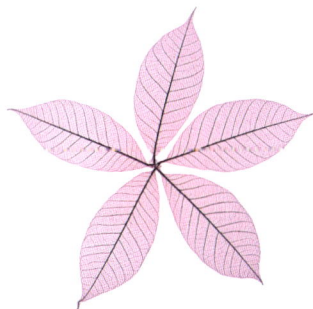

Day241　胎教故事中的人生哲理

孩童时代，谁不是生活在无忧无虑的世界里呢？那个时期的孩子没有世俗的烦忧，没有生活的压力，有的只是如童话般的美好人生。为自己的胎宝宝提前构建一个童话的世界吧。让胎宝宝在童话故事中学习人生哲理！

《捧着空花盆的孩子》

故事梗概：一个贤明而年迈的国王因为自己没有孩子，所以想要找一个孩子来做自己的继承人。于是国王用种花的方式来考验全国的孩子们。当所有的孩子都捧着各式各样的鲜花的时候，一个捧着空花盆的男孩却因为自己的诚实而得到了国王的青睐。因为国王发给孩子们的种子是煮过的。这个故事可以告诉宝宝诚实的重要性。

《小兔子乖乖》

故事梗概：兔妈妈出门去了，留下了三只可爱的兔宝宝看家。邪恶的大灰狼想要诱骗小白兔们开门，想出来装兔妈妈的办法，结果被小白兔识破了。最后兔妈妈终于回来了，兔宝宝辨认清楚之后开门让兔妈妈进来。这个故事想必也伴随过准妈妈的童年，它可以告诉宝宝凡事要仔细思考再做决定，不要轻易相信陌生人！

《小马过河》

故事梗概：有一匹小马长大了，老马想让它自己出门锻炼锻炼。在途中，小马被一条小河挡住了去路，它不知道自己能不能蹚过去。老牛说水很浅，小松鼠说水很深。小马不知道怎么办才好。在听从了妈妈的建议后小马自己努力尝试，成功地渡过了河。这个故事可以告诉胎宝宝凡事要开动脑筋去思考，努力实践很重要。

Day242　给宝宝读读国学经典

目前，中国传统文化作为一项重要的国粹越来越被普通大众认可和接受，国人学习国学的热情非常高。既然童话故事、儿歌、唐诗宋词能够作为胎教素材，那么一些在古代作为幼儿"教材"的经典作品也可以拿来作为宝宝的语言胎教、文学胎教素材。

《大学》《中庸》

《大学》《中庸》本是《礼记》中的两篇，《大学》以修身为主要内容，提出格物、致和、诚意、正心为修身的方法，强调人的修身养性不只是内省的过程，更是同外物相接触，获得知识，培养道德品性，完善人格的过程。而《中庸》则强调"诚"，认为"诚"是实现"中庸之道"的关键。诵读两篇古文能够让准妈妈获悉修身的方法和知识，对于孕期情绪的改善大有帮助。

《弟子规》

《弟子规》是根据《论语》等经典作品编写而成，集孔孟、老子等圣贤的道德教育之大成，是现如今传统启蒙教育的必读教材。全篇共分为"总叙""入则孝""出则悌""谨而信""泛爱众""而亲仁""有余力则学文"七个部分。具体阐述了弟子在家、出外、待人、接物与学习上应该恪守的守则规范。三字一句，两句或四句连意，和仄押韵，朗朗上口。其字里行间倾注了很多中国古代人的行为规范和人生智慧，虽有些思想的糟粕，但仍不失为道德教育之经典。

《论语》

《论语》记录了孔子及其弟子的言行，为孔子的弟子及其再传弟子编撰而成，集中体现了孔子的政治主张、伦理思想、道德观念及教育原则。其文字虽是文言古语，但不饶舌拗口，缓缓读来还朗朗上口、充满韵味，是一部非常适合准妈妈诵读的作品。

Day243　每天给孕妈妈一点赞美

各位孕妈，是否发现，当自己的体形一天天庞大，身材一天天走样，女性的曲线全无，妈妈的丰隆之态尽显之时，更需要别人的赞美，尤其是老公的赞美？这到底是为什么呢？答案大概是女人需要哄，尤其是需要老公哄。那么老公最好在什么时候不失时机地来上一两句赞美，来哄哄自己的妻子呢？看看下面的例子，准爸爸就能大概明白一些了。

当孕妈照完镜子感觉很失落的时候，准爸爸要表现出很满意的样子，及时献上美言："你看起来比以前更漂亮了，都说孕中的女人是最美的，果然是这样的啊。快，我要将你的美态照下来，将来留给宝宝看！"孕妈听到这样的话可能就会转变脸色，"多云转晴"啦！

当孕妈找出以前的衣服，却发现没有几件能穿的衣服的时候，准爸爸可以这样说："以前的衣服不适合你和宝宝一起穿了，我马上给你买几套你俩都能穿的，等你们穿上后，回头率还会很高的哟！"

当孕妈忙碌一天，感觉身心疲倦的时候，准爸爸要及时地帮助准妈妈脱鞋，给她揉揉肩，然后夸夸她："啊，你现在看起来气色可好了。脸还跟以前一样，像没有怀孕的样子！"

还有什么地方需要赞美，准爸爸可以自己慢慢去发掘。只要是一个懂得生活的人，他就懂得为自己的配偶献上自己的赞美，让彼此的心中都是暖暖的。

赞美就是准爸爸给予准妈妈的爱，而爱是准爸爸给予准妈妈最大的支持。准爸爸虽然不用特意去训练如何赞美准妈妈，但也要学会将赞美融入到生活中。准爸爸要学会抚摩、拥抱、亲吻准妈妈，学会表达自己的情感，学会赞美，这些都可以安慰准妈妈脆弱的心灵。

Day244　呵护准妈妈的爱美之心

爱美之心人皆有之，我们这里的"美"并不是简简单单指外在的美，它还包括人们所听到、所看到、所感受到的一切美的事物。母亲可以通过这三个方面将感受到的美通过神经系统传输给胎儿，所以爱美也是母亲与胎儿交流的重要内容，可以提升胎教效果。

✳ 选对悦耳的音乐

音乐的作用很多，音乐选得好不仅能够调节准妈妈的不良情绪，安抚焦躁不安的心情，而且还能让胎儿深受感染，进而刺激胎儿大脑发育。此外，孕末期的胎儿已具备听和感受外界事物的能力，安静、舒缓的音乐可以给胎儿创造一个平和的环境，使躁动不安的胎儿安静下来，使他感受到外面世界的美丽多姿。

✳ 感受美好的自然

长期居于家中的准妈妈如果能够在家附近的自然环境中来一次短途旅行，有助于调节自己的心情，同时，胎儿也能感受到空气的清新、泥土的芬芳、鸟语花香，他的内心也因此充满美的感受。

✳ 保持美好的形象

准妈妈的美好形象可以从内在美和外在美两方面入手。外在美要求准妈妈着装颜色明快、合适得体，身体洁净，精神焕发，散发迷人的孕育之美。内在美要求准妈妈要有良好的道德修养和高雅的情趣，知识广博，举止文雅。

Day245 美学胎教

280 天的孕育经历，准妈妈每时每刻都可以有意识地去感受美的存在，从早上起床，到中午太阳高照，再到下午夕阳西下，只要准妈妈有心就可以将自己一天感受到的美传达给腹中的宝宝。

早上起床之后，准妈妈可以到有树林或者草地的地方去做操或散步，呼吸那里的清新空气。另外，树林多的地方以及有较大面积草坪的地方，尘土和噪声都比较少。在工作间隙休息的时候准妈妈也可以到有树木、草坪的地方或喷水池边走走。中午吃过饭后翻上几页画册，感受其中的艺术之美，让自己在繁忙的工作中小憩一下。傍晚吃过晚饭后听一会儿音乐，让自己的身心在优美悦耳的音乐中得到休息，让不良的情绪得到释放。

准妈妈也可以去参观各种艺术展览，比如画展、雕塑展、陶瓷展……总之，准妈妈在欣赏艺术作品时，可以根据不同的爱好选择不同的作品，喜欢交响乐的可欣赏交响乐，喜欢国画的可以选择国画，喜欢雕塑的可选择欣赏雕塑，喜欢民间艺术的可以选择民间艺术……总之，可以根据自己的喜好和欣赏水平选择喜欢的艺术形式来作为美育胎教。

节假日的时候准妈妈也不妨去家附近的公园看看。春天万物萌发，夏天万物繁盛，秋天万物收获，冬天万物凋零，每个季节、每个月、每个时间段都会有不一样的风景在等着准妈妈和胎宝宝去发现，去感受其中的美妙！

Day246　色彩胎教

　　红、黄、蓝、绿、青、紫、黑、白、灰……各种各样的色彩构成了一个绚丽多姿的世界。人处于五颜六色之中才能尽情地释放自己的视觉感官，用眼睛去审视周围的一切，感知周围的一切。

　　当人眼接触到不同的颜色时，大脑神经做出的反应也会完全不一样，可以说色彩对人的心理有直接的影响。不舒服的色彩对于我们而言就如同噪声一样，令人烦躁不安。

　　和谐的色彩或者我们喜欢的色彩却会有相反的效果，它会让我们的内心得到抚慰，进而心情平静，内心和谐，给人一种美的享受。不同的颜色对于人的影响也是有很大差异的。

　　准妈妈受到外界不同色彩的刺激，会通过视觉将自己的感受传达给胎儿。这一色彩感受传递的过程可以被称为色彩胎教。通常情况下，因为身怀六甲的准妈妈身体内热，往往火气大，容易烦躁，所以准妈妈应该有意识地使自己接触一些偏冷的色彩，如绿色、蓝色、白色等，以调节躁动不安的情绪，保持平和宁静的胎教心境，使腹内的胎儿也随之平和地健康成长。

　　相反，红色容易使人烦躁不安，而黑色、灰色让人的心境也跟着消极起来，容易让人抑郁，从而影响胎儿的健康成长。所以各位准妈妈一定要注意自己生活中的色彩因素。因为如果准妈妈长期处于不良色彩中，就容易产生不必要的负面情绪，影响胎儿的生长发育。

Day247　让宝宝感受五颜六色

人接受外界刺激以及从外界获取信息绝大部分是通过眼睛完成的，因此可以说人的第一感觉是视觉。对视觉影响较大的就是色彩，也就是人们所说的红、橙、黄、绿、青、蓝、紫等颜色。利用色彩来给予胎宝宝有益的影响，这被称为色彩胎教。

准妈妈在做色彩胎教时不仅可以让胎宝宝认识各种各样的颜色，还能通过亲近大自然，到大自然中认识各种色彩。下面就具体说说色彩胎教的创意做法。

🍊 填涂七色

赤橙黄绿青蓝紫，今天我们就带胎宝宝来认识彩虹的颜色。首先准备未涂色的七瓣花图案若干，油画棒若干，然后按照七种颜色的顺序依次涂满整朵花。准妈妈每涂一个花瓣之前，都在心中默默告诉胎宝宝接下来要涂的是什么颜色，大致是什么样子，生活中什么东西的颜色与这个颜色类似。也可以用七种颜色绘制彩虹。从填涂颜色、描述颜色到讲述生活中各种物品相应的颜色，逐步深入，加深胎宝宝对这七种颜色的认识，让胎宝宝在认识各种颜色的同时能够感知生活中的色彩美。

🍊 认识自然色

当春天来到，鲜花盛开的时候，准妈妈可以到公园里，认识不同的花儿，感受不同的色彩，还可以感受花香，描述花的形状、大小。这样胎宝宝不仅能认识和感受到不同颜色，还能认识不同的花儿。

胎宝宝可以去感受五彩斑斓的世界，认识五颜六色。只要方法得当，准妈妈就可以将生活中的色彩带给胎宝宝，让胎宝宝提前感受生活中的色彩之美！

Day248　在儿歌声中感受四季的色彩

有心的准妈妈想必已经为胎宝宝准备了不少儿歌，同时也在按照自己的计划唱给宝宝听。其实在儿歌声中胎宝宝不仅能够感受到童趣，还能感受到四季的颜色。既然如此，准妈妈可以将两者结合，让宝宝在儿歌声中感受四季的色彩。

春天的儿歌

如果宝宝即将降生的季节是春季，准妈妈可以在出门散步的时候，边教宝宝认识长新叶的柳树、解冻的湖面、新发芽的小草，边跟他哼唱这些儿歌："春天到，春天到，花儿朵朵开口笑。草儿绿，鸟儿叫，蝴蝶蜜蜂齐舞蹈。"

夏天的儿歌

如果宝宝即将在夏天出生，准妈妈可以选择在清凉的早晨出门，并且让宝宝学习这些儿歌："夏天在哪里？蝈蝈蝈蝈，夏天在绿绿的草丛里。夏天在哪里？知了知了，夏天在高高的大树上。夏天在哪里？呱呱呱呱，夏天在圆圆的池塘里。夏天在哪里？夏天在小朋友的笑脸里：太阳帽，小化伞，冰激凌……"

秋天的儿歌

如果宝宝是在金秋的季节来到人世与准妈妈相见，准妈妈可以在天气晴朗的傍晚出门。当落日西斜的时候，天空中呈现一片别样的色彩，这个时候准妈妈可以兴高采烈地唱："小鸟说，秋天是蓝色的，天空碧蓝碧蓝。青蛙说，秋天是金色的，大地金黄金黄。大山说，秋天是绿色的，山冈翠绿翠绿。人们说，秋天是白色的，雾气雪白雪白。孩子说，秋天是红色的，朝霞火红火红。农民说，秋天是黄色的，庄稼金黄金黄。"

冬天的儿歌

如果宝宝选择在寒冷的季节出世，准妈妈也不要错过让他认识世界的机会。在一个雪后的早晨，准妈妈带着刚下完雪的惊喜，望着窗外美丽的雪景哼着："小雪花，小雪花，爱在空中来玩耍，翻个跟头飘呀飘，飘在树上和地下。太阳出来把它瞧，眨个眼儿不见啦。"

Day249　积木胎教花样多

准妈妈和准爸爸一起合作搭积木的同时讲解给胎宝宝听，让胎宝宝提前感受这种游戏的乐趣！

◉ 拼图形

准备一套有各种图形的积木。把两个相同的长方形的积木对成一个正方形，两个三角形对成一个正方形，两个半圆形对成一个圆形，等等。这个游戏可以帮助胎宝宝认识各种图形以及它们之间的组合关系，让胎宝宝认识空间世界的多姿多彩！

◉ 对数字

准备一套标有数字的积木。先根据积木上的数字，按照从小到大的顺序码好几块，然后准妈妈可以将每个数字清晰地说出来，说完之后再对胎宝宝讲一遍，加深他对数字的印象。这个游戏可以帮助胎宝宝认识数字，使胎宝宝提前了解数字的概念。

◉ 场景设计

准备一套组装类积木，里面有家具、爸爸、妈妈、宝宝等。将积木组装起来，然后用温柔的、满含爱意的语言讲述家庭里的小故事。当然，准妈妈可以和准爸爸一起编故事。这个游戏不仅能够发挥准妈妈的想象力，还能帮助胎宝宝开动脑筋。

◉ 码小路

准备一套公路积木。准爸爸和准妈妈可以一起把长条积木按照一定的间隔排列起来，连接成一条弯弯曲曲的小路，再放入一辆玩具小火车，就可以顺着这条"小路"行驶了。在玩的过程中准爸妈不妨向胎宝宝讲述一次特别有意思的旅行经历，让胎宝宝感受旅行中的快乐！

积木不仅让准妈妈锻炼动手能力，也让准妈妈发挥想象力。用积木拼图、盖房子，让胎宝宝在想象中认识这个世界，这些都对胎宝宝的大脑发育大有好处。

Day250 "捏"个乖宝贝

准妈妈除了可以画出心中宝宝的形象以外，还可以一展身手捏出心中宝宝的形象。各位准妈妈，还记得小时候玩的橡皮泥吗？我们可以利用它来捏出心中宝宝的形象！

✳ 捏泥技巧

如果准妈妈手头有宝宝的三维图像或者四维图像，那么捏出宝宝的形象就有参照物啦！

1. 用黄色的橡皮泥搓个圆球做宝宝的头。

2. 用黑色的橡皮泥再搓个圆球，接着压成圆饼状做宝宝的头发，用剪刀剪出刘海。接着将头发按在头上。

3. 用黑色的橡皮泥搓出眼睛，黄色的橡皮泥搓出耳朵，红色的橡皮泥搓出鼻子、嘴巴和红脸蛋分别按在脸上。

4. 用红色的橡皮泥搓个圆球，用刀具做成六面体形状作为宝宝的身体，接着用红色橡皮泥搓出手臂形状。

5. 用黑色的橡皮泥搓出个圆球，接着用刀具做成腿的形状，用火柴棒将宝宝的身体和腿部连接。

6. 将头、手臂分别安装在宝宝身体上，这就大功告成啦！

✳ 橡皮泥 DIY

如果对于橡皮泥的制作过程感兴趣，准妈妈也可以利用厨房里的原料制作自己喜欢的橡皮泥，具体方法如下：

1. 一杯半面粉，半杯盐，四分之一杯植物油，大约四分之一杯水，再加几滴食用颜料，混合在一起。

2. 将面团揉捏至柔软。如果面团太湿则加少许面粉，反之加少许水。

3. 继续揉捏直至面团柔软并且颜色混合均匀。

4. 装进密封容器或塑料袋，放入冰箱冷藏。

269

Day251　数独让准妈妈开心又聪明

数独是一种数学智力题游戏。图的形状为九宫格的正方形。具体做法是根据格子上的已知数字，推理出全部剩余空格的数字，要求每一行、每一列、每一个粗线宫内的数字均含1~9且不重复。数独的玩法虽然逻辑简单，然而数字的排列方式千变万化，能让人在玩的过程中体验左脑与右脑的碰撞。

有人说怀孕期间和生产后妈妈会变"傻"，而数独游戏会提升准妈妈对于数字的敏感性和事物的专注力，从而增强其逻辑思维能力，提升智力。

如果准爸爸也能参与到这项智力游戏中来会使准妈妈玩游戏的热情更加高涨。两个人不仅可

以一起找出解决该游戏的方法和答案，还能互相监督，以免玩过头，影响正常的作息。要知道准妈妈现在并不在"常态"，充足的休息对她更为重要。

数独的题目可以变化多样，解题的方法也五花八门，但是其中仍有一定的规律可循，也有一定的技巧可供掌握。解题技巧一般有排除法、余解法、扫描法、删减法、巡格法、待定法、行列法、假设法等等，有兴趣的准妈妈可以尝试学习这些技巧。从简单的数独开始，慢慢喜欢上数独，开心地玩数独。生完宝宝之后，妈妈还能继续玩，孩子大了，还能跟他一起玩。这样的游戏会让全家人都开心，全家人都能体验大脑运动带来的无穷乐趣！

准妈妈玩数独，在孕期勤动脑筋，也会有效地促进胎宝宝大脑的发育，让出生后的宝宝更聪明。数独还有一个迷人之处，在于它能给人以巨大的成就感，能让准妈妈更自信、更愉悦。准妈妈们，赶快开始吧。

Day252　动手又动脑的两款小游戏

在家休养的准妈妈往往被家人限制看电视和上网的时间。可是如何打发大把的空闲时间呢？无聊、空虚让很多准妈妈抓狂。准妈妈就想找点能做的事情打发一下时间。下面就给大家推荐两个小游戏，动手又动脑，还是很不错的胎教手段呢！

🍊 编红绳

编红绳是很多女性喜爱的手工。在怀孕之前想必不少准妈妈都有过编红绳的经历，或者曾经拥有过一两件红绳手工艺品。这个时候准妈妈不妨行动起来编织一个简单的红绳项链。具体步骤如下：首先准备两条红线，用作链绳。在链绳的外面绕上适当长度的股线。接着在链绳的中间位置穿一个菠萝结，然后在菠萝结的两边分别绕两段股线。在股线的上端穿一颗磨砂金珠，然后在磨砂金珠的上端再绕一段股线。最后在链绳的上端分别绕两段股线，并分别穿一个菠萝结就大功告成了。

🍊 剪纸

剪纸属于精细动作，能锻炼准妈妈的大脑。经常做剪纸运动，可以使准妈妈很安静地专注于这项运动，进而调整准妈妈的心态。准妈妈可以先在彩色的纸上勾勒出想剪的轮廓，比如胖娃娃，"双喜临门""喜鹊登梅""小儿放牛"，或孩子的属相，如猪、狗、猴、兔等，然后细细剪。别怕麻烦，别说没时间，别说不会剪，因为问题不在于剪的好坏，而在于向胎宝宝传递深深的"爱"，传递"美"的信息。

第十部分

妈妈与宝宝的亲密会面

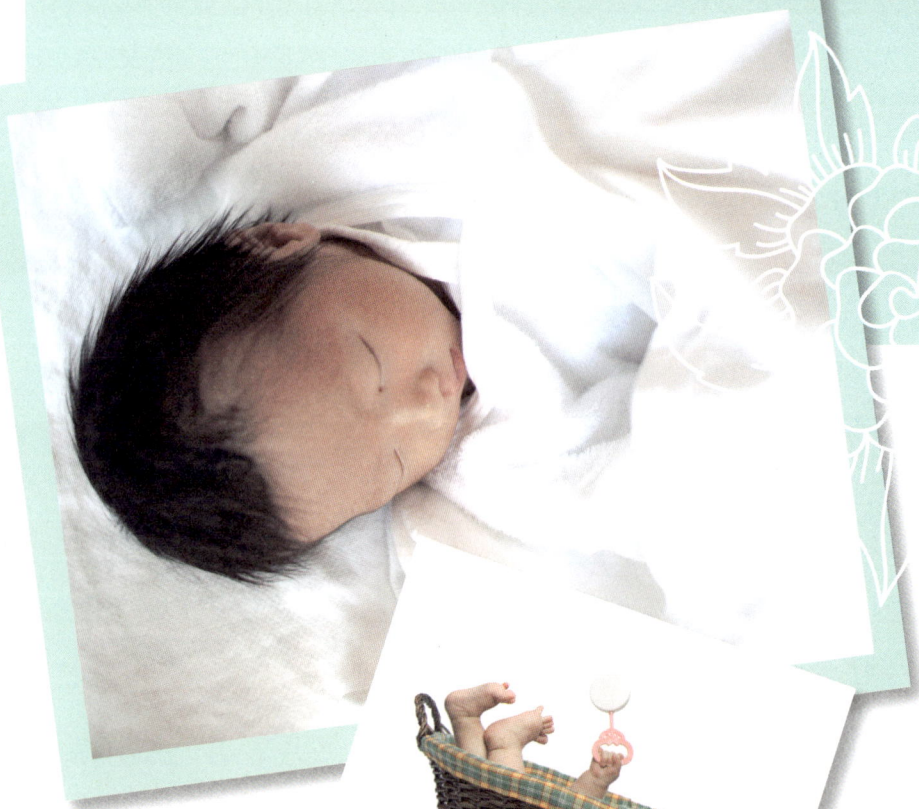

Day253　把好胎教最后一关

孕10月，胎儿渐渐接近分娩日期，准妈妈可能会在这个月的月中或是月末，与可爱的宝宝见面。这个时候的宝宝皮肤和骨骼已经发育完整，身体的大多数器官已经开始运作，他现在能够倾听和感知周围的世界。这个时候的准妈妈不能因为自己快要生产了而放弃最后的胎教。在最后一个月，准妈妈要将胎教进行到底，坚持就是胜利！

🍊 语言胎教

准妈妈还是应该一如既往地与宝宝聊天，进行各种各样的交流，童话、儿歌、文学作品等都可以作为语言胎教的素材。

🍊 情绪胎教

越接近分娩，准妈妈的心情越是紧张，这时可以多上网了解一些分娩知识，也可以与周围的"过来人"多多交流和分享经验，或者也可以准备一下待产包，来缓解紧张的情绪。

🍊 音乐胎教

音乐胎教应该按照以前的频率继续做，多听缓解焦虑的曲子，在听这些曲子的时候也可以加入对话胎教。不妨将自己紧张的心情也讲给胎宝宝听，倾诉出来，准妈妈的感觉会好很多。

🍊 抚摩胎教

准妈妈可以在胎动频繁的时候轻轻抚摩胎宝宝或轻轻拍打胎宝宝，还可以边触摸，边与他聊天，形成触觉上的刺激，加深胎宝宝和妈妈的感情。

Day254　写下准妈妈的胎教心得

　　到孕末期临近分娩的时候，想必细心的准妈妈已经做过很多次胎教了，实践了很多胎教方法。这个时候准妈妈对于胎教也会有很多感受，也会有想要对宝宝说的话。那么不妨利用此时这个特殊的时期，将自己的胎教心得记录下来，不仅可以勉励自己，也可以让孩子长大后看看当初妈妈是怎样教育他的。准妈妈可以这样写：

　　妈妈在得知自己怀孕的消息的时候，心中惊喜万分，惊喜之余心里又有些害怕，害怕自己没有什么经验，教不好你。于是妈妈上网查了很多资料，也买来各种孕育书籍，想搞清楚该怎么度过这个非常时期。妈妈了解到胎教的重要性，于是也努力尝试各种胎教方法，通过对你实施这些胎教，妈妈发现……

　　接下来怎么写，准妈妈可以尽情地去发挥，将自己怀孕以来的感受一一记录下来。

Day255　孕十月饮食

在妊娠的最后一个月，准妈妈需要补充充足的营养，为分娩做必要的准备，以摄取足够母胎的营养物质，积蓄体力，满足分娩时的各种消耗，同时为新生儿哺乳做好准备。如果这个时候营养摄入不足，不仅所生的孩子会比较弱小，也可能影响孩子出生之后的生长，而且准妈妈自身也容易发生贫血、骨质软化等营养不良症，这些病症会直接影响临产时的正常子宫收缩，容易发生难产。本月，准妈妈在饮食上需要注意以下几点：

增加优质蛋白质

在保证每天所需热量的前提下，补充优质蛋白质。补充蛋白质不是要求准妈妈每天大鱼大肉，喝大量鸡汤、骨头汤，而是要求搭配着吃富含优质蛋白质的食物。具体建议是准妈妈可以增加虾类、鱼类、豆类食品的摄入量。

增加 DHA

DHA 有助于胎宝宝大脑神经元和视网膜感光细胞膜磷脂的合成。所以准妈妈要适当增加富含 DHA 的食物的摄入。如有必要也可以补充一些富含 DHA 的食品。具体建议是多食用一些坚果类食物以及深海鱼类，如核桃、花生、芝麻，沙丁鱼、金枪鱼、黄花鱼、带鱼等。

增加预防便秘的食物

临近分娩，准妈妈的消化器官功能减弱，容易发生便秘，可以适当多吃些薯类、海藻类和含膳食纤维的蔬菜类食物，能有效预防便秘。这类食物有红薯、小麦、玉米、大豆、竹笋、菠菜、芹菜、茭白等。

控制盐的摄取量

此期为母体代谢高峰期，并且由于胎宝宝长大，子宫增大，准妈妈常有胃部不适或饱胀感，因此要注意坚持少食多餐。有水肿的准妈妈要控制食盐的摄入量。

Day256　分娩前的能量食谱

分娩是一项当之无愧的重体力活。在分娩过程中准妈妈会消耗大量能量。一旦出现临产征兆，准妈妈该如何吃才能快速补充体能，又对代谢不产生负担呢？一般初产妇会经历较长的分娩过程，从有规律的宫缩开始到宫口开全，大约需要 12 个小时或者更久。建议自然分娩的准妈妈准备一些容易消化吸收、少渣、可口、味鲜的食物，比如清汤鸡蛋面、清汤鸡丝面、巧克力等。

🍊 排骨汤面

原料： 拉面 150 克，排骨 200 克，青菜 50 克，蒜末少许，葱花少许，食用油 50 毫升，盐半匙，清水适量。

做法：

1. 将排骨切小块，撒上面粉裹匀备用；将拉面、青菜烫熟备用。

2. 将锅烧热倒入油，放入排骨，用中火炸至酥黄，捞起沥干，将锅中油倒掉。

3. 往热锅中倒入适量油，放入葱花和蒜末，并加入适量清水，以中火煮沸。

4. 在沸水中倒入煮熟的面，放上青菜，排骨，用盐调味即可食用。

🍊 什锦鸡丝粥

原料： 大米 100 克，鸡胸肉 100 克，胡萝卜 20 克，香菜碎 10 克，盐 1 匙，香油 1 匙，干淀粉少许。

做法：

1. 将胡萝卜切细丝。洗净鸡胸肉，切丝，用少许干淀粉和盐抓拌腌制备用。

2. 将大米淘洗干净，往锅中加入 1500 毫升清水，大火烧开后倒入大米。

3. 水沸腾后改小火熬制 60 分钟，放入胡萝卜丝和鸡丝，滚煮 2 分钟后关火，加入盐和香油调味。食用时撒上香菜碎即可。

Day257　孕十月生活保健

孕十月，到了即将分娩的关键时刻，准爸妈每天都在等待着宝宝降临到这个世上。尽管准妈妈的心情会被焦急等待所占据，但是对于一些要注意的事也必须做到心中有数，要准备的工作也必须准备充分，这样才能无后顾之忧，安心待产。

出门需陪同

临近分娩的这个月，家人要尽量避免准妈妈在外边走得太远，最多只能短途散散步。准妈妈外出的时候一定要有家人陪伴。因为准妈妈随时都有可能破水、阵痛而分娩，所以准妈妈要避免独自外出、出远门或长时间在外。孕晚期的危险信号包括出血、下腹部疼痛、痉挛和意识障碍、破水等，有这些现象时，准妈妈必须立即去医院。

最好留在家中

除了在家附近散步，如果没有特别需要准妈妈亲自办理的事，其余时间准妈妈最好留在家中，为分娩做准备。临近分娩，适当运动仍不可缺少，但不可过度，以免消耗太多精力而妨碍分娩，营养、睡眠必须充足。

注意个人卫生

准妈妈最好每天淋浴，清洁身体。应时常更换内衣裤。若发生破水或见红等分娩征兆，就不能再行洗浴，所以在此之前最好每天勤于淋浴，特别要注意外阴的清洁，头发也要清洁整理好。

严禁性生活

这个时候准爸爸一定要体谅准妈妈，在临产前夫妻俩要严禁性生活，这对母胎都是有好处的。

检查分娩用品

准妈妈在准备住院之前，应仔细检查分娩用品，避免遗漏。并向丈夫和家人交代清楚，必要时可留下清单。将待产包放在容易拿到的地方，以备必要时所需。

Day258 职场孕妈妈产前应放松

职场孕妈妈很不容易，既要坚持工作，又要照顾好腹中的胎宝宝。同时，职场孕妈妈还要面临更多的心理压力。其实，各位职场孕妈妈，你们身上的担子太重了，不妨在临产前半个月放下所有压力，在产前充分休息。

❂ 做好产前检查

临近分娩的这个月，准妈妈需要每周进行一次产前检查。除了之前一直在做的体重测量、血压、血常规、尿常规、B超检查外，这个月准妈妈还需要接受骨盆检查以及胎心监护。通过综合分析，医生可以决定分娩时的处理方案，保证分娩的安全。

❂ 保证足够的蛋白质和热量

这个月准妈妈仍然要坚持少食多餐，保证摄入足够的蛋白质和热量，同时应该限制脂肪和碳水化合物等热量的摄入，以免胎儿过大，影响顺利分娩。可以选择体积小、营养价值高的食物，如动物性食品等，减少营养价值低而体积大的食物，如土豆、红薯等。在这个月里，由于胎儿的生长发育已经基本成熟，应该停止服用补钙产品，以免加重代谢负担。

❂ 尽量不要加班

即将临盆的准妈妈，这个时候工作不应该再被当作重心。准妈妈应该把自身和胎儿的身体健康放在首位，保证充足的睡眠，即使再热爱自己的工作，也应该学会"放下"。只有休息够了，准妈妈才能成功应对分娩时的难关；只有休息够了，才更有利于顺利分娩以及产后乳汁的正常分泌。建议职场孕妈妈最好能提前一到两周休息，切忌临产前还一直工作。

Day259　重视临产前的乳房保健

乳头牵引术

如果准妈妈的乳头此时还呈现凹陷的状态，那么需要加强乳头的牵引工作，可以选择每天中午和下午分两次为自己做乳头牵引。具体做法是用拇指和食指在乳晕上沿着正上、正下的方向，轻柔地按压乳房，使乳头尽量凸出。注意一定不要用拇指和食指捏乳头，这样会使它更加凹陷。

乳头按摩

1. 乳晕的按摩。手与胸部成直角，用拇指、食指及中指捏住乳晕，三指靠拢，一边施力压迫乳晕，一边移动位置，做 360 度的按摩。

2. 乳头的按摩。手与胸部相平，用拇指和食指捏住乳头，一面用指腹施压，一面扭转乳头，变化位置，做 360 度的按摩。

3. 开口的按摩。一手扶住乳头，另一手用食指按顺时针的方向抚摩乳头的开口部。

乳房按摩

1. 用一只手包住另一边需要按摩的乳房基底部，张开手指，就像要抓住一颗大球似的。要领就是不可抓到乳房鼓起的部位。用手掌轻碰，利用手指头捧起乳房基底部。用手掌按摩时，一定注意不可对乳腺体施加压力。

2. 用正在按摩乳房的那一边的手由外侧轻碰另一只手。手掌（拇指根鼓起部位）放在另一只手的指头外侧，臂肘呈水平拉开状。刚开始不妨先对着镜子练习。由侧面看来，臂肘呈正面横向位置，最后空出来的手的拇指根正好位于外侧保护。

3. 保持步骤 2 的姿势，慢慢地将臂肘往下拉。利用肩膀力量来活动乳房基底部。用拇指根部将乳房基底捧起，这是重要的技巧。注意手掌不可压迫乳房。臂肘慢慢地上下移动，步骤 2、3 重复操作 3 次。

Day260　做好入院前的准备工作

待产包

1. 婴儿的用品：奶瓶，奶瓶刷，包被，尿布，隔尿垫，内衣，外套，防抓手套，小毛巾，小被子，婴儿洗涤用品，爽身粉，等等。

2. 产妇入院时的用品：脸盆，脚盆，牙膏，孕妇牙刷，大小毛巾，卫生棉，卫生纸，哺乳内衣，产后内裤，睡衣，等等。准备好分娩时吃的点心，如巧克力。

3. 所需证件：身份证、医疗证、建档卡、医保卡或公费医疗证。

其他相关准备

1. 分娩时体力消耗较大，因此在分娩前必须保证充足的睡眠时间。如果在晚上没有睡好，在白天可以随时补觉，分娩前午睡对分娩也有利。

2. 接近预产期的准妈妈应尽量不外出和旅行，但也不要整天卧床休息，轻微的、力所能及的运动还是对生产有好处的。

3. 临产前绝对禁止性生活，免得引起胎膜早破和产时感染。

4. 准妈妈必须注意身体的清洁。由于产后不能马上洗澡，因此，住院之前应洗澡，以保持身体的洁净。如果准妈妈到浴室去洗澡，必须有人陪伴，以防止湿热的蒸汽引起准妈妈昏厥。

5. 在准妈妈临产期间，准爸爸尽量不要外出。实在不行，夜间需有其他人陪住，以免准妈妈半夜临产。与此同时，还应该安排好住院期间照顾准妈妈和宝宝的人员，如有必要可以请月嫂帮忙。

Day261　熟悉与生产相关的六个名词

☀ 剖宫产

剖宫产是指在产妇被麻醉的情况下切开腹壁及子宫壁，从子宫中取出胎儿及其胎儿附属物，再将子宫壁、腹壁各层进行缝合，是为了解救难产及妊娠并发症而进行的一种开腹手术。

☀ 会阴侧切

会阴侧切是指当宝宝的头快露出阴道口时，医生在会阴附近施予局部麻醉，然后用剪刀剪开会阴，让产道口变宽，使胎儿更快娩出。这是为了避免会阴的严重撕裂或胎儿缺氧而实施的助产术。会阴侧切后，应加强护理。

☀ 胎头吸引术

胎头吸引术是采用一种特制的胎头吸引器置于胎头上，利用负压吸引的原理，通过牵引而协助胎头娩出的助产方式。在子宫颈口开全时，如果胎儿娩出困难，可以帮助产妇尽快娩出胎儿。

☀ 难产

难产是指分娩时因产力、产道或胎儿中的一个或多个因素导致分娩进展异常缓慢，甚至停止。此时往往需要医生的处理，或者通过手术助产才能使胎儿顺利娩出。

☀ 宫内窘迫

宫内窘迫是指胎儿在宫内缺氧。这主要发生在分娩过程，也可发生在妊娠后期。如果发生在分娩，多半是急性胎儿窘迫，可导致胎儿窒息、死亡、大脑缺氧、智力障碍等不良结果。

☀ 宫缩乏力

宫缩乏力属于产力异常，是指分娩进行时，子宫收缩无力，导致宫口扩展缓慢，分娩时间延长，不仅产妇疲惫不堪，而且容易导致胎儿宫内缺氧及创伤。多数情况下，宫缩乏力是由产妇精神过度紧张所致。

Day262　分娩前的五大误区

很多产妇的分娩过程并不是特别顺利，会遇到各种各样不同程度的问题，这大概是因为准妈妈误闯了一些误区的缘故吧！

✳ 饮食过于肥厚或不思饮食

产妇临产前一定要吃饱、吃好。这个时候家属就应该及时把关，让产妇多吃些营养丰富又易于消化的食物，不要让其肚子空空就进产房。但不是什么东西都适合产妇吃，最好是一些体积小、能量大又容易消化的食物。

✳ 频繁出门或远行

临近分娩前，准妈妈不宜过于劳累，应该打消出门逛街的念头，出远门旅行的事就更不适合了。因为一旦出现分娩征兆，又没有及时处理，大人小孩都可能出现危险。

✳ 睡眠不佳，不注意休息

有些准妈妈为了产后能有更多时间与宝宝相处，而选择坚持工作到最后一天。殊不知，如果准妈妈分娩前休息不好，还在为工作的事情操劳，很有可能会影响分娩进程以及产后身心的恢复。一些医学专家甚至建议准妈妈最好在分娩前一个月就停止工作，在家好好休息。

✳ 分娩前过于慵懒

有些产妇因为体形越来越大、身体越来越重而不愿意活动，或是认为休息更加有利于养胎而不愿意多活动。实际上，孕期活动量过少的产妇，更容易出现分娩困难。所以在分娩前常常在家附近活动一下是有好处的。

✳ 出现消极心态

比如对生产很恐惧，过了预产期很焦急，对生产毫不在意，生产压力大，临产时无人陪伴，很孤独……这些情况都会干扰生产的顺利进行。只有消除了这些精神隐患，才能轻轻松松地度过难熬的分娩期。

Day263　及时排解产前抑郁

临近分娩本来是一件让人既高兴又兴奋的事，可是有些准妈妈却感觉越来越苦恼、越来越焦虑。从孕早期一直持续到孕晚期的抑郁情绪不但没有缓解的迹象，反而在不断加强，甚至出现严重的心理问题。在此提醒各位准妈妈应该随时调整自己的心态，做好角色的转换，尤其是在即将分娩的关键时刻要全力解决心理问题，不要将问题一拖再拖，导致更严重的心理问题。

了解原因

1. 从怀孕起准妈妈由于体内激素水平出现变化，特别在怀孕早期的 3 个月里，出现呕吐等各种身体不适，心理也会受激素影响出现波动，情绪更容易低落。

2. 一些白领女性在怀孕后会选择辞掉工作在家待产或养育孩儿，原先充实的生活状态、明确的生活目的一下子就没了，人也变得很空虚。准妈妈不做事情就容易东猜西想，猜想久了，心理问题也就出来了。

3. 不少准妈妈担心产后会失去怀孕前的一切，失去丈夫对自己的疼爱，失去工作，失去原有的美丽容貌和身材。此外，越是临近分娩，生孩子带来的痛楚也越让准妈妈整天诚惶诚恐。

应对办法

1. 准爸爸和家人要在准妈妈产前、产后关心她的心理变化，尽一切可能关心她、体贴她，减少不良刺激，使她保持愉快的心情和稳定的情绪。同时，准妈妈对于生男生女也不要有过多的压力。

2. 在产前准妈妈要详细了解生产的过程，消除对生产的误会。通过了解分娩和产后的护理，准妈妈可以减轻对分娩的恐惧感和紧张感。

3. 准妈妈还应该及时调节情绪，放松心情，平时适当地进行户外运动，比如短途旅游、做准妈妈操、游泳等，也要适当参与一些社交活动。同时准妈妈也应该保持充足的孕期营养，因为足够的营养和充分的休息能够避免心理疾病的发生。

Day264　安慰即将分娩的准妈妈

准妈妈临产前，作为即将做父亲的准爸爸除了要办好入院的各种手续，预备准妈妈的饮食之外，还要做好准妈妈的坚强后盾，安慰即将分娩的准妈妈。

❋ 稳定妻子的情绪

不管你们决定以何种方式分娩，妻子都将会承受身体和精神上的极大苦楚。当分娩的疼痛越来越频繁、越来越严重的时候，原先的幸福期待就会被恐惧、难受所取代。面对妻子的痛苦，丈夫可能比妻子还要难受、惊慌，但是这个时候请丈夫一定要镇静，一定要尽量安慰妻子，稳定妻子的情绪，并试着将妻子出现的状况告知医生，让医生随时了解妻子的分娩情况，为其安排下一步的行动。

❋ 全心全意陪伴妻子

这个时候的丈夫不应该还在工作，而是应该时时刻刻陪伴在妻子身边。丈夫应该提前安排好自己的工作。这个时候妻子身心都很虚弱，无论是身体上还是精神上都需要丈夫的全力支持。

❋ 为重大决定做抉择

在入院的时候，医生通常会告知生产的各种危险情况，并要求家属签字。描述的情况很有可能会让准爸妈觉得很严重、很危险。妻子此时很可能已经没有做出选择的能力了，这个时候就需要丈夫保持冷静的头脑，询问医生解决方案，及时分清利弊，果断地做出决定，为妻子和孩子保驾护航。

❋ 传达妻子的要求

临近分娩，准妈妈会有种种不适，甚至连去厕所都不能自理，这个时候准爸爸就要做好准妈妈的传声筒。因为医生和护士每天面对很多即将分娩的病人，他们不能时时照看准妈妈。这个时候就需要通过准爸爸把准妈妈的想法告知医生，达到与医护人员良性沟通的目的。

Day265　在音乐声中迎接宝宝到来

快要与亲爱的宝宝见面，准妈妈的心里既激动又兴奋，甚至还会因此影响自己的睡眠。这个时候不妨选几首优美舒心的曲子，以轻松的心情高高兴兴地迎接宝宝的到来！

准妈妈可以在每天早、中、晚的固定时间听音乐，听音乐的时间不宜过长，以5~10分钟为宜。音量不能太大，调到让准妈妈听得舒服的音量。接着准妈妈应该调整自己的呼吸，以最放松的姿势和精神来聆听音乐，这样才能达到既愉悦了自己躁动的内心又启发了宝宝的作用。

假如准妈妈觉得自己亲自哼唱歌曲，宝宝会更喜欢听，也更能达到静心的效果，那么就去做。即使是在散步的路上，准妈妈也可以轻声地哼着歌。在自己的歌声中，母爱渐渐升起，心情慢慢得到平静，即使对分娩的担心和恐惧再强也会被浓浓的母爱所替代。同时胎儿听到准妈妈哼唱的声音，他仿佛获得召唤似的，也会应着准妈妈的歌声，在腹中慢慢平静下来，安心地等待分娩的那一刻。

🍊 临产前音乐推荐

《小夜曲》

《乘着歌声的翅膀》

《梦幻曲》

《致爱丽丝》

《爱之梦》

《春之歌》

《月光奏鸣曲》

《美丽的多瑙河》

《春江花月夜》

🍊 哼唱儿歌推荐

《数鸭子》

《春天在哪里》

《鲁冰花》

《好妈妈》

《小星星》

Day266　临产前的冥想胎教

一日一日地翻着日历，等待着临产来临的日子，准妈妈的心中免不了忐忑、焦急、紧张。即使准妈妈采用了很多办法，仍然不能使自己平静下来。那么这个时候准妈妈不妨尝试一下瑜伽中的冥想法，帮助自己平静心绪吧！

✳ 认识冥想

冥想是一种改变意识的形式，它通过获得深度的宁静状态来增强自我认知。在冥想期间，人们需要采取瑜伽冥想的特定姿势，并且按照冥想的方法调整自己的呼吸，使外部刺激减至最小，产生特定的心理表象，或什么都不想。

准妈妈在产前进行冥想胎教，可以提高自己的自信心，使自己的心绪平静，并能最大限度地激发宝宝的潜能，对克服产前抑郁症也很有效果。

✳ 具体做法

进行冥想之前，准妈妈应该换上宽松舒适的衣服，脱掉身上的配饰和鞋袜，找一个安静的场所，关掉手机、电脑等电子设备，在床上或是铺有垫子的地板上坐好，放松呼吸，坐下后，腰部挺直伸展，两腿盘起，双手自然地搭在膝盖上，然后深呼吸。将深深吸入的空气聚集在肚脐下面，然后慢慢呼出去，如此反复。身体放松后想象一些令人愉悦和安定的场景。

准妈妈也可以选择一些冥想音乐或是在安静的大自然中展开冥想。一开始准妈妈的心可能静不下来，完全不在冥想状态。通过反复多次的练习后，准妈妈就可能慢慢进入状态，心中焦虑的情绪也会慢慢得到缓解。

Day267　准爸爸也有"产前抑郁"

准妈妈的产前抑郁比较好理解。准爸爸怎么也会有产前抑郁呢？事实上，作为一家之主的准爸爸，在准妈妈怀孕后面临的压力会更多、更大，在不知不觉中，焦虑、烦躁情绪慢慢增长，久而久之便会影响准爸爸的身体和心理的健康。

分析原因

1. 很多准妈妈怀孕后会辞掉工作，在家专心待产和养育孩子。生产的费用、养育孩子的费用，这些都是一笔很大的支出，加重了家中的经济负担，这样就会在无形中让准爸爸的工作压力加大，产生更多焦虑情绪。

2. 准妈妈怀孕后不能像以前那样百分百地照顾家庭的饮食起居，有些家务活就需要准爸爸来分担。可是大多数的准爸爸并不擅长做家务，所做的家务活往往不能完全入准妈妈的"法眼"，由此引来准妈妈的不少怨言，无形中也会增加准爸爸的烦恼。

3. 有些准爸爸会担心自己当不好父亲，在心理上没有完成从丈夫到爸爸的角色转换，从而不能以正确的态度对待即将到来的宝宝和照顾好即将分娩的妻子。

克服办法

1. 把宝贝的到来看作一种乐趣，而不光是看成一种责任和压力。用平和的心态对待即将为人父这件事，对于妻子和孩子不能要求太高，做到顺其自然就好。

2. 陪同妻子度过孕期。怀孕期间妻子会注意调整饮食习惯，调节生活方式。做丈夫的不妨和妻子一起做，不抽烟喝酒，不熬夜，注重饮食营养，经常散步和做运动。一段时间之后，准爸爸就会进入状态，接受父亲的角色。

3. 对于不擅长做家务的准爸爸来说，可以请家中的老人，如双方的母亲过来帮助照顾家里和孕中的妻子，有必要的话也可以请保姆帮助操持家务，以减轻家务方面的负担，缓解压力。

Day268　准爸爸的分娩课堂

准妈妈生产时，准爸爸多半会陪在身边。现在有些医院甚至可以让准爸爸进入产房陪着准妈妈一起生产。所以准爸爸学习一些分娩知识也是很有必要的。

✸ 和妻子一起学习孕育资料

在妻子学习孕育知识、胎教知识、分娩知识的时候，准爸爸也不能袖手旁观，最好能够接过准妈妈手中的资料一起学习。如果准妈妈参加产前辅导班，准爸爸最好也一起去，和准妈妈一起学习更多的生产知识，在那里还能和其他准爸爸一起交流学习。

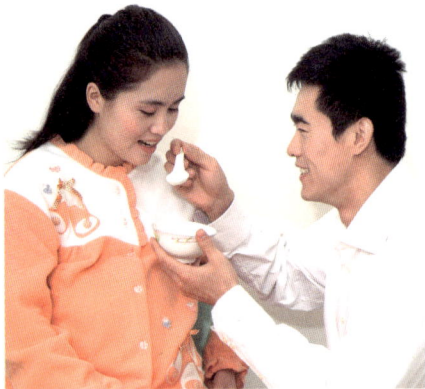

✸ 做好生产时的后勤保障

如果按摩对于缓解阵痛有效，准爸爸最好能够充当按摩高手以缓解准妈妈的不适。如果准妈妈需要找人聊聊天以分散疼痛的注意力，准爸爸最好能够攒上一些"笑话"，让准妈妈能够"会心一笑"。

如果遇上准妈妈大汗淋漓，准爸爸还要及时为准妈妈擦脸、擦汗。如果夜间有陪床的需要，准爸爸也要做好必要准备，全心全意陪在准妈妈身边。如果家人或朋友有过分焦虑的情绪，准爸爸也应该及时化解他们的这种情绪。

✸ 做好产房外的迎送工作

准妈妈即将被推入产房生产，她可能会面临一生中最强烈的痛，也可能会经历一场前所未有的挑战。这个时候丈夫应该握紧妻子的双手，说几句温情的话，鼓励她战胜困难，一起为她加油。妻子被推出产房后，丈夫不能老沉浸在初为人父的情绪中，还要及时给妻子送上几句问候的话，询问她有什么需要，问她累不累，说一些辛苦了之类的话，还要把宝宝及时递给妻子看看。

Day269　预习分娩征兆

准爸妈要提前预习分娩前的功课，做到有备而战，才能顺利迎接宝宝出生。

❋ 入盆

在分娩前数周，胎儿头部将向下沉，使其头部通过母体的骨盆入口进入骨盆腔，为正式分娩做准备。胎儿入盆后的准妈妈会感觉上腹部轻松许多，呼吸和胃口也会明显好转，但胎儿压迫准妈妈的膀胱，会导致小便次数增多，身体更加笨重，走路也会不太舒服。然而胎儿入盆后并不表示准妈妈会马上进入分娩状态，一般初产妇入盆2~3周后就可能分娩。

❋ 宫缩

分娩前几天，准妈妈会感到腹部一阵阵变硬发紧，同时还会有肚子往下坠的感觉，伴随着肚子疼，这就是子宫在收缩。这时的子宫收缩往往持续时间短，间隔时间长短不一，常常在夜间出现，清晨消失，宫口不会扩张。这种征兆被称为"假性宫缩"。假宫缩预示孕妇不久将临产，应做好准备。

❋ 见红

分娩前，准妈妈的阴道中会排出少量血性黏液，称为"见红"，通常见红会持续24~48小时，然后进入临产状态。也有一些人见红几天后甚至一周后才分娩。那么如何鉴定自己需不需要入院待产呢？关键是要从量上和颜色上分析，如果流血量超过生理期的出血量，或者伴有腹痛的感觉，就要马上入院。

❋ 破水

分娩前，有些准妈妈的下身会流出大量透明水状物，称为"破水"。破水是因为包围胎儿及羊水的羊膜破裂。这个时候的准妈妈应减少走动，最好能平躺休息，并尽快入院待产。

Day270　拉梅兹分娩镇痛法

为了让产程更加顺利，减少生产过程的疼痛，可以在这个月开始练习"拉梅兹分娩镇痛法"。具体做法是通过在产前模拟产痛来临时的感受，通过不断练习使紧张的肌肉慢慢放松，从而在分娩阵痛真正来临时，减少疼痛。"拉梅兹分娩镇痛法"大体上可以分为以下几个部分：

🍊 呼吸放松

分娩第一阶段：腹式呼吸。仰卧，两腿轻松分开，膝盖稍微弯曲。深深吸气，使下腹部膨胀般地鼓起。当腹部膨胀到最大限度时，再慢慢地吐气。如此反复。

分娩第二阶段：胸式呼吸。宫缩接近时，用胸式呼吸法往胸里吸满八成的气，屏气3~4秒钟，向肛门方向用劲，然后，边用劲边将吸入的气呼出。

🍊 音乐放松

听一些平时最熟悉、最亲切、最喜欢的音乐，准妈妈会感觉很有安全感，心理上也会自然呈现出放松状态。

🍊 想象放松

想象本身就是一项很好的胎教活动，那么在临近分娩的最后一个月不妨强化想象。当准妈妈进入产程的呼吸状态、疼痛进入身体的时候，想象着孩子轻柔地经过产道，顺利地降临人世，也会让疼痛减轻不少。

🍊 触摸放松

这种方式需要准爸爸的配合，他应当能够确定准妈妈身体正在用力的部位，并且触摸这一紧张区域，使准妈妈的注意力集中在那儿，并放松相关区域的肌肉。

🍊 伸展训练

产前锻炼骨盆四周及骨盆底的肌肉力量，前文介绍过的孕妇操就属于此类，准妈妈可以对照练习。

Day271　无痛分娩

分娩阵痛是准妈妈担心得最多的分娩问题之一。目前，医学上开发了一种无痛分娩的方式，主张采用各种能够使分娩时的疼痛减轻乃至消失的方法。无痛分娩的常用方法主要有：

✳ 笑气分娩

当分娩进入关键时刻，医生会让产妇吸入笑气，即一氧化二氮。这是一种吸入性麻醉剂，为无色、有甜味的气体。产妇吸入"笑气"，30~50 秒后就产生镇痛效果。这种方法对即将出世的胎儿有益，还能缩短产程。同时，产妇在生产过程中能够始终保持意识清醒，配合完成分娩。笑气对胎儿和产妇均无不良影响。

✳ 硬膜外麻醉

硬膜外麻醉是目前各大医院运用得最多、效果也比较理想的一种镇痛方法。当产妇宫口开到 3 厘米，对疼痛的忍耐达到极限时，麻醉医生在产妇的腰部将低浓度的局麻药注入蛛网膜下腔或硬膜外腔。采用间断注药或用输注泵自动持续给药，达到镇痛效果，镇痛可维持到分娩结束。在整个分娩过程中，产妇头脑清醒，能主动配合、积极参与和感受整个分娩过程。

✳ 静脉麻醉

静脉药物麻醉是通过静脉滴注麻醉药物达到镇痛效果的方法，通常比吸入笑气的麻醉效果更强，但是静脉麻醉的副作用较大，争议较多，使用得较少一些。

无痛分娩虽然能够减轻产妇生产时的疼痛，但是并不适合所有产妇，如有阴道分娩禁忌证、麻醉禁忌证、凝血功能异常的准妈妈就不适合采用此方法。而一些妊娠合并心脏病、药物过敏、腰部有外伤史的产妇应及时将自己的情况提供给医生，由医生来决定是否进行无痛分娩。

Day272　有利于顺产的体能训练

想要分娩更顺利，合理的体能训练少不了。

☀ 臀腿训练

1. 取舒适姿势端坐地毯上，两条手臂自然地放在身体两侧，两只手掌着地，头部向前平伸；然后稍稍屈膝弓腿，脚跟着地，脚趾向上用力翘起，保持放松，小腿、脚踝、脚趾用力。在心里默数到10，先深吸气再做呼气动作。

2. 保持刚才的姿势，两腿向前平伸，脚跟着地，脚面向前，脚趾伸直。在心里默数到10，先深吸气再做呼气动作，可以使整个腿部、脚部受力，然后身体恢复原状。

☀ 腰背训练

1. 以舒适的姿势侧卧，右手臂自然地放在身上，左手臂屈肘向头部弯曲，把小臂枕于头下，左腿向下伸直，右腿向上屈膝并放在一个枕头上。默数到10，先深吸气再呼气。按照这个姿势，上身再向相反方向侧卧，做同样动作。

2. 两条腿放松，跪在地毯上，向前弓腰，双臂下伸，两只手扶地，两条手臂与大腿平行，两条小腿着地。在心里默数到10，先深吸气再呼气，使身体重心移向两手和两膝。

3. 保持刚才的姿势，将头慢慢地低下，让颈部用力地挺直。默数到10，先深吸气再呼气，然后身体恢复原状。

☀ 骨盆训练

以舒适姿势侧卧在地毯上，左腿屈膝盘起，右腿向前伸直，右手臂自然地放在身体旁边，左手臂自然地放在右腿旁边，弯腰，上身向前倾，低下头。在心里默数到10，先深吸气再做呼气动作，伸展脊柱，活动骨盆底肌肉和髋关节。保持刚才的姿势，两条腿交换位置，右腿屈膝盘起，左腿向前伸直，做同样的动作后，身体恢复原状。

Day273　避免侧切的按摩方法

关于生产时到底应不应该做侧切一直争论不断。侧切后的疼痛以及可能对夫妻性生活的影响往往会让准妈妈们谈"切"色变。但是为了避免会阴撕裂，医生往往会建议产妇采用侧切的方式生产。那么有没有什么办法能逃过会阴侧切这一"劫"呢？

会阴训练

分娩前可以多做绷紧阴道和肛门肌肉的训练，每天差不多做 200 次，每次 8~10 秒。也可以试着在小便的时候收缩肌肉，停一下。韧性良好的肌肉可以使分娩更轻松，而且会阴还会保持完好无损。

会阴按摩

从怀孕 34 周起，就可以通过每天进行会阴按摩来试着增加会阴肌肉的弹性。

1. 在做按摩之前修剪干净指甲，洗净双手，坐在一个温暖舒适的地方，把双腿伸展开，呈一个半坐着的分娩姿势。

2. 把一面镜子放在会阴的前面，镜面朝向会阴部。

3. 选择一些按摩油，或者水溶性的润滑剂，用拇指和食指把按摩油涂在会阴周围。

4. 把拇指尽量深地插入阴道，伸展双腿。朝直肠的方向按压会阴组织。轻柔地继续伸展会阴口，直到觉得有轻微的烧灼或刺痛的感觉。保持这种伸展，直到刺痛的感觉平息，然后继续轻柔地按摩阴道。

5. 在阴道里勾起拇指，并且缓慢地向前拉伸阴道组织。

6. 在按摩过程中不可过于用力，同时在按摩期间不要用力按压尿道。

Day274　随时可做的安产小动作

有些训练方式过于复杂，可能会让准妈妈无法坚持下去。那么下面就给大家罗列了几件非常简单并且在日常生活中轻易就可以做到的事情，以此来帮助准妈妈顺利生产！

◉ 购置待产物品

准妈妈要避免在节假日以及人流高峰期出门购置这些东西。准妈妈可以逛逛百货商场，看看

宝宝用品、生产用品。这样在不知不觉中准妈妈就加强了锻炼。不过要注意的是，逛一个小时左右准妈妈就要坐下来休息一会儿。

◉ 盘腿看电视

看电视的时候可以试着盘腿坐一下。不过要坐在硬度高的地方，如地板。此外，有耻骨联合分离情况的准妈妈不适宜这样做。

◉ 多爬楼梯

现代人多喜欢坐电梯，其实走楼梯可以让准妈妈在无形中增加运动量，有助于产程的顺利进展。孕晚期，准妈妈走楼梯时要小心慢走，最好有人陪伴。

◉ 锻炼盆底肌

配合胎教音乐的节奏，进行盆底肌的收缩、放松运动，或者收紧后保持几分钟再放松，这个动作随时随地都可以做，锻炼50~60次，可以增加盆底肌的弹性，预防分娩时会阴撕裂以及产后尿失禁。

Day275　临产散步

临近预产期，医生往往会嘱咐准妈妈回家后要多散散步，走动走动，有利于顺产。可是大腹便便的准妈妈随时都会面临生产。那么准妈妈在散步时还需要注意些什么呢？

🍊 合适的时间

准妈妈散步要选择天气晴朗的时候，风、雨、雾等恶劣天气时不宜外出，以免感冒。最好选择在清晨散步，也可以选择晚饭后再出门一次，每次半小时到一小时，散步时间不宜太长，以自己不觉得累为宜。如果准妈妈还在工作，那么就需要根据自己的工作和生活情况安排适当的时间。临近分娩散步时最好由准爸爸陪同，这样可以增加夫妻间的交流，让准妈妈和胎儿感受到准爸爸浓浓的爱意。准爸爸还需要随时关注准妈妈的情况，一旦临产可及时送准妈妈到医院生产。

🍊 合适的地点

散步的地点不宜选在大马路上，因为马路上的车辆所排放的尾气严重影响人体的健康，对孕妇及胎儿的危害大。同时汽车马达声、刺耳的喇叭声等噪声都会对孕妇及胎儿的健康造成极为不利的影响。所以，准妈妈最好的散步场所应该是小区绿化带、公园、林荫地，马路、大街、集市、闹市区都不适合准妈妈散步。

🍊 合适的心情

在身体吃不消或心情不佳的时候坚持散步反而会造成很大的伤害。准妈妈最好能根据自己的身体状态来调节走路的速度并保持愉快的心态，这样才能让散步达到预期的效果。若感到累了，准妈妈就应停下来休息一会。

Day276　顺产和剖宫产

目前准妈妈的分娩方式主要分为顺产和剖宫产两种。分娩方式到底会对宝宝的未来产生什么影响呢？下面我们就对这两种生产方式做一下对比说明。

智商和情商

医学界认为顺产的孩子与剖宫产的孩子在智商上没有明显差别，但情商会有一些差异。对这两类孩子长期跟踪研究发现，顺产的孩子一般会比剖宫产的孩子情商要高些。顺产的孩子在人际交流和社会适应能力方面会比较强一些。近年来

较为常见的儿童感觉统合失调症也在剖宫产的孩子中更多见。

并发症

目前，众多医学研究证实，未经产道试产，并在未临产前就以剖宫产方式分娩的新生儿，在新生儿期的并发症较多。剖宫产的孩子由于未受产道挤压，体内的肺液不能被完全清除，出生后容易出现窒息、吸入性肺炎、湿肺、呼吸窘迫综合征、羊水吸入等较为常见的并发症。有些孩子还会因为将羊水咽入消化道而致咽下综合征，出生后易发生呕吐、吃奶差等情况。

发育情况

因为顺产的孩子在出生之前就会分泌肾上腺素和去甲肾上腺素，以防止其在产道中窒息，所以顺产的孩子比未经历产道挤压的剖宫产的孩子肺容量要大且较少患呼吸系统疾病。正常顺产儿童弱视发病率比钳产、剖宫产等各种方式生产的儿童的弱视率低，这大概是和胎儿在宫内缺氧或窒息，眼和脑组织缺氧受损有关。

Day277　与宝宝分享分娩过程

胎儿离开母体要经过三个阶段，医学上称为三个产程。这三个产程就是从子宫有节奏的收缩到胎儿胎盘娩出的全部过程，完成这个过程，才算分娩结束。三个产程所需要的时间为：初产妇12~18小时，经产妇6.5~7.5小时。

🍊 第一产程

第一产程开始时，子宫每隔10多分钟收缩1次，收缩的时间也比较短。后来，子宫收缩得越来越频繁，每隔1~2分钟就要收缩1次，每次持续1分钟左右。当宫缩越紧，间歇越短时，宫口就开得越快，产妇的疼痛感就越明显。当子宫收缩时，产妇会有子宫发紧、发硬的感觉，下腹部或腰部疼痛，并有下坠感。

助产人员会及时为产妇测量血压，听胎心，观察宫缩情况，了解宫口是否开全，还要进行胎心监护。医生会针对产妇的具体情况，做出正确的判断和及时处理。

🍊 第二产程

这一时期，宫缩痛明显减轻，子宫收缩力量更强。出现宫缩时，产妇双脚要蹬在产床上，两手紧握产床扶手，深吸一口气，然后屏住，像解大便一样向下用力，并向肛门屏气，持续的时间越长越好。如果宫缩还没有消失，就换口气继续同样用力使劲。胎儿顺着产道逐渐下降。这时子宫收缩越来越有力，每次间隔只有1~2分钟，持续1分钟，胎儿下降很快，迅速从宫颈口进入产道，然后又顺着产道，到达阴道口，露头，直到全身娩出。

当胎儿娩出的时候，产妇的臀部不要扭动，保持正确的体位。这个阶段，初产妇一般需要1~2个小时，经产妇只需要半个小时或几分钟。

🍊 第三产程

胎儿娩出，产妇顿觉腹内空空，如释重负，子宫收缩，待5~30分钟后，胎盘及包绕胎儿的胎膜和子宫分开，随着子宫收缩而排出体外。如果超过30分钟胎盘不下，就应听从医生的安排，由医生帮助娩出胎盘。胎盘娩出意味着整个产程全部结束。

Day278　营养胎教

我们为孕妈妈量身选择了三款美味的汤，适合孕晚期妈妈的口味和生理需要，孕妈妈可以尝试一下。

◉ 美食推荐：花生炖牛筋

原料： 牛蹄筋（发好的）100 克，花生米 80 克，红枣 20 克，当归 5 克，香油、精盐各适量。

做法：

1. 将牛蹄筋反复清洗干净并切段；将花生米、红枣洗净。

2. 往炖锅中加适量清水，放入牛蹄筋、花生米、红枣、当归，大火煮沸后改小火炖至牛蹄筋熟烂。

3. 滴入香油，加入适量食盐调味即可。

◉ 美食推荐：莲子炖猪肚

原料： 猪肚 1 个，水发莲子（去心）40 粒，植物油、精盐、生姜、面粉各适量。

做法：

1. 将生姜去外皮，洗净切片；将猪肚用面粉、盐分别揉搓，反复清洗干净。

2. 将水发莲子放入洗好的猪肚内，用线缝合好，放入炖盅内，隔水炖至猪肚熟，取出晾凉后切块。

3. 将锅置火上，放油烧热，下姜片煸香后放入猪肚、莲子烩炒，用精盐调味即可。

◉ 美食推荐：姜枣枸杞炖乌鸡

原料： 乌鸡 1 只，生姜 1 块，大枣 10 颗，枸杞子 10 克，盐适量。

做法：

1. 将乌鸡宰杀，洗干净；将大枣、枸杞子洗净；将生姜洗净去皮，拍碎。

2. 将大枣、枸杞子、生姜放入乌鸡腹中，再将乌鸡放入炖盅内，加水适量。

3. 大火煮开，改用小火炖至乌鸡肉熟烂，加入适量精盐调味即可。

Day279　安心等待分娩时刻

到了预产期宝宝还未出生的准妈妈该如何调整自己的心情，耐心等待分娩的那一刻呢？以下办法可以帮准妈妈静静心。

重新核对预产期

有的准妈妈没有记清楚末次月经到来的时间；也有些准妈妈月经不规律，月经周期超过28天。这个时候准妈妈一定要调查清楚，如有误差，应在医生的帮助下重新计算预产期。医生可以根据早孕反应时间、首次胎动时间、B超提示孕周来更准确地推断预产期的时间。

加强自我监护

准妈妈在家时要加强对胎动的监护，看胎儿的活动情况是不是良好，有没有减少或明显不动的情况。但也不能自己吓唬自己，有时候胎儿在睡觉，长时间不动也是有可能的。

这个时候准妈妈可以轻轻地摸摸他或是拍拍他，如果他还是不动，应再继续观察一阵。如果情况还是如此，准妈妈就需要上医院检查一下，以防胎儿出现危险。

试试自我催生

到了预产期，胎儿还没发动时，准妈妈可以自行按摩乳头。乳头按摩会促使大脑垂体分泌催产素引起子宫收缩。准妈妈可以在上午、下午进行两次按摩，每次20分钟，通过刺激乳头，促使胎儿临产。准妈妈也可以加强散步，但注意别过于劳累，适度运动就好。此外准妈妈还可以采用洗热水澡的方式让自己放松一下。为了安全起见，需要其他人在家的情况下洗热水澡。

Day280 胎教与早教

如何将胎教和早教衔接，让胎教工作的良好影响持续到宝宝出生后的早教上去，这是每位家长需要重新思考的问题。

充足的营养和饮食

胎儿出生后的营养和饮食仍是父母关注的一大重点。母乳将是出生后宝宝最好的食物。如确实由于某种原因不能母乳喂养，应选择适合宝宝的奶粉采取人工喂养。在宝宝长到 4~6 个月的时候可以为其添加辅食，期间还需要关注宝宝是否会缺钙、铁、锌等营养元素，并及时为其补充。

对话交流不可少

宝宝出生后就处在一个充斥着对话的环境中，然而这并不是他学习语言的好环境。宝宝还需要妈妈口对口、眼对眼、心对心地进一步交流。妈妈可以从发各种单纯的音开始，在宝宝注意力集中时对他发音，让他注意妈妈发音时的口型和声调。当宝宝牙牙学语时，妈妈就可以教他单字和整句了。

从触摸胎教到抚触练习

胎宝宝爱妈妈的触摸，出生后的宝宝更需要妈妈的抚触。抚触没有固定动作，妈妈可以根据宝宝当时的情绪状态变换动作，要以适应宝宝的状态为原则。当然抚触时间不宜太长，以不超过 30 分钟为宜，毕竟小孩子的专注力是有限的。

从音乐胎教到音乐安抚

胎宝宝在肚子里一直听的胎教音乐，可以在宝宝哭闹、情绪不好的时候放给宝宝听，宝宝听到熟悉的音乐就会慢慢安静下来。在孕期准妈妈常给胎儿唱的儿歌，可以在胎儿出生后继续给他唱，听到熟悉的旋律，他会感觉很亲切。